CANTIQUES
DE
SAINT-SULPICE.

Cet ouvrage, comme propriété, est placé sous la garantie des lois.

PARIS, IMPRIMERIE DE POUSSIELGUE,
rue du Croissant Montmartre, 12.

CANTIQUES
DE
SAINT-SULPICE

AVEC DES AIRS NOUVEAUX,

À L'USAGE

DES CATÉCHISMES ET DES MAISONS D'ÉDUCATION.

PARIS,
LIBRAIRIE ECCLÉSIASTIQUE ET CLASSIQUE
DE POUSSIELGUE-RUSAND,
RUE HAUTEFEUILLE, N. 9.
1838.

USAGES
ET EXERCICES GÉNÉRAUX.

AVIS AUX ENFANTS DES CATÉCHISMES DU DIMANCHE.

Outre les catéchismes que l'on fait le dimanche, et où l'on prépare les enfants à la première communion, il y en a d'autres destinés à les y disposer d'une manière plus prochaine; ils sont connus sous le nom de *Catéchismes de semaine*. Voici les conditions pour y être admis :

1º Il faut avoir douze ans révolus au moment de la première communion (ou à peu près révolus, s'il s'agit des filles);

2º Avoir suivi les catéchismes un peu plus de douze mois (sans y comprendre les vacances);

3º Avoir donné exactement chaque mois un billet de confession depuis qu'on est entré au catéchisme du dimanche;

4º N'avoir point fait d'absence ou en avoir fait très peu;

5º Avoir fidèlement observé le réglement.

AVIS AUX ENFANTS DES CATÉCHISMES DE SEMAINE.

1. Dès qu'on est admis au catéchisme de semaine on doit se procurer son extrait de baptême, c'est à dire un certificat du curé de la paroisse où l'on a été baptisé, attestant que réellement on a reçu le baptême tel mois...., telle année..., et qu'on a reçu tel nom....

2. Si quelque enfant était d'une autre pa-

roisse que celle où il doit faire sa première communion, il faudrait qu'il demandât au plus tôt à son propre curé la permission par écrit de faire sa première communion dans telle paroisse.

3. Pour être admis à faire sa première communion il faut encore obtenir de ses parents la permission expresse de la faire, comme aussi de suivre le catéchisme du dimanche jusqu'à la fin de l'année, et d'assister au moins toute l'année suivante au catéchisme de persévérance ; avoir satisfait aux examens d'usage pendant le catéchisme de semaine ; avoir apporté des billets de confession aussi souvent que l'exige le réglement du catéchisme.

4. Les enfants admis au catéchisme de semaine doivent mettre sous la protection de la très sainte Vierge la grande et importante action de leur première communion. On les engage tous à apprendre par cœur la prière qui suit, et à la joindre chaque jour à leurs prières du matin et du soir.

Souvenez-vous, ô très miséricordieuse Vierge Marie ! qu'on n'a jamais entendu dire qu'aucun de ceux qui ont eu recours à votre protection, qui ont imploré votre assistance et réclamé votre secours, ait été abandonné de vous. Animé d'une pareille confiance, je cours vers vous, Vierge des vierges et notre mère ; je viens à vos pieds ; me voici devant vous, gémissant sous le poids de mes péchés. Ne rejetez pas, ô mère de Dieu ! mes humbles prières, mais écoutez-les favorablement et daignez les exaucer. Ainsi soit-il. (1)

---

(1) Memorare, ô piissima Virgo Maria, non esse au-

PRIÈRE POUR LE RÉVEIL ET AVANT DE S'ENDORMIR.

Mon Dieu, je vous donne mon cœur; prenez-le, s'il vous plaît, afin qu'aucune créature ne le puisse posséder, et qu'il ne soit qu'à vous seul.

Mon bon ange, je me recommande à vous; vous m'avez gardé la nuit, gardez-moi le jour (*ou* vous m'avez gardé le jour, gardez-moi la nuit); obtenez-moi la grâce de la (*ou* le) passer sans danger et sans offenser Dieu.

Autre. A cette heure comme à toute heure, Jésus et Marie, soyez dans mon cœur.

PRIÈRE AVANT LE REPAS. Benedicite, Dominus: nos et ea quæ sumus sumpturi benedicat dextera Christi. In nomine Patris, et Filii, et Spiritûs Sancti. Amen. (1)

Autre. Mon Dieu, bénissez la nourriture que je vais prendre; accordez-moi la grâce d'en faire un bon et saint usage. Au nom du Père, etc.

APRÈS LE REPAS. Agimus tibi gratias, omnipotens Deus, pro universis beneficiis tuis, qui vivis et regnas in sæcula sæculorum. Amen. (2)

Autre. Mon Dieu, je vous remercie de la nourriture que vous m'avez donnée : faites-

---

ditum à sæculo quemquam ad tua currentem præsidia, tua implorantem auxilia, tua petentem suffragia, esse derelictum : ego, tali animatus confidentiâ, ad te venio, ad te, Virgo virginum, mater, curro, coram te gemens peccator assisto : noli, mater Verbi, verba mea despicere, sed audi propitia et exaudi. Amen.

(1) *En français.* Que la main de Jésus-Christ nous bénisse, et la nourriture que nous allons prendre. Au nom du Père, etc.

(2) Nous vous rendons grâces pour tous vos bienfaits, ô Dieu tout puissant, qui vivez et régnez dans les siècles des siècles.

moi la grâce de n'en user que pour votre gloire et mon salut. Ainsi soit-il.

INDULGENCES PLÉNIÈRES

EN FAVEUR DES CATÉCHISMES DE FRANCE AFFILIÉS A CEUX DE SAINT-SULPICE.

Notre saint Père le Pape Grégoire XVI a bien voulu étendre à tous les catéchismes de France affiliés à ceux de Saint-Sulpice les indulgences que Pie VIII, son prédécesseur, avait accordées à ces derniers. D'après le rescrit du souverain Pontife, l'affiliation doit se faire entre le catéchisme de persévérance de Saint-Sulpice, représenté par l'association, d'une part, et un autre catéchisme de persévérance qui ait aussi une association composée des mêmes dignitaires que celle de Saint-Sulpice, d'autre part. On écrit aux associés de Saint-Sulpice pour demander l'affiliation, et dès qu'on a reçu la réponse on jouit à l'instant des indulgences. Pour condition le souverain Pontife exige que chaque année l'association affiliée à celle de Saint-Sulpice écrive à celle-ci une lettre de piété, afin d'entretenir l'union et la charité mutuelle.

Indulgence plénière, applicable aux défunts, accordée :

1. *A tous les fidèles* qui assisteront à la cérémonie de la première communion et y communieront réellement. Pareillement à tous les fidèles qui recevront le sacrement de confirmation à la cérémonie générale.

2. *Aux personnes qui font partie des catéchismes de persévérance*, et à leurs parents, les jours où ils participeront à la communion du mois dans les chapelles des catéchismes ou l'un des huit jours qui suivront la communion du mois.

3. *Aux aspirantes et aux associées* qui communieront dans leur chapelle ou dans toute autre de l'église paroissiale, le dernier jour de chaque mois ou l'un des huit jours qui suivent immédiatement le dernier, pourvu que, durant le mois qui vient de s'écouler, elles aient assisté à toutes les réunions générales de leur catéchisme, à leurs assemblées et aux messes particulières qui auront été célébrées. (1)

4. *Aux associées,* six jours chaque année, au au choix de chacune, lorsqu'elles auront fait quelques instructions particulières à une ou plusieurs enfants ignorantes, pour les disposer à la première communion et à la confirmation, quand même ces enfants seraient renvoyées du catéchisme ou qu'elles se retireraient volontairement.

5. *A la présidente* des mêmes associées, un autre jour chaque mois, à son choix, durant l'année de sa présidence ; et *aux sept autres dignitaires* de l'association, durant l'année de

---

(1) Indépendamment de l'indulgence attachée à la communion du mois, les simples *enfants* des catéchismes de persévérance de Saint-Sulpice (et non ceux des catéchismes affiliés) peuvent gagner pareillement l'indulgence plénière une fois chaque mois, pourvu que durant le courant de ce mois ils aient assisté entièrement à tous les exercices de leur catéchisme respectif.

leur charge, quatre autres jours que la présidente choisira.

Aux directeurs des catéchismes et aux *catéchistes*, deux jours chaque mois, à leur choix.

PRIÈRE AVANT LE CATÉCHISME.

Notre saint Père le pape Grégoire XVI a accordé une indulgence particulière aux enfants de tous les catéchismes de Saint-Sulpice chaque jour où il y a catéchisme. Les conditions nécessaires pour la gagner sont : 1° d'être arrivé à la chapelle avant la fin des prières que l'on fait au commencement; 2° de n'en sortir qu'après le signal donné pour le départ.

PRIÈRE AU SAINT-ESPRIT.

Venez, Esprit saint, remplissez les cœurs de vos fidèles, et allumez-y le feu sacré de votre amour.

℣. Envoyez votre Esprit, et tout sera créé.

℞. Et vous renouvellerez la face de la terre. (1)

Prions. (2)

O Dieu, qui avez instruit les cœurs de vos fidèles par la lumière du Saint-Esprit, donnez-

---

(1) Veni, sancte Spiritus, reple tuorum corda fidelium, et tui amoris in eis ignem accende.
℣. Emitte Spiritum tuum, et creabuntur.
℞. Et renovabis faciem terræ.

(2) *Oremus*, p. 41.

nous cet Esprit saint qui nous fasse goûter et aimer le bien, et qui répande toujours en nous sa consolation. C'est ce que nous vous demandons par Jésus-Christ notre Seigneur. Ainsi soit-il.

PRIÈRE A NOTRE SEIGNEUR JÉSUS-CHRIST.

Divin Jésus, qui avez aimé les enfants et qui avez pris plaisir à leur parler, parlez à notre cœur dans les instructions que vos ministres vont nous faire. Et à qui irons-nous ? ô notre Sauveur ! vous avez les paroles de la vie éternelle. Souvenez-vous, Seigneur Jésus, de vos anciennes bontés envers les enfants. Accordez-nous, ô notre bon maître ! l'intelligence de votre sainte doctrine. Apprenez-nous à porter dès nos jeunes années le joug aimable de votre loi. Enseignez-nous à être doux et humbles de cœur comme vous. Conservez, augmentez, fortifiez la grâce que vous avez répandue dans nos âmes, afin qu'ayant soutenu jusqu'à la fin par une vie toute chrétienne l'honneur et les engagements de notre baptême, nous obtenions de vous et par vous l'héritage des enfants, dans la gloire où vous régnez avec le Père et le Saint-Esprit. Ainsi soit-il.

PRIÈRE A LA TRÈS SAINTE VIERGE.

O Marie ! ma tendre mère et ma puissante protectrice, je vais avoir le bonheur d'entendre parler de votre cher Fils. Ses aimables qualités, sa divine morale et ses commandements vont être retracés à ma mémoire : obtenez-moi la grâce qu'ils soient gravés dans mon cœur, comme vous conserviez dans le vôtre toutes les paroles qui avaient quelque rapport à sa divine personne. Ainsi soit-il.

PRIÈRE APRÈS LE CATÉCHISME.

O divin Jésus, qui avez daigné vous faire enfant pour nous ! ô vous qui avez toujours témoigné tant de tendresse et de bonté pour les enfants, qui les voyiez avec complaisance s'approcher de vous, qui daigniez même les bénir et les embrasser, et qui avez dit qu'il fallait leur ressembler pour entrer dans le royaume des cieux, jetez un regard favorable sur nous ; faites que nous ayons toujours la douceur et la candeur de l'enfance sans en avoir la légèreté, et qu'en imitant votre sainte enfance nous croissions de jour en jour, à votre exemple, en science et en sagesse devant Dieu et devant les hommes, afin de régner un jour avec vous dans le ciel. Ainsi soit-il.

Sub tuum præsidium confugimus, sancta Dei Genitrix ! nostras deprecationes ne despicias in necessitatibus, sed à periculis cunctis libera nos semper, Virgo gloriosa et benedicta. Amen. (1)

PRIÈRES DU MATIN.

Les enfants étant à genoux, le catéchiste dit seul :

Au nom du Père, et du Fils, et du Saint-Esprit.

Mettons-nous en la présence de Dieu, adorons son saint nom.

---

(1) Nous nous réfugions sous votre sauvegarde, ô sainte Mère de Dieu ! ne méprisez pas nos prières dans nos besoins ; mais délivrez-nous toujours de tout péril, ô glorieuse et bénie Vierge ! Ainsi soit-il.

Très sainte et très auguste Trinité, Dieu seul en trois personnes, je crois que vous êtes ici présent. Je vous adore avec les sentiments de l'humilité la plus profonde, et vous rends de tout mon cœur les hommages qui sont dus à votre souveraine majesté.

Faisons un acte de Foi.

Mon Dieu, je crois fermement tout ce que la sainte Église catholique, apostolique et romaine m'ordonne de croire, parceque c'est vous, ô vérité infaillible, qui le lui avez révélé.

Faisons un acte d'Espérance.

Mon Dieu, j'espère avec une ferme confiance que vous me donnerez par les mérites de Jésus-Christ votre grâce en ce monde, et, si j'observe vos commandements, votre gloire dans l'autre, parceque vous me l'avez promis et que vous êtes souverainement fidèle dans vos promesses.

Faisons un acte de Charité.

Mon Dieu, je vous aime de tout mon cœur et pardessus toutes choses, parceque vous êtes infiniment bon et infiniment aimable; et j'aime mon prochain comme moi-même pour l'amour de vous.

Remercions Dieu des grâces qu'il nous a faites, et offrons-nous à lui.

Mon Dieu, je vous remercie très humblement de toutes les grâces que vous m'avez faites jusqu'ici. C'est encore par un effet de votre bonté que je vois ce jour ; je veux aussi l'employer uniquement à vous servir. Je vous en consacre toutes les pensées, les paroles, les actions et les peines. Bénissez-les, Seigneur, afin qu'il n'y en ait aucune qui ne soit animée de votre amour et qui ne tende à votre plus grande gloire.

Formons la résolution d'éviter le péché et de pratiquer la vertu.

Adorable Jésus, divin modèle de la perfection à laquelle nous devons aspirer, je vais m'appliquer autant que je pourrai à me rendre semblable à vous ; doux, humble, chaste, zélé, patient, charitable et résigné comme vous ; et je ferai particulièrement tous mes efforts pour ne pas retomber aujourd'hui dans les fautes que je commets si souvent, et dont je souhaite sincèrement de me corriger.

Demandons à Dieu les grâces qui nous sont nécessaires.

Mon Dieu, vous connaissez ma faiblesse. Je ne puis rien sans le secours de votre grâce ; ne me la refusez pas, ô mon Dieu ! proportionnez-la à mes besoins : donnez-moi assez de force pour éviter tout le mal que vous défendez, pour pratiquer tout le bien que vous attendez de moi, et pour souffrir patiemment toutes les peines qu'il vous plaira de m'envoyer.

Notre Père, qui êtes aux cieux, que votre nom soit sanctifié, que votre règne arrive, que votre volonté soit faite en la terre comme au ciel. (1)

Pater noster, qui es in cœlis, sanctificetur nomen tuum; adveniat regnum tuum; fiat voluntas tua sicut in cœlo et in terrâ.

Les enfants disent :

Donnez-nous aujourd'hui notre pain quotidien, et nous pardonnez nos offenses comme nous pardonnons à ceux qui nous ont offensés; et ne nous induisez point en tentation, mais délivrez-nous du mal. Ainsi soit-il. (1)

Le catéchiste dit seul :

Je vous salue, Marie, pleine de grâce; le Seigneur est avec vous; vous êtes bénie entre toutes les femmes, et Jésus, le fruit de vos entrailles, est béni. (2)

Les enfants disent :

Sainte Marie, mère de Dieu, priez pour nous, pauvres pécheurs, maintenant et à l'heure de notre mort. Ainsi soit-il. (3)

Le catéchiste dit seul :

Je crois en Dieu le Père tout puissant, créateur du ciel et de la terre, et en Jésus-Christ, son Fils unique, notre Seigneur, qui a été conçu du Saint-Esprit, qui est né de la Vierge Marie, qui a souffert sous Ponce Pilate, qui a été enseveli, qui est descendu aux enfers et le troisième jour est ressuscité des morts, qui est monté aux cieux, qui est assis à la droite de

---

(1) Panem nostrum quotidianum da nobis hodiè et dimitte nobis debita nostra sicut et nos dimittimus debitoribus nostris; et ne nos inducas in tentationem; sed libera nos à malo. Amen.

(2) Ave, Maria, gratià plena, Dominus tecum; benedicta tu in mulieribus, et benedictus fructus ventris tui Jesus.

(3) Sancta Maria, Mater Dei, ora pro nobis peccatoribus nunc et in horà mortis nostræ. Amen.

Dieu le Père tout puissant, et qui de là viendra juger les vivants et les morts. (1)

Les enfants disent :

Je crois au Saint-Esprit, à la sainte Église catholique, la communion des Saints, la rémission des péchés, la résurrection de la chair, la vie éternelle. Ainsi soit-il. (2)

Le catéchiste dit :

Invoquons la très sainte Vierge, notre bon Ange et notre saint Patron.

Sainte Vierge, mère de Dieu, ma mère et ma patronne, je me mets sous votre protection et je me jette avec confiance dans le sein de votre miséricorde. Soyez, ô mère de bonté ! mon refuge dans mes besoins, ma consolation dans mes peines et mon avocate auprès de votre adorable Fils, aujourd'hui, tous les jours de ma vie et particulièrement à l'heure de ma mort.

Ange du ciel, mon fidèle et charitable guide, obtenez-moi d'être si docile à vos inspirations

---

(1) Credo in Deum, Patrem omnipotentem, creatorem cœli et terræ, et in Jesum Christum, Filium ejus unicum, Dominum nostrum, qui conceptus est de Spiritu Sancto, natus ex Mariâ Virgine, passus sub Pontio Pilato, crucifixus, mortuus et sepultus; descendit ad inferos, tertiâ die resurrexit à mortuis; ascendit ad cœlos, sedet ad dexteram Dei Patris omnipotentis; indè venturus est judicare vivos et mortuos.

(2) Credo in Spiritum Sanctum, sanctam Ecclesiam catholicam, Sanctorum communionem, remissionem peccatorum, carnis resurrectionem, vitam æternam. Amen.

et de régler si bien mes pas que je ne m'écarte en rien de la voie des commandements de mon Dieu.

Grand Saint, dont j'ai l'honneur de porter le nom, protégez-moi, priez pour moi, afin que je puisse servir Dieu comme vous l'avez servi sur la terre, et le glorifier éternellement avec vous dans le ciel. Ainsi soit-il.

LES COMMANDEMENTS DE DIEU.

Le cat. 1. Un seul Dieu tu adoreras
Et aimeras parfaitement.

Les enf. 2. Dieu en vain tu ne jureras
Ni autre chose pareillement.

Le cat. 3. Les dimanches tu garderas
En servant Dieu dévotement.

Les enf. 4. Tes père et mère honoreras,
Afin de vivre longuement.

Le cat. 5. Homicide point ne seras
De fait ni volontairement.

Les enf. 6. Luxurieux point ne seras
De corps ni de consentement.

Le cat. 7. Le bien d'autrui tu ne prendras
Ni retiendras à ton escient.

Les enf. 8. Faux témoignage ne diras,
Ni mentiras aucunement.

Le cat. 9. L'œuvre de chair ne désireras
Qu'en mariage seulement.

Les enf. 10. Biens d'autrui ne convoiteras
Pour les avoir injustement.

LES COMMANDEMENTS DE L'ÉGLISE.

Le cat. 1. Les Fêtes tu sanctifieras
Qui te sont de commandement.

Les enf. 2. Les Dimanches la messe ouïras,
　　　　　Et les Fêtes pareillement.

Le cat. 3. Tous tes péchés confesseras
　　　　　A tout le moins une fois l'an.

Les enf. 4. Ton Créateur tu recevras
　　　　　Au moins à Pâques humblement.

Le cat. 5. Quatre-temps, Vigiles jeûneras,
　　　　　Et le Carême entièrement.

Les enf. 6. Vendredi chair ne mangeras
　　　　　Ni le samedi mêmement.

MÉTHODE
POUR LA MÉDITATION.

Les enfants étant à genoux se mettent en la présence de Dieu par un acte de Foi et d'Adoration, et s'unissent de cœur à tout ce que dit le catéchiste.

Mon Dieu, je crois fermement que vous êtes ici présent, que vous êtes dans le fond de mon cœur, et aussi véritablement présent que vous l'êtes dans le ciel et au milieu des Anges et des Saints... O mon Dieu! devant qui tout l'univers n'est qu'un peu de poussière, je me prosterne devant vous, reconnaissant que vous êtes mon Créateur et que je suis votre créature, et en cette qualité vous faisant hommage de mon être et de ma vie. (1)

---

(1) Cette prière et la suivante ont été composées par M. de La Chétardie, catéchiste et ensuite curé de Saint-Sulpice.

Ils reconnaissent leur indignité à paraître devant Dieu, et s'unissent à notre Seigneur Jésus-Christ pour paraître devant son Père.

Je confesse, ô mon Dieu ! que je ne suis pas digne de paraître devant votre majesté sainte à cause de mes péchés et de mes mauvaises inclinations, qui rendent mon âme plus défigurée et plus hideuse à vos yeux qu'un lépreux ne l'est aux yeux d'un grand roi. J'ai un sincère regret de vous avoir offensé, parceque vous êtes infiniment bon et infiniment aimable, que le péché vous déplaît, qu'il vous déshonore et qu'il m'éloigne de vous ; et si j'ose paraître aujourd'hui devant vous et vous adresser ma prière, ce n'est point en mon nom, mais au nom de votre Fils bien aimé, notre Seigneur Jésus-Christ. Je me couvre de ses mérites pour paraître devant vous, comme Jacob se revêtit de la robe d'Esaü pour paraître devant son père et obtenir sa bénédiction ; et puisque vous promettez le pardon au pécheur repentant qui fera l'aveu de ses péchés, je confesse les miens en présence de tous vos Saints, les priant de s'unir à moi pour m'obtenir une plus abondante miséricorde.

Le catéchiste dit :

Je me confesse à Dieu tout puissant, à la bienheureuse Marie toujours vierge, à S. Michel Archange, à S. Jean-Baptiste, aux saints apôtres Pierre et Paul, à tous les Saints (et à vous, mon Père) de tous les péchés que j'ai commis en pensées, paroles et œuvres. (1)

---

(1) Confiteor Deo omnipotenti, beatæ Mariæ sem-

Les enfants disent :

Par ma faute, par ma propre faute, par ma très grande faute : c'est pourquoi je prie la bienheureuse Marie toujours vierge, S. Michel Archange, S. Jean-Baptiste, les saints apôtres Pierre et Paul, et tous les Saints (et vous, mon Père), de prier pour moi le Seigneur notre Dieu. (1)

Le cat. Que le Dieu tout puissant nous fasse miséricorde, qu'il nous nous pardonne nos péchés et nous conduise à la vie éternelle. (2)

Les enf. Ainsi soit-il.

Le cat. Que le Seigneur tout puissant et miséricordieux nous donne indulgence, absolution et rémission de tous nos péchés. (3)

Les enf. Ainsi soit-il.

Le cat. — *Invoquons le Saint-Esprit pour bien faire la méditation.*

---

per Virgini, beato Michaeli Archangelo, beato Joanni Baptistæ, sanctis Apostolis Petro et Paulo, omnibus Sanctis, et tibi, Pater, quia peccavi nimis cogitatione, verbo et opere.

(1) Meâ culpâ, meâ culpâ, meâ maximâ culpâ ; ideò precor beatam Mariam semper virginem, beatum Michaelem Archangelum, beatum Joannem Baptistam, sanctos apostolos Petrum et Paulum, omnes Sanctos, et te, Pater, orare pro me ad Dominum Deum nostrum.

(2) Misercatur nostri omnipotens Deus, et, dimissis peccatis nostris, perducat nos ad vitam æternam. Amen.

(3) Indulgentiam, absolutionem et remissionem peccatorum nostrorum tribuat nobis omnipotens et misericors Dominus. Amen.

Mon Dieu, je reconnais humblement que mon esprit n'est qu'ignorance, illusion, ténèbres, distractions; que ma volonté n'est qu'amour-propre, glace, dureté; que je ne suis pas capable d'avoir la moindre affection qui puisse vous être agréable si votre Saint-Esprit ne vient m'éclairer de ses lumières et m'échauffer de son feu divin. Donnez-moi donc, ô mon Dieu! cet Esprit de grâce, qui m'éclaire et qui m'enflamme durant ma méditation.

Venez, Esprit saint, p. 6.

On fait asseoir les enfants.

Lorsque vous ferez la méditation en votre particulier, après avoir dit Venez, Esprit saint, *prenez le livre de votre lecture méditée, et afin de tirer quelque fruit de votre méditation faites:*

1° Les considérations *qui sont marquées dans ce livre, sans passer à autre chose que vous ne soyez convaincu de la vérité sur laquelle vous méditez. Par exemple, si vous méditez sur la nécessité du salut, pénétrez-vous bien qu'il faut sauver votre âme, quoi qu'il vous en coûte.* 2° Faites *réflexion sur vous-même, considérant quels sont les efforts que vous avez faits jusqu'à présent pour assurer votre salut, ceux que vous faites présentement, ceux que vous vous proposez de faire à l'avenir. A la vue de votre indifférence passée et de tous les péchés que vous avez commis, entrez dans de profonds sentiments de regret. A la vue de votre négligence présente, de votre tiédeur habituelle et journalière, concevez de grands sentiments de confusion; et enfin en considérant l'avenir et la miséricorde de Dieu, qui veut bien vous donner encore le temps d'opérer votre salut, formez la résolution sincère d'y travailler désormais tout de bon.*

3° Demandez à Dieu *la grâce de travailler effectivement à votre salut. Suppliez-le de ne pas souffrir plus long-temps que vous meniez une vie si imparfaite. Priez la très sainte Vierge, votre Ange gardien, vos saints patrons de se joindre à vous, et d'adresser à Dieu la même demande que vous lui faites.*

Ensuite prenez une ou deux résolutions à pratiquer dès le jour même, comme de vous corriger de tel défaut, de vaincre telle mauvaise inclination à laquelle vous êtes sujet, de surmonter votre paresse, etc.; enfin mettez ces résolutions sous la protection de la très sainte Vierge, en disant la prière Sub tuum, pag. 8.

On fait mettre les enfants à genoux, on leur suggère les résolutions à prendre, et on termine par le Sub tuum, etc.

PRIÈRE POUR L'ANGELUS.

On fait lever les enfants.

Le cat. L'Ange du Seigneur a annoncé à Marie.

Les enf. Et elle a conçu du Saint-Esprit. Je vous salue, Marie, etc.

Le cat. Voici la servante du Seigneur.

Les enf. Qu'il me soit fait selon votre parole. Je vous salue, Marie, etc.

Le cat. Et le Verbe s'est fait chair.

Les enf. Et il a demeuré parmi nous. Je vous salue, Marie, etc.

Prions.

Seigneur, nous vous supplions de répandre votre grâce dans nos âmes, afin qu'ayant connu par le ministère de l'Ange l'incarnation de votre Fils nous soyons conduits par sa croix et par sa mort à la gloire de sa résurrection : nous vous en prions par le même Jésus-Christ.

℞. Ainsi soit-il.

PRIÈRES
DURANT LA SAINTE MESSE.

PRIÈRE POUR SE DISPOSER A LA BIEN ENTENDRE.

Je me présente, ô mon adorable Sauveur ! devant les saints autels pour assister à votre divin sacrifice. Daignez, ô mon Dieu ! m'en appliquer tout le fruit que vous souhaitez que j'en retire, et suppléez aux dispositions qui me manquent.

Disposez mon cœur aux doux effets de votre bonté ; fixez mes sens, réglez mon esprit, purifiez mon âme, effacez par votre sang tous les péchés dont vous voyez que je suis coupable. Oubliez-les tous, ô Dieu des miséricordes ! je les déteste pour l'amour de vous ; je vous en demande très humblement pardon, pardonnant moi-même de bon cœur à tous ceux qui auraient pu m'offenser. Faites, ô mon doux Jésus ! qu'unissant mes intentions aux vôtres je me sacrifie tout à vous, comme vous vous sacrifiez entièrement pour moi. Ainsi soit-il.

AVIS IMPORTANT.

En lisant les prières de la sainte messe, il faut suivre le prêtre sans le devancer. Si on s'apercevait qu'on eût fini une de ces prières avant que le prêtre l'eût achevée, il faudrait, en attendant, revenir aux considérations qui précèdent cette même prière (elles sont écrites d'un caractère différent), et se bien pénétrer des pieux sentiments qu'elles expriment.

COMMENCEMENT DE LA MESSE.

Au nom du Père, etc.

C'est en votre nom, adorable Trinité, c'est pour vous rendre l'honneur et les hommages qui vous sont dus, que j'assiste au très saint et très auguste sacrifice.

Permettez-moi, divin Sauveur, de m'unir d'intention au ministre de vos autels pour offrir la précieuse victime de mon salut, et donnez-moi les sentiments que j'aurais dû avoir sur le Calvaire si j'avais assisté au sacrifice sanglant de votre passion.

CONFITEOR.

Repassons dans l'amertume de notre cœur les péchés que nous avons commis ; rappelons en gros et confusément ceux qui nous humilient davantage. Exposons à Dieu nos faiblesses : prions-le qu'il nous les pardonne, et que l'abîme de nos misères attire sur nous, en ce sacrifice, l'abîme de ses miséricordes.

Je m'accuse devant vous, ô mon Dieu ! de tous les péchés dont je suis coupable. Je m'en accuse en présence de Marie, la plus pure de toutes les vierges, de tous les Saints et de tous les fidèles, parceque j'ai péché en pensées, en paroles, en actions, en omissions, par ma faute, oui, par ma faute et ma très grande faute : c'est pourquoi je conjure la très sainte Vierge et tous les Saints de vouloir intercéder pour moi.

KYRIE, ELEISON.

Entretenons-nous dans un doux sentiment de confiance en la bonté de Dieu, qui, nous permettant d'employer un moyen aussi efficace que celui-ci pour lui demander la grâce de notre réconciliation, nous donne en même temps un gage assuré que nous pourrons l'obtenir.

Divin Créateur de nos âmes, ayez pitié de l'ouvrage de vos mains ; Père miséricordieux, faites miséricorde à vos enfants.

Auteur de notre salut, immolé pour nous, appliquez-nous les mérites de votre mort et de votre précieux sang.

Aimable Sauveur, doux Jésus, ayez compassion de nos misères, pardonnez-nous nos péchés.

GLORIA IN EXCELSIS.

Concevons un grand désir de procurer à Dieu toute la gloire et au prochain tout le bien que nous pourrons. Réjouissons-nous avec les Anges de la part que nous avons à la connaissance des saints mystères. Remplissons-nous des hautes et magnifiques idées de la majesté de Dieu et de Jésus-Christ, son fils.

Gloire à Dieu dans le ciel, et paix aux hommes de bonne volonté sur la terre. Nous vous louons, Seigneur, nous vous bénissons, nous vous adorons, nous vous glorifions, nous vous rendons de très humbles actions de grâces dans la vue de votre grande gloire, vous qui êtes le Seigneur, le souverain Monarque, le Très-Haut, le seul vrai Dieu, le Père tout puissant.

Adorable Jésus, Fils unique du Père, Dieu et Seigneur de toutes choses, Agneau envoyé de Dieu pour effacer les péchés du monde, ayez pitié de nous, et du haut du ciel où vous régnez avec votre Père jetez un regard de compassion sur nous. Sauvez-nous, vous êtes le seul qui le puissiez, Seigneur Jésus, parceque vous êtes le seul infiniment saint, infiniment puissant, infiniment adorable, avec le Saint-Esprit dans la gloire du Père. Ainsi soit-il.

ORAISON.

Accordez-nous, Seigneur, par l'intercession de la très sainte Vierge et des Saints que nous honorons, toutes les grâces que votre ministre vous demande pour lui et pour nous. M'unissant à lui, je vous fais la même prière pour ceux et celles pour lesquels je suis obligé de prier, et je vous demande, Seigneur, pour eux et pour moi tous les secours que vous savez nous être nécessaires afin d'obtenir la vie éternelle, au nom de Jésus-Christ, notre Seigneur. Ainsi soit-il.

ÉPITRE.

Transportons nous en esprit au temps des patriarches et des prophètes, qui n'aspiraient qu'après le Messie. Entrons dans leurs empressements; formons leurs désirs, prenons les sentiments qu'ils eurent alors : nous attendons le même Sauveur, et, plus heureux qu'eux, nous le voyons.

Mon Dieu, vous m'avez appelé à la connaissance de votre sainte loi préférablement à tant de peuples qui vivent dans l'ignorance de vos mystères. Je l'accepte de tout mon cœur cette divine loi, et j'écoute avec respect les sacrés oracles que vous avez prononcés par la bouche de vos prophètes. Je les révère avec toute la soumission qui est due à la parole d'un Dieu ; j'en vois l'accomplissement avec toute la joie de mon âme.

Que n'ai-je pour vous, ô mon Dieu ! un cœur semblable à celui des Saints de votre ancien Testament ! Que ne puis-je vous désirer avec l'ardeur des patriarches, vous connaître et vous révérer comme les prophètes, vous aimer et m'attacher uniquement à vous comme les apôtres !

ÉVANGILE.

Regardons l'Evangile comme la règle de notre foi et de nos mœurs, règle que Jésus-Christ lui-même nous a donnée, et que nous avons promis de suivre par les engagements du baptême, règle que nous observons mal, et sur laquelle nous serons jugés sans adoucissement et sans appel.

Ce ne sont plus, ô mon Dieu ! les prophètes ni les apôtres qui m'instruisent de mes devoirs ; c'est votre Fils unique, c'est sa parole même. Mais, hélas ! que me servira d'avoir cru que c'est votre parole, Seigneur Jésus, si je n'agis pas conformément à ma croyance ? Que me servira, lorsque je paraîtrai devant vous, d'avoir eu la foi sans le mérite de la charité et des bonnes œuvres ?

Je crois, et je vis comme si je ne croyais pas

ou comme si je croyais un Evangile contraire au vôtre. Ne me jugez pas, ô mon Dieu ! sur cette opposition perpétuelle que je mets entre vos maximes et ma conduite. Je crois, mais inspirez-moi la force de pratiquer ce que je crois. A vous, Seigneur, en reviendra toute la gloire.

CREDO.

Affermissons ici notre foi. Tout ce que l'Evangile nous propose à croire est fondé sur la parole de Dieu, annoncée par les prophètes, révélée dans les Ecritures, déclarée par les miracles, vérifiée par l'établissement de la foi, confirmée par les martyrs, et rendue sensible par la sainteté de notre religion et par le solide consentement de ceux qui la professent avec fidélité.

Je crois en un seul Dieu, Père tout puissant, qui a fait le ciel et la terre, les choses visibles et les invisibles, et en un Seigneur Jésus-Christ, Fils unique de Dieu, né de Dieu son Père avant tous les siècles, Dieu de Dieu, lumière de lumière, vrai Dieu du vrai Dieu, engendré et non créé, consubstantiel à son Père, et par qui tout a été fait ; qui est descendu du ciel pour l'amour de nous et pour notre salut ; qui s'est incarné par l'opération du Saint-Esprit dans le sein de la vierge Marie, et qui s'est fait homme. Je crois aussi que Jésus-Christ a été crucifié pour l'amour de nous sous Ponce Pilate, qu'il a souffert la mort et qu'il a été enseveli ; qu'il est ressuscité le troisième jour suivant les Ecritures ; qu'il est monté au ciel, et qu'il y est assis à la droite de son Père ; qu'il viendra une fois sur la terre avec gloire pour juger les vivants et les morts, et que son règne n'aura point de fin.

Je crois au Saint-Esprit, Seigneur et vivifiant, qui procède du Père et du Fils, qui est adoré et glorifié avec le Père et le Fils, et qui a parlé par les prophètes. Je crois que l'Eglise est une, sainte, catholique et apostolique. Je confesse qu'il y a un baptême pour la rémission des péchés, et j'attends la résurrection des morts et la vie du siècle à venir. Ainsi soit-il.

OFFERTOIRE.

Pensons au bonheur inconcevable que nous avons de trouver dans ce sacrifice de quoi honorer parfaitement Dieu, le remercier d'une manière qui égale ses dons, effacer entièrement nos péchés, et d'obtenir, tant pour nous que pour les autres, toutes les grâces dont nous avons besoin, et mettons à profit tous les précieux moments de cet inestimable bonheur.

Père infiniment saint, Dieu tout puissant et éternel, quelque indigne que je sois de paraître devant vous, j'ose vous présenter cette hostie par les mains du prêtre, avec l'intention qu'a eue Jésus-Christ, mon Sauveur, lorsqu'il institua ce sacrifice, et qu'il a encore au moment qu'il s'immole ici pour moi.

Je vous l'offre pour reconnaître votre souverain domaine sur moi et sur toutes les créatures. Je vous l'offre pour l'expiation de mes péchés et en actions de grâces de tous les bienfaits dont vous m'avez comblé.

Je vous l'offre enfin, mon Dieu, cet auguste sacrifice, afin d'obtenir de votre infinie bonté, pour moi, pour mes parents, pour mes bienfaiteurs, mes amis et mes ennemis, ces grâces précieuses de salut qui ne peuvent être accordées à un pécheur qu'en vue des mérites de celui qui est le juste par excellence, et qui s'est fait victime de propitiation pour tous.

Mais en vous offrant cette adorable victime je vous recommande, ô mon Dieu, toute l'Eglise catholique, notre saint Père le Pape, notre évêque, tous les pasteurs des âmes, notre souverain, les princes chrétiens et tous les peuples qui croient en vous.

Souvenez-vous aussi, Seigneur, des fidèles trépassés, et, en considération des mérites de votre Fils, donnez-leur un lieu de rafraîchissement, de lumière et de paix.

N'oubliez pas, mon Dieu, vos ennemis et les miens; ayez pitié de tous les infidèles, des hérétiques et de tous les pécheurs. Comblez de bénédictions ceux qui me persécutent, et me pardonnez mes péchés comme je leur pardonne tout le mal qu'ils me font ou qu'ils voudraient me faire. Ainsi soit-il.

PRÉFACE.

Elevons-nous en esprit dans le ciel jusqu'au pied du trône de la Divinité. Là, pénétrés d'une sainte et respectueuse crainte à la vue de cette éclatante majesté, rendons-lui nos hommages, et mêlons nos louanges aux célestes cantiques des Anges et des Chérubins qui l'environnent.

Voici l'heureux moment où le roi des Anges et des hommes va paraître : Seigneur, remplissez-moi de votre esprit; que mon cœur, dégagé de la terre, ne pense qu'à vous. Quelle obligation n'ai-je pas de vous bénir et de vous louer en tout temps et en tous lieux, Dieu du ciel et de la terre, Maître infiniment grand, Père tout puissant et éternel !

Rien n'est plus juste, rien n'est plus avantageux que de nous unir à Jésus-Christ pour vous adorer continuellement. C'est par lui que tous les esprits bienheureux rendent leurs hommages à votre majesté ; c'est par lui que toutes les vertus du ciel, saisies d'une frayeur respectueuse, s'unissent pour vous glorifier.

Souffrez, Seigneur, que nous joignions nos faibles louanges à celles de ces saintes intelligences, et que de concert avec elles nous disions dans un transport de joie et d'admiration :

SANCTUS.

Saint, saint, saint est le Seigneur, le Dieu des armées. Tout l'univers est rempli de sa gloire. Que les bienheureux le bénissent dans le ciel. Béni soit celui qui nous vient sur la terre, Dieu et Seigneur comme celui qui l'envoie !

LE CANON.

Représentons-nous ici l'autel sur lequel Jésus-Christ va se rendre comme étant le trône de sa miséricorde, où nous avons droit de nous présenter pour exposer tous nos besoins, pour demander et pour obtenir. Dieu, qui nous donne son propre Fils, peut-il nous refuser quelque chose ?

Nous vous conjurons, au nom de Jésus-Christ, votre Fils et notre Seigneur, ô Père infiniment miséricordieux, d'avoir pour agréable et de bénir l'offrande que nous vous présentons, afin qu'il vous plaise de conserver, de défendre et de gouverner votre sainte Eglise catholique, avec tous les membres qui la composent, le Pape, notre évêque et généralement tous ceux qui font profession de votre sainte foi.

Nous vous recommandons en particulier, Seigneur, ceux pour qui la justice, la reconnaissance et la charité nous obligent de prier ; tous ceux qui sont présents à cet adorable sacrifice, et singulièrement N. et N. Et afin, grand Dieu, que nos hommages vous soient plus agréables, nous nous unissons à la glorieuse Marie, toujours vierge, Mère de notre Dieu et Seigneur Jésus-Christ, à tous vos apôtres, à tous les bienheureux martyrs, et à tous les Saints, qui composent avec nous une même Eglise.

Que n'ai-je en ce moment, ô mon Dieu, les désirs enflammés avec lesquels les saints patriarches souhaitaient la venue du Messie ! Que n'ai-je leur foi et leur amour ! Venez, Seigneur Jésus, venez, aimable réparateur du monde, venez accomplir un mystère qui est l'abrégé de toutes vos merveilles. Il vient cet agneau de Dieu : voici l'adorable victime par qui tous les péchés du monde sont effacés.

ÉLÉVATION.

Voilà notre Dieu, notre Sauveur et notre juge. Soyons quelque temps dans le silence, comme saisis d'admiration à la vue de ce qui se passe sur l'autel. Rappelons toute notre ferveur, et livrons-nous à tous les sentiments que le respect, la confiance et la crainte sont capables d'inspirer.

Verbe incarné, divin Jésus, vrai Dieu et vrai homme, je crois que vous êtes ici présent ; je vous y adore avec humilité ; je vous aime de tout mon cœur ; et, comme vous y venez pour l'amour de moi, je me consacre entièrement à vous.

J'adore ce sang précieux que vous avez répandu pour tous les hommes, et j'espère, ô mon Dieu, que vous ne l'aurez pas versé inutilement pour moi. Faites-moi la grâce de m'en appliquer les mérites. Je vous offre le mien, aimable Jésus, en reconnaissance de cette charité infinie que vous avez eue de donner le vôtre pour l'amour de moi.

SUITE DU CANON.

Contemplons affectueusement notre Sauveur sur l'autel. Méditons les mystères qu'il y renouvelle. Unissons le sacrifice de notre cœur à celui de son corps. Offrons-le à Dieu son Père ; supplions-le d'accepter les prières que ce cher Fils lui fait pour nous, et prions nous-mêmes pour les autres.

Quelle serait donc désormais ma malice et mon ingratitude si, après avoir vu ce que je vois, je consentais à vous offenser ! Non, mon Dieu, je n'oublierai jamais ce que vous me représentez par cette auguste cérémonie ; les souffrances de votre passion, la gloire de votre résurrection, votre corps tout déchiré, votre sang répandu pour nous, réellement présent à mes yeux sur cet autel.

C'est maintenant, éternelle majesté, que nous vous offrons de votre grâce véritablement et proprement la victime pure, sainte et sans tache qu'il vous a plu nous donner vous-même, et dont toutes les autres n'étaient que la figure. Oui, grand Dieu, nous osons vous le dire, il y a ici une hostie infiniment supérieure à tous les sacrifices d'Abel, d'Abraham et de Melchisedech ; la seule victime digne de votre autel, notre Seigneur Jésus-Christ, votre Fils, l'unique objet de vos éternelles complaisances.

Que tous ceux qui participent ici de la bouche ou du cœur à cette sacrée victime soient remplis de sa bénédiction.

Que cette bénédiction se répande, ô mon Dieu, sur les âmes des fidèles qui sont morts dans la paix de l'Eglise, et particulièrement sur l'âme de N. et de N. Accordez-leur, Seigneur, en vue de ce sacrifice, la délivrance entière de leurs peines.

Daignez nous accorder aussi un jour cette grâce à nous-mêmes, Père infiniment bon, et faites-nous entrer en société avec les saints Martyrs et tous les Saints, afin que nous puissions vous aimer et glorifier éternellement avec eux. Ainsi soit-il.

PATER NOSTER.

Nous voici avec Jésus sur un nouveau Calvaire. Tenons-nous au pied de sa croix avec une tendre compassion, comme Madeleine ; avec un amour fidèle, comme S. Jean; avec espérance de le voir un jour dans sa gloire, comme les autres disciples. Regardons-le quelquefois de loin, et pleurons nos péchés avec S. Pierre.

Que je suis heureux, ô mon Dieu, de vous avoir pour Père! Que j'ai de joie de songer que le ciel où vous êtes doit être un jour ma demeure! Que votre saint nom soit glorifié par toute la terre. Régnez absolument sur tous les cœurs et sur toutes les volontés. Ne refusez pas à vos enfants la nourriture spirituelle et corporelle. Nous pardonnons de bon cœur : pardonnez-nous, soutenez-nous dans les tentations et dans les maux de cette misérable vie ; mais préservez-nous du péché, le plus grand de tous les maux. Ainsi soit-il.

AGNUS DEI.

Dieu, qui est si glorieux dans le ciel, si puissant sur la terre, si terrible dans les enfers, n'est ici qu'un agneau plein de douceur et de bonté. Il y vient pour effacer les péchés du monde, et en particulier les nôtres. Quel motif de confiance ! quel sujet de consolation !

Agneau de Dieu, immolé pour moi, ayez pitié de moi. Victime adorable de mon salut, sauvez-moi ; Divin médiateur, obtenez-moi ma grâce auprès de votre Père ; donnez-moi votre paix.

COMMUNION.

Pour communier spirituellement renouvelons par un acte de foi le sentiment que nous avons de la présence de Jésus-Christ. Formons un acte de contrition. Excitons dans notre cœur un désir ardent de le recevoir avec le prêtre. Prions-le qu'il agrée ce désir et qu'il s'unisse à nous en nous communiquant ses grâces.

(Si vous devez communier sacramentalement, servez-vous ici des prières avant la communion.)

Qu'il me serait doux, ô mon aimable Sauveur, d'être du nombre de ces heureux chrétiens à qui la pureté de conscience et une tendre piété permettent d'approcher de votre sainte table !

Quel avantage pour moi si je pouvais en ce moment vous posséder dans mon cœur, vous y rendre mes hommages, vous y exposer mes besoins et participer aux grâces que vous faites à ceux qui vous reçoivent réellement! Mais, puisque j'en suis très indigne, suppléez, ô mon Dieu, à ce qui manque à mon âme. Pardonnez-moi tous mes péchés ; je les déteste de tout mon cœur, parcequ'ils vous déplaisent. Recevez le désir sincère que j'ai de m'unir à vous. Purifiez-moi d'un seul de vos regards, et mettez moi en état de vous bien recevoir au plus tôt.

En attendant cet heureux jour, je vous conjure, Seigneur, de me faire participant des fruits que la communion du prêtre doit produire en tout le peuple fidèle qui est présent à ce sacrifice. Augmentez ma foi par la vertu de ce divin sacrement ; fortifiez mon espérance, épurez en moi la charité, remplissez mon cœur de votre amour, afin qu'il ne respire plus que pour vous. Ainsi soit-il.

DERNIÈRES ORAISONS.

Efforçons-nous de rendre au Sauveur sacrifice pour sacrifice en devenant la victime de son amour, en lui immolant toutes les recherches de l'amour-propre, toutes les attentions du respect humain, toutes les répugnances et toutes les inclinations qui ne s'accorderaient pas avec l'accomplissement de nos devoirs.

Vous venez, ô mon Dieu, de vous immoler pour mon salut ; je veux me sacrifier pour votre gloire. Je suis votre victime, ne m'épargnez point. J'accepte de bon cœur toutes les croix qu'il vous plaira de m'envoyer ; je les bénis, je les reçois de votre main, et je les unis à la vôtre.

Je sors purifié de vos saints mystères ; je fuirai avec horreur les moindres taches du péché, surtout de celui où mon penchant m'entraîne avec plus de violence. Je serai fidèle à votre loi, et je suis résolu de tout perdre et de tout souffrir plutôt que de la violer.

BÉNÉDICTION.

Bénissez, ô mon Dieu, ces saintes résolutions ; bénissez-nous tous par la main de votre ministre, et que les effets de votre bénédiction demeurent éternellement sur nous. Au nom du Père, et du Fils, et du Saint-Esprit. Ainsi soit-il.

DERNIER ÉVANGILE.

Verbe divin, Fils unique du Père, lumière du monde venue du ciel pour nous en montrer le chemin, ne permettez pas que je ressemble à ce peuple infidèle qui a refusé de vous reconnaître pour le Messie. Ne souffrez pas que je tombe dans le même aveuglement que ces malheureux, qui ont mieux aimé devenir esclaves de Satan que d'avoir part à la glorieuse adoption d'enfants de Dieu que vous veniez leur procurer.

Verbe fait chair, je vous adore avec le respect le plus profond ; je mets toute ma confiance en vous seul, espérant fermement que, puisque vous êtes mon Dieu, et un Dieu qui s'est fait homme afin de sauver les hommes, vous m'accorderez les grâces nécessaires pour me sanctifier et vous posséder éternellement dans le ciel. Ainsi soit-il.

Ne sortons point de l'Eglise sans avoir témoigné notre reconnaissance pour toutes les grâces que Dieu nous a faites dans ce sacrifice. Conservons-en précieusement le fruit, et faisons qu'on demeure convaincu, en nous voyant, que nous avons profité de la mort et de l'immolation d'un Dieu sauveur.

PRIÈRE APRÈS LA SAINTE MESSE.

Seigneur, je vous remercie de la grâce que vous m'avez faite en me permettant aujourd'hui d'assister au sacrifice de la sainte messe, préférablement à tant d'autres enfants qui n'ont pas eu le même bonheur ; et je vous demande pardon de toutes les fautes que j'ai commises par la dissipation et la langueur où je me suis laissé aller en votre présence. Que ce sacrifice, ô mon Dieu, me purifie pour le passé et me fortifie pour l'avenir.

Je vais présentement avec confiance aux occupations où votre volonté m'appelle. Je me souviendrai toute cette journée de la grâce que vous venez de me faire, et je tâcherai de ne laisser échapper aucune parole, de ne faire aucune action, de ne former aucun désir ni aucune pensée qui me fasse perdre le fruit de la messe que je viens d'entendre. C'est ce que je me propose avec le secours de votre sainte grâce. Ainsi soit-il.

VÊPRES

POUR TOUS LES DIMANCHES DE L'ANNÉE.

Tout le monde étant debout, l'officiant entonne :

1. Deus, in adjutorium meum intende. (1)

Les enfants reprennent :

2. Domine, ad adjuvandum me festina. (2)

Gloria Patri, et Filio, et Spiritui Sancto, sicut erat in principio, et nunc et semper, et in sæcula sæculorum. Amen.

Alleluia. (*Depuis la Septuagésime jusqu'à Pâques :* Laus tibi, Domine, rex æternæ gloriæ.)

PSAUME 109.

Le prophète David chante la gloire de Jésus-Christ régnant dans les cieux et sur la terre, et prédit son dernier triomphe au jour du jugement.

Les chant. 1. Dixit Dominus Domino meo :* Sede a dextris meis.

Immédiatement après le premier verset on fait asseoir les enfants, et ceux-ci reprennent le psaume :

2. Donec ponam inimicos tuos* scabellum pedum tuorum.

---

(1) O Dieu ! venez à mon aide.
(2) Seigneur, hâtez-vous de me secourir *afin que je chante dignement vos louanges.*
1. Le Seigneur *Dieu tout puissant* it à *Jésus-Christ, Mon Seigneur, au jour de son ascension glorieuse :* Asseyez-vous à ma droite, *et demeurez-y.*
2. Jusqu'à ce que je réduise vos ennemis à servir d'escabeau à vos pieds.

3. Virgam virtutis tuæ emittet Dominus ex Sion * dominare in medio inimicorum tuorum.

4. Tecum principium in die virtutis tuæ, in splendoribus Sanctorum; * ex utero ante luciferum genui te.

5. Juravit Dominus, et non pœnitebit eum; * Tu es sacerdos in æternum secundum ordinem Melchisedech.

6. Dominus à dextris tuis * confregit in die iræ suæ reges.

7. Judicabit in nationibus, implebit ruinas,* conquassabit capita in terrâ multorum.

8. De torrente in viâ bibet,* propterea exaltabit caput.—9. Gloria Patri, etc.

---

3. De Sion, *la ville de Jérusalem, où vous l'avez glorifié par votre mort,* le Seigneur fera sortir le sceptre de votre puissance, *votre croix, qui de là étendra son empire sur toutes les nations.* Régnez *par elle* au milieu de *ceux qui étaient* vos ennemis.

4. Au jour de votre *second avénement, la* puissance *divine éclatera* dans votre propre personne, *lorsque vous paraitrez vous-même* dans la splendeur des Saints; *car c'est à vous que Dieu le Père a dit:* Je vous ai engendré de mon sein avant l'aurore.

5. *C'est à vous que* le Seigneur a fait ce serment, et il ne le révoquera pas: Vous êtes pontife éternel selon l'ordre de Melchisedech.

6. *O Dieu!* le Seigneur assis à votre droite brisera dans le jour de sa colère les princes *ennemis de votre nom.*

7. Il exercera ses jugements au milieu des nations *qui osent vous résister;* il remplira tout de carnage et brisera les têtes rebelles dans l'étendue de la terre.

8. Il boira dans le chemin *de la vie des eaux* du torrent *des afflictions,* et à cause de cela il élèvera sa tête et sera revêtu de tant de puissance. Gloire au Père, au Fils et au Saint-Esprit, etc.

PSAUME 112. — *Conversion des Gentils à la foi. Invitation à célébrer la bonté de Dieu.*

Les chant. 1. Laudate, pueri, Dominum,* laudate nomen Domini.

Les enf. 2. Sit nomen Domini benedictum* ex hoc nunc et usque in sæculum.

3. A solis ortu usque ad occasum* laudabile nomen Domini.

4. Excelsus super omnes gentes Dominus,* et super cœlos gloria ejus.

5. Quis sicut Dominus Deus noster, qui in altis habitat* et humilia respicit in cœlo et in terrâ?

6. Suscitans a terra inopem,* et de stercore erigens pauperem.

7. Ut collocet eum cum principibus,* cum principibus populi sui.

PSAUME 112. 1. Louez le Seigneur, vous qui êtes ses serviteurs : célébrez son nom.

2. Que le nom du Seigneur soit béni maintenant et dans tous les siècles.

3. Depuis le lever du soleil jusqu'au couchant le nom du Seigneur doit être loué.

4. *Car maintenant* le Seigneur *n'est plus connu des Hébreux seulement;* il domine sur toutes les nations, et sa gloire, *qui* est plus élevée que les cieux, *éclaire tous les peuples.*

5. Qui est semblant au Seigneur notre Dieu? il réside au plus haut *des cieux*, et il abaisse les regards *de sa bonté* sur tout ce qui est au dessous *de lui* dans le ciel et sur la terre.

6. Il relève de la poussière l'homme pauvre *et dépouillé de tout bien par le péché*, et il tire cet indigent du fumier *de ses vices.*

7. *Il le relève ainsi* pour le placer *dans le ciel* parmi *les Anges,* les princes *de sa cour,* pour le faire asseoir avec les princes de son peuple.

8. Qui habitare facit sterilem in domo * matrem filiorum lætantem. 9. Gloria Patri, etc.

PSAUME 116. — *Même sujet.*

Les chant. 1. Laudate Dominum, omnes gentes, * laudate eum, omnes populi.

Les enf. 2. Quoniam confirmata est super nos misericordia ejus*, et veritas Domini manet in æternum. — 3. Gloria Patri, etc.

On fait lever les enfants.

CAPITULE. Benedictus Deus, et Pater Domini nostri Jesu Christi, qui benedixit nos omni benedictione spirituali, in cœlestibus in Christo, sicut elegit nos in ipso ante mundi constitutionem, ut essemus sancti et immaculati in conspectu ejus in caritate. — Deo gratias.

HYMNE. (1)

Les chant. Sit laus Patri, laus Filio;

On fait asseoir les enfants.

Les enf. Par sit tibi laus, Spiritus,
  Afflante quo mentes sacris
   Lucent et ardent ignibus. Amen.

℣. In Deo laudabimur totâ die.

℟. Et in nomine tuo confitebimur in sæculum.

---

8. *Enfin il rend féconde l'Eglise, cette femme autrefois si stérile*, et lui donne la joie d'être mère de nombreux enfants. 9. Gloire au Père, etc.

PSAUME 116. 1. Gentils, louez tous le Seigneur : *Juifs dispersés parmi les* peuples, célébrez tous ses louanges.

2. Parceque sa miséricorde s'est affermie sur nous et que la vérité *des promesses* du Seigneur subsiste éternellement. 3. Gloire au Père, etc.

(1) SIT LAUS. Louange soit au Père, louange soit au Fils; même louange vous soit rendue, ô Esprit saint! dont le souffle éclaire et embrase les âmes de feux divins.

CANTIQUE DE LA TRÈS SAINTE VIERGE.

Marie répond aux félicitations de sainte Élisabeth par ce beau cantique, qui lui a mérité le titre de Reine des Prophètes, *à cause des grands événements qu'elle y annonça.*

On fait lever les enfants.

Les chant. 1. Magnificat * anima mea Dominum.

Les enf. 2. Et exultavit spiritus meus * in Deo salutari meo.

3. Quia respexit humilitatem ancillæ suæ, * ecce enim ex hoc beatam me dicent omnes generationes.

4. Quia fecit mihi magna qui potens est * et sanctum nomen ejus.

5. Et misericordia ejus à progenie in progenies * timentibus eum.

Paraphrase du Magnificat *d'après les saints Pères.*

1. *C'est* au Seigneur que mon âme renvoie toute gloire.

2. Elle *ne* se réunit *qu'*en Dieu mon Sauveur,

3. Parcequ'il a laissé tomber ses regards sur la bassesse de sa servante, *quoiqu'elle n'eût rien fait pour mériter tant de faveurs. Sans doute je suis bien heureuse, et dans la suite de tous les siècles les hommes exalteront mon bonheur.*

4. *Mais uniquement* à cause des grandes choses que le Tout-Puissant a faites en moi : son opération sainte *m'ayant rendue mère de son fils, sans cesser d'être vierge.*

5. Et *toutefois* sa miséricorde *ne s'est point exercée envers moi seule:* elle *se répand d'âge en âge sur tous ceux qui le servent, et de moi elle se communiquera à toutes les nations.*

6. Fecit potentiam in brachio suo :* dispersit superbos mente cordis sui.

7. Deposuit potentes de sede, * et exaltavit humiles.

8. Esurientes implevit bonis, * et divites dimisit inanes.

9. Suscepit Israel puerum suum * recordatus misericordiæ suæ.

10. Sicut locutus est ad patres nostros *, Abraham et semini ejus in sæcula.

11. Gloria, etc.

OREMUS.

Deus, qui, benedicens et complexans parvulos, talium esse dixisti regnum cœlorum, insere puerorum pectoribus salutarem doctrinam amoremque pietatis, ut, non obliviosi auditores facti, audita corde retineant atque opere impleant; qui vivis et regnas cum Deo Patre in unitate Spiritûs Sancti, Deus, per omnia sæcula sæculorum. ℟. Amen.

---

6. Par *cet enfant divin qui est sa force et* son bras Dieu fera éclater sa puissance ; il dissipera les desseins des *anges* orgueilleux.

7. Il renversera les puissants de leur trône, *il les chassera des cœurs des hommes;* et les *hommes* humiliés *sous leur joug,* il les exaltera *en les adoptant pour ses enfants.*

8. Ceux qui périssent de faim, *les gentils privés de la loi et des prophètes,* il les remplira de biens *en les appelant à la connaissance de son nom;* et les *Juifs,* comblés de richesses *spirituelles dont ils abusent,* il les renverra les mains vides.

9. *Enfin* se ressouvenant de sa miséricorde, il recevra *a la fin des temps le peuple d'*Israel, son serviteur, *et* il reçoit *maintenant* l'Israélite fidèle.

10. Selon la promesse qu'il avait donnée à nos pères, à Abraham et à sa postérité pour toujours.

11. Gloire soit au Père, etc.

℣. Dominus vobiscum.
℟. Et cum spiritu tuo.
Les chant. ℣. Benedicamus Domino.
Les enf. ℟. Deo dicamus gratias.

S'il n'y a pas de salut, on termine ainsi les vêpres:

℣. Et fidelium animæ per misericordiam Dei requiescant in pace. ℟. Amen.

On fait asseoir les enfants.

POUR LES FÊTES DE LA TRÈS SAINTE VIERGE.

CAPITULE. In me ancillâ suâ adimplevit Dominus misericordiam suam, quam promisit domui Israel. Deo gratias.

HYMNE. (1)

Les chant. Monstra te esse matrem;
Les enf. Sumat per te preces
Qui pro nobis natus
Tulit esse tuus. Amen.

℣. Ora pro nobis, sancta Dei genitrix.
℟. Ut digni efficiamur promissionibus Christi.

OREMUS.

Concede, misericors Deus, fragilitati nostræ præsidium, ut, qui sanctæ Dei genitricis memoriam agimus, intercessionis ejus auxilio à nostris iniquitatibus resurgamus; per eumdem Dominum nostrum... Amen.

POUR LE JOUR DE LA PREMIÈRE COMMUNION
ET DE LA COMMUNION DU MOIS.

CAPITULE. Ecce sto ad ostium, et pulso : si

---

(1) MONSTRA. Montrez que vous êtes mère, et faites que celui qui étant né pour nous a voulu être votre fils exauce par vous nos prières.

quis audierit vocem meam, et aperuerit mihi januam, intrabo ad illum, et cœnabo cum illo, et ipse mecum.—Deo gratias.

HYMNE.

Les jours de la communion du mois on ne chante que les deux dernières strophes.

1. PANGE, lingua, gloriosi
Corporis mysterium,
Sanguinisque pretiosi,
Quem, in mundi pretium,
Fructus ventris generosi,
Rex effudit gentium.

1. Ma langue, chantez le mystère du corps glorieux et du précieux sang que le Roi des nations, né du chaste sein de Marie, a répandu pour la rançon du monde.

2. Nobis datus, nobis natus
Ex intactâ Virgine,
Et in mundo conversatus,
Sparso verbi semine,
Sui moras incolatûs
Miro clausit ordine.

2. Il nous fut donné, il naquit pour nous d'une vierge très chaste; et ayant vécu dans le monde, après qu'il l'eut enseigné par ses discours, il termina sa vie par l'institution du plus ineffable mystère.

3. In supremæ nocte cœnæ,
Recumbens cum fratribus,
Observatâ lege plenè,
Cibis in legalibus,
Cibum turbæ duodenæ
Se dat suis manibus.

3. La nuit de la dernière cène, étant à table avec ses douze apôtres, après avoir accompli entièrement la loi en mangeant ce qu'elle ordonnait, il se donne à eux pour leur servir de nourriture.

4. VERBUM caro, panem verum,
Verbo carnem efficit,
Fitque sanguis Christi merum;
Et si sensus deficit,
Ad firmandum cor sincerum
Sola fides sufficit.

4. Le Verbe incarné fait par sa parole d'un pain véritable sa propre chair, et le vin devient le sang de Jésus-Christ; et si les sens ne l'aperçoivent pas, la foi suffit pour rassurer un cœur fidèle.

5. TANTUM ergo sacramentum
Veneremur cernui;
Et antiquum documentum
Novo cedat ritui:

5. Adorons donc un aussi adorable sacrement qui tombe sous le sens de la vue. Que l'ancienne loi, qui défendait d'adorer

Præstet fides supplementum Sensuum defectui.	rien de sensible, cède à cette nouvelle institution; et que la foi supplée au défaut des sens.
6. GENITORI Genitoque Laus et jubilatio : Salus, honor, virtus quoque Sit et benedictio : Procedenti ab utroque Compar sit laudatio. Amen.	6. Louange, jubilation, salut, honneur, puissance et bénédiction soient au Père et au Fils, et qu'une même louange soit rendue au Saint-Esprit, qui procède de l'un et de l'autre.

℣. Panem de cœlo præstitisti eis.
℟. Omne delectamentum in se habentem.

OREMUS.

Parvulos tuos, quos ad mensam tuam vocare dignatus es, Domine, continuâ protectione custodi, ut cœlesti cibo nutriti crescant in virum perfectum, in mensuram ætatis plenitudinis Christi Filii tui, qui tecum vivit et regnat, etc.

POUR LE JOUR DE LA CONFIRMATION.

CAPITULE.

Secundùm suam misericordiam salvos nos fecit Deus per lavacrum regenerationis et renovationis Spiritûs Sancti, quem effudit in nos abundè, per Jesum Christum Salvatorem nostrum, ut, justificati gratiâ ipsius, hæredes simus secundùm spem vitæ æternæ.—Deo gratias.

HYMNE.

1. VENI, creator Spiritus, Mentes tuorum visita, Imple supernâ gratiâ Quæ tu creasti pectora.	1. Venez, Esprit créateur; visitez les âmes de ceux qui sont à vous, remplissez de votre céleste grâce ces cœurs que vous avez formés.

2. Qui paracletus diceris,
Donum Dei altissimi,
Fons vivus, ignis, caritas
Et spiritalis unctio;

2. Vous qui êtes appelé consolateur, don du Très-Haut, fontaine de vie, feu, charité et onction spirituelle;

3. Tu septiformis munere,
Dextræ Dei tu digitus,
Tu ritè promissum Patris,
Sermone ditans guttura.

3. Vous qui communiquez les sept dons, vous êtes le doigt de la droite de Dieu, la promesse effectuée du Père, qui avez rendu les langues si éloquentes.

4. ACCENDE lumen sensibus,
Infunde amorem cordibus,
Infirma nostri corporis
Virtute firmans perpeti.

4. Eclairez nos esprits de votre lumière, répandez dans nos cœurs le feu de votre amour, et par votre force immuable soutenez la faiblesse de nos corps.

5. HOSTEM repellas longiùs,
Pacemque dones protinùs,
Ductore sic te prævio
Vitemus omne noxium.

5. Repoussez au loin notre ennemi, donnez-nous promptement la paix, et qu'ainsi vous ayant pour guide nous évitions tout ce qui nous peut nuire.

6. PER te sciamus da Patrem,
Noscamus atque Filium;
Te utriusque Spiritum
Credamus omni tempore.

6. Faites que par vous nous connaissions le Père et le Fils, et que toujours nous croyions que vous êtes l'Esprit de tous les deux.

7. SIT laus Patri, laus Filio;
Par sit tibi laus, Spiritus,
Afflante quo mentes sacris
Lucent et ardent ignibus.
Amen.

7. Louange soit au Père, louange soit au Fils, même louange vous soit rendue, ô Esprit saint! dont le souffle éclaire et embrase les âmes de feux divins.

℣. Emitte spiritum tuum, et creabuntur.
℟. Et renovabis faciem terræ.

OREMUS.

Deus, qui (hodiernâ die) corda fidelium Sancti Spiritûs illustratione docuisti, da nobis in eodem Spiritu recta sapere, et de ejus semper consolatione gaudere; per... ejusdem... Amen.

PENDANT L'AVENT.

CAPITULE. Qui justus est justificetur adhuc, et sanctus sanctificetur adhuc. Ecce venio citò, et merces mea mecum est, reddere unicuique secundùm opera sua.—Deo gratias.

HYMNE. (1)

Les chant.   Rorare, cœli, desuper;
Les enf.   Justumque fœcundo sinu
            Complexa tellus perdito
            Orbi salutem germinet.

℣. Excita potentiam tuam, et veni.
℟. Ut salvos facias nos.

OREMUS.

Excita, quæsumus, Domine, potentiam tuam, et veni; ut ab imminentibus peccatorum nostrorum periculis te mereamur protegente eripi, te liberante salvari; qui vivis et regnas cum Deo Patre in unitate Spiritûs Sancti, Deus, per omnia sæcula sæculorum.

POUR LE TEMPS DE NOËL.

CAPITULE. In hoc apparuit caritas Dei in nobis, quoniam Filium suum unigenitum misit Deus in mundum ut vivamus per eum. — Deo gratias.

---

(1) RORATE. Cieux, envoyez d'en haut votre rosée; que la terre féconde reçoive le juste dans son sein et donne au monde perdu son Sauveur.

HYMNE.

1. ADESTE, Fideles, læti, triumphantes, Venite, venite in Bethleem; Natum videte regem angelorum. Venite, adoremus Dominum.

2. EN, grege relicto, humiles ad cunas Vocati pastores appropetant; Et nos ovanti gradu festinemus. Venite, adoremus Dominum.

3. ÆTERNI Parentis splendorem æternum Velatum sub carne videbimus, Deum infantem pannis involutum. Venite, adoremus Dominum.

4. PRO nobis egenum et fœno cubantem Piis foveamus amplexibus; Sic nos amantem quis non redamaret? Venite, adoremus Dominum.

1. Accourez, fidèles, pleins d'allégresse, venez à Béthléem; vous y verrez le roi des anges qui vient de naître. Venez, adorons le Seigneur.

2. Dociles à la voix céleste, les bergers s'empressent de visiter son humble berceau, et nous aussi, hâtons-nous d'y porter nos pas. Venez, adorons le Seigneur.

3. Nous y verrons celui qui est la splendeur du Père caché sous le voile d'une chair mortelle; nous y verrons un Dieu enfant enveloppé de langes. Venez, adorons le Seigneur.

4. Serrons dans de pieux embrassements ce Dieu devenu pauvre pour nous et couché sur la paille. Quand il nous aime ainsi, comment ne pas l'aimer à notre tour? Venez, adorons le Seigneur.

℣ Hic est Deus, Deus noster in æternum.
℟. Ipse reget nos in sæcula.

OREMUS.

Concede, quæsumus, omnipotens Deus, ut nos Unigeniti tui nova per carnem nativitas liberet, quos sub peccati jugo vetusta servitus tenet; per eumdem Dominum, etc.

(47)
PENDANT LE CARÊME.

CAPITULE. Christus dilexit nos, et tradidit semetipsum pro nobis oblationem et hostiam Deo in odorem suavitatis.—Deo gratias.

HYMNES.
Pour les quatre premiers dimanches. (1)

Les chant.	Audi, benigne conditor,
Les enf.	Nostras preces cum fletibus,
	In hoc sacro jejunio
	Fusas quadragenario.

Dans le temps de la Passion. (2)

Les chant.	O crux! ave spes unica,
Les enf.	Hoc Passionis tempore
	Auge piis justitiam,
	Reisque dona veniam.

ỳ. Deus rex noster ante sæcula.
ɲ. Operatus est salutem in medio terræ.

OREMUS.

Deus, qui per Unigenitum tuum, passum et humiliatum usque ad mortem, antiqui hostis contrivisti superbiam, da fidelibus tuis et quæ ipse propter nos pertulit dignè recolere, et adversa omnia, ejus exemplo, patienter tolerare; qui tecum vivit.

POUR PAQUES.
Alleluia, alleluia, alleluia.

1 O filii et filiæ, Rex cœlestis, Rex gloriæ Morte surrexit hodie, Alleluia.	1. Fidèles de tout âge, réjouissez-vous, le Roi du ciel, le Roi de gloire est aujourd'hui ressuscité.
2. Et Maria Magdalene,	2. Marie Madeleine, Ma-

---

(1) AUDI, BENIGNE. O Dieu de bonté, notre créateur exaucez les prières et les larmes que nous répandons devant vous durant le jeûne de cette sainte quarantaine.

(2) O CRUX. Salut, ô croix, notre unique espérance! augmentez dans le temps de la Passion la justice des justes, et accordez le pardon aux coupables.

Et Jacobi et Salome, | rie, mère de Jacques et
Venerunt corpus ungere. | Salomé, vinrent pour embaumer le corps de Jésus.

3. A Magdalena moniti, | 3. Deux apôtres avertis
Ad ostium monumenti | par Madeleine coururent à
Duo currunt discipuli. | l'envi vers le tombeau.

4. Sed Joannes apostolus | 4. Mais l'apôtre S. Jean,
Cucurrit Petro citiùs, | courant plus vite que
Ad sepulcrum venit priùs. | S. Pierre, y arriva le premier.

5. In albis sedens angelus | 5. Un ange, vêtu de blanc
Respondit mulieribus | et assis à l'entrée du tombeau, dit aux saintes femmes
Quia surrexit Dominus. | *lorsqu'elles revinrent au tombeau*: Le Seigneur est ressuscité.

6. Discipulis astantibus, | 5. Les disciples étant assemblés, Jésus parut au
In medio stetit Christus, | milieu d'eux, disant: La
Dicens: Pax vobis omnibus. | paix soit avec vous.

7. Postquàm audivit Didymus | 7. Cependant Thomas, alors absent, leur ayant
Quia surrexerat Jesus, | entendu dire que Jésus
Remansit fide dubius. | était ressuscité, demeura dans le doute.

8. Vide, Thoma, vide latus; | 8. Thomas, voyez mon
Vide pedes, vide manus; | côté, lui dit Jésus; voyez
Noli esse incredulus. | mes pieds, voyez mes mains, et ne soyez plus incrédule.

9. Quandò Thomas Christi latus, | 9. Quand Thomas vit le côté de Jésus, qu'il vit ses
Pedes vidit atque manus, | pieds et ses mains: Vous
Dixit: Tu es Deus meus. | êtes mon Dieu, s'écria-t-il.

10. Beati qui non viderunt, | 10. Heureux ceux qui
Et firmiter crediderunt: | n'ont pas vu, et qui ont
Vitam æternam habebunt. | cru fermement: ils auront la vie éternelle.

11. In hoc festo sanctissimo | 11. Dans cette très sainte
Sit laus et jubilatio. | solennité que l'on n'entende que louanges et jubilation. Bénissons le Seigneur.
Benedicamus Domino. |

12. De quibus nos humillimas, | 12. Rendons à Dieu pour tous ses bienfaits de
Devotas atque debitas | très humbles et de justes
Deo dicamus gratias. | actions de grâces.
Alleluia.

PROSE AU TRÈS SAINT SACREMENT

1. Ave verum corpus natum
De Mariâ virgine :
Verè passum, immolatum
In cruce pro homine;

2. Cujus latus perforatum
Fluxit aquâ et sanguine.
Esto nobis prægustatum
Mortis in examine.

3. O Jesu dulcis!
O Jesu pie!
O Jesu, fili Mariæ!
Tu nobis miserere. Amen.

1. Je vous adore, ô vrai corps né de la vierge Marie! qui avez vraiment souffert, et avez été immolé sur la croix pour le salut des hommes,

2. Dont le côté percé d'une lance a versé du sang et de l'eau. Faites-nous la grâce de vous recevoir à l'heure de notre mort ;

3. O Jésus, plein de douceur! ô Jésus, plein de bonté! ô Jésus, fils de Marie! faites-nous miséricorde! Ainsi soit-il.

OREMUS.

Deus, qui nobis sub Sacramento mirabili Passionis tuæ memoriam reliquisti, tribue, quæsumus, ita nos corporis et sanguinis tui sacra mysteria venerari, ut redemptionis tuæ fructum in nobis jugiter sentiamus ; qui vivis et regnas, etc. ℟. Amen.

PROSE A LA TRÈS SAINTE VIERGE.

Inviolata, integra et casta es, Maria, Quæ es effecta fulgida cœli porta. O Mater alma Christi carissima, Suspice pia laudum præconia! Nostra ut pura pectora sint et corpora Te nunc flagitant devota corda et ora. Tua per precata dulcisona, Nobis concedas veniam per sæcula, O benigna ! ô benigna ! ô benigna! Quæ sola inviolata permansisti.	Vous avez conservé tout l'éclat de votre virginité, ô Marie, qui en devenant mère nous avez ouvert l'entrée du ciel. O heureuse Mère ! la bien-aimée de Jésus-Christ, recevez les éloges que la piété donne à vos vertus. Demandez à Dieu que nos cœurs et nos corps soient purs. Nos cœurs s'unissent à nos bouches pour vous adresser cette supplication ; et par vos prières toujours agréables à votre Fils obtenez-nous grâce pour toute l'éternité, ô Mère pleine de bonté, de tendresse, de charité ! la seule qui soyez demeurée vierge en devenant mère.

℣. Ora pro nobis, sancta Dei Genitrix.
℟. Ut digni efficiamur promissionibus Christi.

OREMUS.

Concede, misericors Deus, fragilitati nostræ præsidium, ut, qui sanctæ Dei Genitricis memoriam agimus, intercessionis ejus auxilio à nostris iniquitatibus resurgamus ; per eumdem Dominum. ℟. Amen.

PRIÈRE POUR LE ROI.

Domine, salvum fac Regem, et exaudi nos in die quâ invocaverimus te. (1)

---

(1) DOMINE SALVUM. Seigneur, sauvez le Roi, et exaucez-nous le jour où nous vous invoquerons.

℣. Fiat manus tua super virum dexteræ tuæ.

℟. Et super filium hominis quem confirmasti tibi.

OREMUS.

Quæsumus, omnipotens Deus, ut famulus tuus Rex noster N., qui tuâ miseratione suscepit regni gubernacula, virtutum etiam omnium percipiat incrementa, quibus decenter ornatus, vitiorum monstra devitare, hostes superare, et ad te, qui via, veritas et vita es, gratiosus valeat pervenire ; per Dominum nostrum Jesum Christum, Filium tuum, qui tecum... per omnia sæcula sæculorum. ℟. Amen.

℣. Dominus vobiscum. ℟. Et cum spiritu tuo.

℣. Benedicamus Domino. ℟. Deo gratias.

℣. Et fidelium animæ per misericordiam Dei requiescant in pace. ℟. Amen.

Les jours où il y a eu communion du mois, immédiatement avant la bénédiction du très saint Sacrement, ou aussitôt après les Vêpres s'il n'y avait point de Salut, tout le monde étant à genoux, un enfant du catéchisme récite l'Amende honorable suivante :

AMENDE HONORABLE A JÉSUS-CHRIST, AU TRÈS SAINT SACREMENT DE L'AUTEL.

Doux Jésus, aimable Sauveur, qui par l'excès du plus prodigieux amour avez voulu demeurer avec nous dans le Sacrement de l'autel, nous vous y reconnaissons pour notre souverain Seigneur et notre Dieu. Nous vous y adorons avec les sentiments de l'humilité la plus profonde. Nous vous remercions de tout notre cœur de la tendresse infinie que vous nous y témoignez, malgré les mauvais traitements que vous y recevez de nous; et, pénétrés de douleur à la vue de nos ingratitudes, nous venons, ô Dieu de majesté, vous faire amende honorable pour les profanations, les impiétés et les sacriléges qui se sont jamais commis et qui pourront se commettre contre cet adorable Sacrement. C'est avec un cœur contrit, humilié et couvert de confusion que nous venons ici vous faire particulièrement amende honorable pour toutes les irrévérences que nous avons commises en votre présence; pour le peu de zèle que nous avons eu à assister aux communions du mois, et à nous y approcher de votre sainte table; pour le peu de préparation que nous y avons apporté; pour le peu de fruit que nous en avons retiré; enfin pour tous les outrages que nous vous avons faits, ou auxquels nous avons eu quelque part. Oubliez, Seigneur, nos iniquités pour ne vous ressouvenir que de vos miséricordes; agréez le désir sincère que nous avons de vous honorer et de vous voir honoré dans le Sacrement de votre amour. Nous protestons hautement en présence de la sainte Vierge, de saint Joseph et de tous les Anges qui vous environnent; nous prenons à témoin tous ceux qui sont présents à cet acte que désormais nous assisterons exactement aux communions du mois, et que nous tâcherons d'y communier souvent, pour nous mettre en état de gagner les indulgences qui y sont attachées, persuadés que c'est le moyen le plus efficace que nous puissions prendre pour réparer tous les outrages que vous avez reçus de notre part dans ce divin Sacrement. Nous vous protestons que désormais, moyennant votre sainte grâce, nous ne manquerons plus au respect qui vous est dû ; que le premier de nos soins sera de vous honorer sur vos autels, et de faire en sorte que *loué soit, aimé et adoré à jamais Jésus-Christ dans le très saint Sacrement de l'autel. Ainsi soit-il.*

CONDUITE
POUR LA CONFESSION.

Un homme qui se rendait dans sa patrie fut assailli par un voleur lorsqu'il traversait une épaisse forêt. Non content de l'avoir dépouillé, ce voleur lui fit trois larges blessures avec une arme empoisonnée, et le laissa presque mort sur la place. Des voyageurs qui vinrent à passer par là, touchés du malheur de cet étranger, le transportèrent dans une hôtellerie, où chacun s'empressa de lui prodiguer les soins que demandait son état. Un médecin accourut aussitôt, promit de le guérir, et mit sur ses plaies un remède infaillible; mais on ne sait par quel renversement d'esprit le malade lui cacha une de ses blessures, et le poison circulant ainsi librement dans ses veines il mourut peu de jours après.

Le démon est ce voleur dont il est parlé dans cette parabole; un enfant qui a offensé Dieu mortellement est ce voyageur qui s'acheminait vers sa patrie, et les confesseurs sont les médecins. Cet enfant malheureux n'a pas seulement été dépouillé par le démon du riche trésor de son innocence; de plus, il a reçu dans son âme autant de blessures mortelles qu'il a commis de péchés mortels: s'il veut donc obtenir sa guérison il faut qu'il montre au médecin de son âme toutes ses plaies une à une, c'est à dire qu'il déclare tous ses péchés, surtout les mortels, et par conséquent qu'il examine à fond sa conscience, afin de les connaître tous.

PRIÈRE AVANT L'EXAMEN DE CONSCIENCE.

Esprit saint, découvrez-moi tous les replis de mon cœur, afin que rien ne m'échappe dans l'examen que je vais faire. Montrez-moi tous mes péchés avec leur nombre, leurs circonstances et leur malice; comme je les connaîtrai quand je paraîtrai devant Dieu pour être jugé après ma mort. Faites-moi connaître les mauvaises pensées, les mauvais désirs, les mauvaises actions, les omissions de mes devoirs et les scandales dont je me suis rendu coupable. Ne permettez pas, ô mon Dieu, que la négligence ou la paresse m'empêchent de bien examiner ma conscience, ou que l'amour-propre me cache à moi-même mes défauts.

O Marie! ma bonne et tendre mère, l'avocate et le refuge des pécheurs, obtenez-moi la grâce de connaître mes péchés, de les détester de tout mon cœur et de les découvrir sincèrement au ministre de Jésus-Christ, qui tient ici sa place, et qu'il m'a donné pour père. Ainsi soit-il.

AVIS AUX ENFANTS.

1° Pour connaître vos péchés, examinez-vous sur les commandements de Dieu, ceux de l'Eglise, les péchés capitaux et les devoirs de votre état. Servez-vous pour cela de *l'examen* qui est dans votre livre de cantiques. Si vous ne vous préparez pas à votre confession générale, vous pouvez passer ce qui est écrit en petits caractères, à moins que votre confesseur ne vous eût conseillé de faire autrement,

2º Ayez soin de n'accuser à votre confesseur que les péchés que vous avez commis. Dites-vous à vous-même en lisant votre examen : *Ai-je commis ce péché ou non ?* Si votre conscience vous répond *oui*, vous l'accuserez sincèrement; si elle vous dit *non*, vous passerez à un autre.

3º Mais en accusant un péché n'oubliez pas de dire à votre confesseur le nombre de fois que vous l'avez commis. Ne dites pas comme quelques enfants : *Souvent j'ai menti ; quelquefois j'ai désobéi à mes parents.* Il est nécessaire que vous exprimiez le nombre de fois. Si vous ne pouvez vous le rappeler, efforcez-vous d'en approcher le plus possible, comptant à peu près combien de fois vous avez commis le même péché par jour ou par semaine, par mois ou par année; disant, par exemple : *Mon Père, je m'accuse d'avoir menti à peu près quatre fois par semaine ; d'avoir désobéi environ deux fois par mois.*

SUR LES COMMANDEMENTS DE DIEU.

PREMIER COMMANDEMENT.

Un seul Dieu tu adoreras
Et aimeras parfaitement.

Ce commandement nous oblige à pratiquer les vertus de foi, d'espérance, de charité et de religion. On pèche contre ce commandement lorsqu'on pèche contre quelqu'une de ces vertus.

1° Contre la Foi.

1° *Mon Père, je m'accuse d'avoir négligé de m'instruire de la religion*, en n'apprenant pas mes leçons de catéchisme ; d'avoir manqué le catéchisme, ou d'y être arrivé tard par ma faute ; d'avoir été me promener au lieu d'y aller ; de n'y être allé que malgré moi et avec l'intention de n'en pas profiter ; de n'y avoir pas écouté les instructions, d'avoir empêché les autres d'écouter ; d'avoir mangé au catéchisme, d'y avoir fait manger les autres, d'y avoir tourné la tête et remué les pieds pour faire du bruit ; d'avoir été dans la résolution de ne pas retourner au catéchisme après ma première communion ; de m'en être vanté ; d'avoir engagé les autres à faire de même. *(Il faut dire combien de fois on a commis chaque péché.)*

2° *Mon Père, je m'accuse d'avoir douté volontairement de quelque vérité de la religion* (il faut dire quelle est cette vérité); d'en avoir parlé aux autres pour qu'ils en doutassent comme moi ; d'avoir lu des livres où l'on parlait mal de la religion *ou* des prêtres ; d'en avoir entendu lire avec plaisir, *ou* par respect humain ; d'avoir engagé les autres à en lire ; de leur en avoir prêté ; d'avoir rougi de ma religion ; d'être allé avec des personnes qui en parlaient mal ; d'avoir dit comme elles ; d'avoir répété aux autres ce qu'elles avaient dit (il faut dire à combien) ; d'avoir chanté des chansons contre la religion ; de m'être moqué de ceux qui avaient de la religion ; de leur avoir donné des surnoms injurieux.

2° Contre l'Espérance.

D'avoir différé ma conversion sous prétexte que j'aurais toujours le temps de me convertir ; d'avoir commis le péché en me disant à moi-même, *ou* en disant aux autres qui m'en détournaient : *J'en serai* quitté pour le dire à confesse; d'avoir cru que jamais e ne pourrais détruire mes mauvaises habitudes, et de m'être servi de ce prétexte pour commettre de nouveaux péchés; de m'être désespéré lorsque j'étais malade, ou que j'avais perdu quelque chose que j'aimais beaucoup; d'avoir murmuré parceque je ne suis pas riche. *(Il faut dire combien de fois on a commis chaque péché.)*

3° *Contre la Charité et la Religion.*

1° D'avoir offensé Dieu dans la crainte d'être raillé ou persécuté par les autres; d'avoir omis par ma faute mes prières du matin ou du soir; de ne les avoir faites que par force; de les avoir dites sans attention, pensant volontairement à d'autres choses, sans respect, regardant de côté et d'autre, les disant en m'habillant ou dans mon lit, m'interrompant sans nécessité; d'avoir fait rire ou parler les autres pendant les prières, de les avoir poussés; de m'être dissipé exprès de peur de passer pour dévot. *(Il faut dire combien de fois on a commis chaque péché.)*

2° Je m'accuse d'avoir pris de l'eau bénite, d'en avoir donné aux autres sans respect et comme par jeu; de m'être moqué des prêtres; d'avoir eu le malheur de les insulter; de les avoir contrefaits; d'avoir tourné en ridicule les cérémonies de l'Eglise; de m'être servi des paroles du saint Evangile par moquerie; d'être entré dans l'église avec un air dissipé; d'avoir ri dans l'église; d'y avoir parlé, couru; d'avoir été cause que d'autres ont fait comme moi; de m'y être tenu dans une posture indécente; d'avoir passé dans l'église seulement pour abréger mon chemin; d'avoir joué et fait beaucoup de bruit aux portes de l'église; d'avoir crié bien fort en chantant, afin de faire rire les autres; d'avoir blasphémé le saint nom de Dieu en disant qu'il était injuste, etc.; de l'avoir maudit dans ma colère. *(Il faut dire combien de fois on a commis chaque péché.)*

DEUXIÈME COMMANDEMENT.

Dieu en vain tu ne jureras
Ni autre chose pareillement.

Mon Père, je m'accuse d'avoir prononcé des paroles de jurement ; d'avoir ajouté le mot *sacré* à d'autres mots ; d'avoir fait des serments pour assurer des choses vraies, disant : *je le jure, je le jure sur ma foi ;* d'avoir juré pour soutenir des choses fausses ; d'avoir juré que je ferais une chose que je n'avais pas intention de faire ; d'avoir obligé les autres de faire des serments quand ils m'assuraient ou qu'ils me promettaient quelque chose ; d'avoir rapporté les secrets que j'avais promis de ne pas dire ; d'avoir engagé les autres à me dire ceux qu'ils savaient ; d'avoir décacheté ou lu les lettres des autres ; d'avoir fait des malédictions contre moi-même, disant, par exemple : *Dieu me punisse si cela n'est pas vrai ! Je veux mourir si je ne fais pas telle chose ;* d'avoir engagé les autres à dire comme moi ; d'avoir fait des malédictions contre les autres. *(Il faut dire combien de fois on a commis chaque péché.)*

TROISIÈME COMMANDEMENT.

Les dimanches tu garderas
En servant Dieu dévotement.

1° *Mon Père, je m'accuse d'avoir travaillé le dimanche ;* d'avoir fait travailler les autres pour moi ; d'avoir travaillé à l'aiguille pour m'amuser, quoique mon confesseur ne me l'eût pas permis. *(Il faut dire combien de temps.)*

2º *Je m'accuse d'avoir manqué la messe le dimanche* par ma faute, les jours de Noel, de l'Ascension, de l'Assomption, de la Toussaint ; étant arrivé à l'évangile, de n'avoir pas entendu une autre messe lorsque je l'aurais pu ; de m'être en allé avant la fin de la messe ; de n'être pas rentré de suite lorsque j'avais été obligé de sortir pendant la messe.

Je m'accuse de n'être allé à la messe que malgré moi ; d'avoir oublié mon livre par ma faute ; de l'avoir feuilleté sans rien lire ; de n'avoir suivi les prières que des yeux sans les dire de cœur ; d'avoir désiré impatiemment la fin de la messe pour aller jouer ; de m'être dissipé volontairement pendant la messe, regardant de côté et d'autre *(il faut dire combien de temps et surtout si c'était pendant l'élévation)*; d'avoir parlé ou ri pendant la messe ; d'avoir eu le malheur de le faire pendant l'élévation ; d'avoir été cause par ma dissipation que les autres ont mal entendu la messe ; de m'y être endormi pour avoir trop pris mes aises. *(Il faut dire combien de fois on a commis chaque péché.)*

QUATRIÈME COMMANDEMENT.

Tes père et mère honoreras
Afin de vivre longuement.

1º *Envers les Parents.*

1º *Mon Père, je m'accuse de n'avoir pas respecté mes parents.*

D'avoir rougi d'eux parcequ'ils n'étaient pas riches ou parcequ'ils n'avaient pas d'éducation ; de les avoir méprisés; de m'en être moqué; de leur avoir reproché leurs défauts, d'en avoir parlé aux autres; d'avoir boudé lorsqu'ils m'avaient grondé; de m'être mis en colère contre eux lorsqu'ils me corrigeaient; de leur avoir souhaité du mal; de les avoir menacés intérieurement; de leur avoir parlé avec insolence; de leur avoir fait des grimaces; d'avoir eu le malheur de lever la main sur eux; de les avoir contrefaits par mépris pour les fâcher davantage.

D'avoir refusé de répondre à ce qu'ils me demandaient; de les avoir fait mettre en colère jusqu'à (les faire jurer) leur faire verser des larmes; de ne leur avoir pas demandé pardon quand je leur avais fait de la peine.

2° *Je m'accuse de n'avoir pas obéi à mes parents*, ne voulant pas faire ce qu'ils m'avaient ordonné, faisant ce qu'ils m'avaient défendu; de n'avoir pas fait cas de leurs avis et d'avoir recommencé un moment après.

3° *D'avoir refusé de les aider* quand ils avaient besoin de moi; d'avoir dit que je ne savais pas faire ce qu'ils me commandaient, ne voulant pas m'en donner la peine. *(Il faut dire combien de fois on a commis chaque péché.)*

Examinez si vous n'avez point commis quelqu'un de ces péchés envers vos autres parents, comme sont vos grand-pères, grand'mères, oncles, tantes, etc.

2° *Envers les supérieurs et les inférieurs.*

1° Je m'accuse d'aimer à parler des confesseurs et des catéchistes pour en faire des plaisanteries; d'avoir dit du mal de mes maîtres ou maîtresses; de les avoir mécontentés en ne faisant pas, en faisant mal ou de mauvaise grâce ce qu'ils m'avaient commandé; d'avoir raisonné.

De les avoir trompés ; d'avoir contrefait leur signature; d'avoir fait des gestes et des mines pour me moquer d'eux quand ils ne me voyaient pas; d'avoir fait contre eux des chansons, des dessins, etc.; d'avoir dit qu'ils étaient injustes; de leur avoir donné des surnoms injurieux; de m'être révolté contre eux; d'avoir engagé mes camarades à leur manquer de respect et à se révolter.

2° Je m'accuse d'avoir eu de l'humeur contre les domestiques de la maison; de leur avoir parlé avec fierté; d'avoir cherché par méchanceté à les faire gronder ou renvoyer; de les avoir frappés; de m'être trop familiarisé avec eux. *(Il faut dire combien de fois on a commis chaque péché.)*

CINQUIÈME COMMANDEMENT.

Homicide point ne seras
De fait ni volontairement.

Mon Père, je m'accuse d'avoir désiré la mort de quelqu'un *(il faut dire de qui)*, de me l'être souhaitée à moi-même dans ma colère.

D'avoir été taquin et méchant, prenant plaisir à faire mettre les autres en colère; de leur avoir donné des surnoms injurieux; de leur avoir reproché leurs défauts; de les avoir injuriés, provoqués, battus; de leur avoir jeté des pierres; de les avoir fait gronder par méchanceté; d'avoir refusé de pardonner à ceux qui m'avaient fait du mal; de n'avoir pas voulu leur parler quand je les rencontrais *(il faut dire combien de temps cela a duré)*; d'avoir dit en moi-même : *Tu m'as fait du mal, je te le rendrai*; de m'être vengé; d'avoir été fâché de ne pouvoir me venger. *(Il faut dire combien de fois on a commis chaque péché.)*

D'avoir repris les autres avec aigreur; de ne les avoir pas empêchés de faire le mal quand je le pouvais; de leur avoir montré moi-même de mauvais exemples; d'avoir donné la mort à leurs âmes en les portant à commettre le péché mortel (il faut dire quel est ce péché); d'avoir persécuté ceux qui avaient une bonne conduite; d'avoir causé des brouilleries par mes rapports; d'avoir donné de mauvais conseils; d'avoir engagé les autres à se battre, à se venger; de les avoir empêchés de se réconcilier; d'avoir applaudi quand ils se vengeaient.

SIXIÈME ET NEUVIÈME COMMANDEMENTS.

6ᵉ Luxurieux point ne seras
De corps ni de consentement.

9ᵉ L'œuvre de chair ne désireras
Qu'en mariage seulement.

1° *Pensées, désirs.* Mon Père, je m'accuse d'avoir pensé volontairement à de mauvaises choses, à de mauvaises paroles; d'avoir eu des désirs contraires à la modestie. (Il faut dire si les pensées ou les désirs ont duré long-temps; si on les a interrompus et repris ensuite.)

2° *Paroles.* Je m'accuse d'avoir parlé avec les autres de choses peu décentes; d'avoir écouté ceux qui en parlaient; d'avoir chanté ou écouté chanter de mauvaises chansons; de les avoir apprises à d'autres.

3° *Actions.* D'avoir tourmenté mes parents pour aller au bal ou au spectacle; d'avoir raconté aux autres les pièces de théâtre que j'avais vu jouer; de m'être déguisé; de m'être habillé indécemment; d'avoir fréquenté de mauvaises compagnies; d'avoir lu de mauvais livres; d'avoir excité les autres à en lire; de leur en avoir prêté; de leur en avoir demandé; d'avoir regardé volontairement des objets immodestes, statues, tableaux, gravures, personnes habillées indécemment; d'avoir dessiné des figures peu décentes, écrit de mauvaises paroles; de les avoir montrées aux autres; de n'avoir pas bien observé les règles de la modestie en prenant ou quittant mes vêtements; d'avoir excité par là la curiosité des autres; de les avoir regardés lorsqu'ils manquaient de modestie; d'avoir joué à de mauvais jeux; d'avoir fait des choses contraires à la modestie; d'y avoir porté les autres.

Il faut dire avec sincérité à votre confesseur tous les péchés que vous avez commis contre ces commandements, et répondre avec simplicité aux questions qu'il jugera à propos de vous faire. Heureux mille fois les enfants qui se confessent avec une grande franchise ! mais qu'ils sont malheureux ceux qui en mentant à leur confesseur s'imaginent tromper Dieu lui-même ! Hélas ! l'enfer est rempli de ces enfants ! ils n'y sont tombés que pour avoir dit un *non* au lieu d'un *oui*, ou pour n'avoir pas fait d'eux-mêmes un aveu qui les eût sauvés ; ils se maudissent et se maudiront éternellement au milieu des flammes, les infortunés !...

SEPTIÈME ET DIXIÈME COMMANDEMENTS.

7e Le bien d'autrui tu ne prendras
Ni retiendras à ton escient

(c'est à dire *en le sachant*).

10e Biens d'autrui ne convoiteras
Pour les avoir injustement.

1º *Je m'accuse d'avoir pris le bien de mon prochain,* de l'argent, des fruits, du fil, des aiguilles, du papier, des plumes, des livres, etc. (*Il faut dire si c'est à vos parents ou à d'autres que vous avez pris quelque chose.*)

D'avoir désiré prendre des choses qui ne m'appartenaient pas; d'avoir essayé de les prendre; d'avoir emprunté ce que je ne voulais pas rendre *ou* que je savais ne pouvoir jamais rendre; d'avoir partagé avec les autres ce qu'ils avaient pris; d'avoir reçu des objets que je soupçonnais avoir été volés; d'avoir fait du dégât dans les jardins; d'avoir dégradé les meubles, cassé les vitres de mes maîtres *ou* d'autres personnes; d'avoir abimé les affaires des autres, déchiré leurs livres, leurs habits; d'avoir donné des choses qui ne m'appartenaient pas; d'avoir donné sans la permission de mes parents des choses qui étaient à mon usage; d'avoir vendu ou échangé sans leur consentement des objets dont je ne pouvais pas disposer; d'avoir fait des dettes à l'insu de mes parents *ou* de mes maîtres.

2° *Je m'accuse d'avoir retenu injustement le bien de mon prochain*, ne voulant pas rendre ce que j'avais pris; de n'avoir pas rendu ce qu'on m'avait prêté; d'avoir gardé de l'argent quand on m'envoyait acheter quelque chose *ou* d'avoir compté plus cher que je ne l'avais payé; de n'avoir pas donné leur compte aux marchands; d'avoir gardé ce que j'avais trouvé sans en avoir cherché le maître.

HUITIÈME COMMANDEMENT.

Faux témoignage ne diras
Ni mentiras aucunement.

1° Mon Père, je m'accuse *d'avoir menti :* par plaisanterie, pour faire rire (c'est le mensonge *joyeux*); d'avoir fait des mensonges *officieux* pour n'être pas grondé, pour excuser les autres, pour me vanter, pour vanter mes parents; d'avoir fait des mensonges *pernicieux*, voulant faire punir les autres, rejetant sur eux les fautes que j'avais commises, les trompant quand ils me demandaient quelques mots du devoir, trompant dans mes compositions, leur faisant quelque autre tort par mes mensonges; 2° je m'accuse d'avoir fait *des jugements téméraires*, pensant mal du prochain sans en avoir des preuves; par exemple, jugeant qu'il avait volé, menti; d'avoir dit cela aux autres ; 3º je m'accuse d'avoir fait *des médisances*, disant le mal que je savais des autres ; de n'avoir pas détourné la conversation quand on parlait mal d'eux, quoique cela me fût aisé ; d'avoir pris plaisir à écouter ; d'avoir à dessein fait des questions pour en savoir davantage ; 4º je m'accuse d'avoir fait *des calomnies*, disant du mal des autres, que j'inventais pour leur nuire, augmentant par méchanceté celui qu'on en disait. (*Il faut dire combien de fois on a commis chaque péché.*)

COMMANDEMENTS DE L'ÉGLISE.

PREMIER ET DEUXIÈME COMMANDEMENTS.

1ᵉʳ Les fêtes tu sanctifieras
   Qui te sont de commandement.

2º Les dimanches la messe ouïras
   Et les fêtes pareillement.

Ces fêtes sont au nombre de quatre : NOEL, *qui tombe le* 25 *décembre;* l'ASCENSION, *le jeudi, quarantième jour après Pâques;* l'ASSOMPTION, *le* 15 *août; et la* TOUSSAINT, 1ᵉʳ *novembre. (Voir le troisième commandement de Dieu,* p. 58.)

TROISIÈME COMMANDEMENT.

Tous les péchés confesseras
A tout le moins une fois l'an.

1º *A tout le moins une fois l'an.* Mon Père, je m'accuse de ne m'être pas confessé une fois chaque année depuis que j'ai sept ans; d'avoir dit en moi-même que je n'irais plus à confesse quand je serai plus grand; d'avoir détourné les autres d'aller à confesse; de n'y être pas allé le jour que mon confesseur m'avait fixé. (Il faut dire combien de temps on a différé.)

2º *Tous tes péchés confesseras.* Je m'accuse d'avoir été dans l'intention de ne pas dire tous mes péchés si mon confesseur ne m'interrogeait pas sur ceux qui me coûtaient le plus à déclarer ; d'avoir eu le malheur de cacher quelques péchés *(il faut dire quels sont ces péchés);* d'avoir engagé les autres à faire comme moi ; d'avoir caché quelque chose que je soupçonnais pouvoir être un péché ; d'avoir parlé très bas pour que mon confesseur ne pût pas bien entendre ; d'avoir usé de détours au lieu de répondre sincèrement aux questions qu'il me faisait ; d'avoir diminué le nombre de mes péchés ; de les avoir dits de manière à les faire paraître plus petits ; d'avoir dit des péchés que je n'avais point commis, pensant qu'il valait mieux en dire plus que moins.

3º *Avec les dispositions nécessaires.* Je m'accuse d'être allé à confesse seulement parceque mes parents, mes maîtres m'y ont forcé, ou pour faire plaisir à mes catéchistes ; de n'avoir pas bien fait l'examen de ma conscience ; d'avoir dit le nombre de mes péchés au hasard ; de ne m'être pas excité à la contrition de tous mes péchés, ni au ferme propos ; d'avoir dit mes péchés sans être touché et comme si je racontais une histoire. (*Il faut dire combien de fois on a commis chaque péché.*)

De m'être dissipé auprès du confessionnal; de m'être disputé pour y entrer le premier; de m'être impatienté lorsque j'ai été obligé d'attendre ; de m'être amusé dans le confessionnal de manière à troubler mon confesseur et à scandaliser les autres; d'avoir cherché à entendre la confession des autres; de l'avoir lue; de l'avoir répétée.

De n'avoir pas écouté les avis de mon confesseur; de ne lui avoir pas demandé une autre pénitence quand je ne savais pas par cœur celle qu'il m'avait donnée, ou que je n'avais point de livre où elle se trouvât; de n'avoir fait qu'une partie de ma pénitence, trouvant qu'elle était trop longue; de l'avoir oubliée, l'ayant différée par paresse; de l'avoir faite sans attention; de n'avoir pas fait ce que mon confesseur m'avait dit, par exemple de brûler un mauvais livre, de me réconcilier, de restituer ce que j'avais pris, de fuir les mauvaises compagnies; de m'être entretenu avec les autres de ce que mon confesseur m'avait dit; de lui avoir fait dire des choses dont il ne m'avait pas parlé; de m'en être moqué; d'avoir murmuré contre lui, disant qu'il était sévère.

QUATRIÈME COMMANDEMENT.

Ton créateur tu recevras
Au moins à Pâques humblement.

1° *Pour ceux qui n'ont pas encore fait leur première communion.* Mon Père, je m'accuse de m'être fait renvoyer de la première communion par ma mauvaise conduite; de m'exposer au danger d'être renvoyé; de n'avoir pas été dans l'intention de faire mes Pâques tous les ans lorsque j'aurai fait ma première communion.

2° *Pour ceux qui l'ont déjà faite.* Je m'accuse de n'avoir pas fait mes Pâques; d'avoir forcé mon confesseur de me différer pour ma mauvaise conduite; d'avoir murmuré contre lui; de ne m'être pas disposé à communier au temps que mon confesseur m'avait marqué, et cela par indifférence; d'avoir communié pour faire comme les autres, par hypocrisie et pour paraître pieux, ou seulement pour me délivrer des reproches de mes parents, de mes maîtres; d'avoir engagé les autres à faire comme moi; d'avoir persécuté ceux de mes camarades qui avaient bien fait leurs Pâques; d'avoir communié en doutant si je n'étais pas en péché mortel ou si j'étais à jeun; d'avoir communié sans m'être confessé des fautes graves commises depuis que j'avais reçu l'absolution; d'avoir perdu les fruits de la communion en me dissipant le jour même où je l'avais faite.

CINQUIÈME ET SIXIÈME COMMANDEMENTS.

5ᵉ Quatre-Temps, Vigiles jeûneras
  Et le carême entièrement.
6 Vendredi chair ne mangeras
  Ni le samedi mêmement.

1° *Tous ceux qui ont vingt-un ans accomplis* sont obligés de ne faire qu'un seul repas et une légère collation les *Quatre-Temps*, c'est à dire les mercredis, vendredis et samedis des *Quatre-Temps*; les *Vigiles*, c'est à dire les veilles de Noël, de la Pentecôte, de la Saint-Pierre, de l'Assomption et de la Toussaint; le *Carême*, c'est à dire tous les jours depuis le mercredi des Cendres jusqu'à Pâques, excepté les dimanches.

2° *A tous ceux qui ont l'âge de raison* il est défendu de manger gras ces mêmes jours, ainsi que les dimanches de Carême, les jours des Rogations, c'est à dire les lundi, mardi et mercredi qui précèdent l'Ascension; enfin tous les vendredis et samedis de l'année; il faut en excepter le jour de Noel lorsqu'il tombe un vendredi ou un samedi, et pour toutes les personnes qui demeurent dans le diocèse de Paris tous les samedis depuis Noel jusqu'au 2 février.

Mon Père, je m'accuse, les jours défendus, d'avoir fait gras *par négligence*, faute de m'en être informé, ou pour n'avoir pas prié mes parents de me permettre de faire maigre ; par *respect humain*, ayant honte de demander du maigre lorsque j'étais chez des étrangers ; par *gourmandise*, mangeant gras lorsqu'on me permettait de faire maigre.

Par mépris, faisant des railleries contre la loi de l'Église, me moquant de ceux qui faisaient maigre; je m'accuse d'avoir mangé des œufs les trois derniers jours de Carême; de n'avoir pas fait ce que mon confesseur m'avait ordonné les jours où j'ai été obligé de faire gras.

SUR LES PÉCHÉS CAPITAUX.

SUR L'ORGUEIL.

Mon Père, je m'accuse d'avoir pris plaisir à me regarder dans la glace; de chercher à faire remarquer ma figure, mes habits, ma voix, mes talents, ma force; d'avoir montré par orgueil l'argent ou les autres choses qu'on m'avait donnés; de m'être vanté de ce que j'avais dit, de ce que j'avais fait, des fautes que j'avais commises; d'avoir exagéré pour me faire admirer davantage; d'avoir vanté mes parents; d'avoir dit par orgueil qu'ils étaient plus riches que ceux des autres enfants, qu'ils étaient nobles; d'avoir tourmenté mes parents pour avoir de beaux habits; d'avoir boudé quand ils me les ont refusés; d'avoir employé trop de temps à ma toilette; d'avoir abîmé ou déchiré mes habits, mes souliers, etc., pour en avoir plus tôt de neufs; de n'avoir pas voulu porter ceux qu'on me donnait, disant qu'ils n'étaient pas assez beaux. *(Il faut dire combien de fois on a commis chaque péché.)*

D'avoir désiré les dignités ou les bonnes places par orgueil; d'avoir été orgueilleux quand j'en avais; de croire toujours que j'ai raison; d'être opiniâtre et entêté; d'avoir refusé par orgueil de suivre les bons conseils des autres; d'avoir cherché à paraître sage seulement pour être plus estimé de mes maîtres; d'avoir paru pieux et recueilli quand on me regardait, et de m'être dissipé quand je n'étais pas vu; d'avoir donné l'aumône ou fait d'autres choses pour être loué; de faire toujours l'hypocrite pour qu'on pense bien de moi; de m'être estimé plus que les autres; de leur avoir parlé avec fierté; d'avoir méprisé ceux qui n'étaient pas si bien habillés que moi, ou qui étaient pauvres.

SUR L'AVARICE.

Mon Père, je m'accuse de désirer d'avoir beaucoup d'argent ; d'être entré dans une grande colère contre ceux qui m'avaient pris quelque chose, ou qui m'avaient fait quelque tort ; de ne vouloir jamais rien prêter aux autres ; de n'avoir point donné de mon argent aux pauvres quand je pouvais leur donner aisément.

D'avoir joué uniquement pour gagner de l'argent; de m'être disputé ou battu au jeu ; d'avoir trompé au jeu; quand j'avais mal joué, d'avoir soutenu avec colère que j'avais gagné. (*Il faut dire combien de fois on a commis chaque péché.*)

SUR LA LUXURE.

(Voir le sixième commandement de Dieu, page 62.)

SUR L'ENVIE.

1° Mon Père, je m'accuse d'avoir été triste quand je voyais que les autres étaient plus sages ou qu'ils travaillaient mieux que moi ; de les avoir haïs parcequ'ils faisaient plus de progrès que moi dans l'étude, qu'on les louait, qu'on les récompensait plus que moi ; d'avoir été jaloux de ceux qui étaient plus riches, qui avaient de plus beaux habits; d'avoir été jaloux de mes frères et sœurs, ou des enfants qui sont dans ma pension ou dans mon école, parceque je croyais que mes parents ou mes maîtres les aimaient plus qu'ils ne m'aimaient moi-même ; de l'avoir dit par jalousie. *(Il faut dire combien de fois on a commis chaque péché.)*

2° Je m'accuse de m'être réjoui lorsqu'on faisait de la peine à ceux dont j'étais jaloux ou qu'il leur arrivait quelque malheur ; d'avoir voulu leur nuire ; lorsqu'on en disait du bien d'avoir dit le contraire par jalousie.

SUR LA GOURMANDISE.

1° Je m'accuse d'avoir mangé entre mes repas par gourmandise ; d'être difficile pour la nourriture et d'avoir jeté les choses qu'on m'avait données et que je ne voulais pas manger ; d'avoir employé mon argent à acheter des friandises, quoique mes parents me l'eussent défendu ; d'avoir désiré les friandises que j'ai vues entre les mains des autres ; d'avoir pris des friandises à mes parents ou à d'autres pour les manger en cachette.

2° Je m'accuse d'avoir trop mangé ou trop bu, et jusqu'à me rendre malade ; de n'être jamais content de ce que mes parents me donnent, trouvant que je n'en ai pas assez ; d'avoir été jaloux de mes frères et sœurs parcequ'il me semblait qu'on leur en donnait plus qu'à moi ; de m'être disputé à ce sujet avec eux. *(Il faut dire combien de fois on a commis chaque péché.)*

SUR LA COLÈRE.

Mon Père, je m'accuse de m'être mis en colère *(il faut dire contre qui)* ; d'avoir gardé long-temps ma colère *(combien de temps)* ; de m'être impatienté contre mon ouvrage, contre les autres ; d'être dans l'habitude de me fâcher, de murmurer, de prendre de l'humeur pour la moindre chose ; d'avoir poussé les portes avec violence, brisé ou cassé ce qui était sous ma main afin de me venger de mes parents ou de mes maîtres. *(Il faut dire combien de fois on a commis chaque péché.)*

SUR LA PARESSE ET SUR LES DEVOIRS DE MON ÉTAT.

Je m'accuse d'avoir été paresseux à me lever le matin, ou négligent à me rendre à l'ouvrage, obligeant mes parents ou mes maîtres de m'appeler plusieurs fois ; d'avoir passé des heures, des journées entières sans rien faire lorsque je devais travailler ; d'avoir mal fait mon travail pour en être plus tôt débarrassé ; de ne l'avoir fait qu'à moitié, ne voulant pas me faire violence pour aller jusqu'au bout ; de n'avoir pas étudié ou travaillé sous prétexte que mes leçons ou mon ouvrage étaient trop difficiles ; d'avoir été sale et malpropre par paresse. *(Il faut dire combien de fois on a commis chaque péché.)*

Je m'accuse d'avoir manqué l'école par ma faute (il faut dire combien de fois); de n'avoir pas appris mes leçons; de m'être échappé pour aller jouer, et laisser là mon ouvrage; d'avoir fait faire mon devoir par les autres; de l'avoir copié sur leurs cahiers; de leur avoir prêté le mien; d'avoir lu ma leçon lorsqu'on me la faisait réciter; d'avoir tenu mon livre ouvert, pour favoriser la paresse des autres quand ils récitaient; d'avoir fait le malade pour ne pas travailler ou pour ne pas aller en classe ; d'avoir déchiré des pages de mes livres pour ne point apprendre la leçon; d'avoir cassé ou perdu exprès ma plume ou mon aiguille, disant que je ne pouvais plus travailler; de n'avoir point écouté en classe les explications et les corrections du devoir; d'y avoir causé, joué, et d'avoir dissipé les autres.

MOTIFS ET SENTIMENTS DE CONTRITION.

Pour vous exciter à la contrition lisez posément les motifs et les sentiments qui suivent, vous efforçant d'en bien pénétrer votre cœur.

Par mes péchés j'ai mérité d'être précipité en enfer.

Il existe un enfer, et cet enfer a été creusé par la justice de Dieu pour punir éternellement le péché......Si la mort me frappait dans ce moment que deviendrais-je?..... Pourrais-je bien demeurer au milieu de ces brasiers dévorants? Si je descends par la pensée dans ce lieu de larmes et de désespoir, je vois un feu que Dieu a allumé dans sa colère !... d'infortunées victimes, semblables à de l'airain fondu, embrasées de toutes parts par ce feu vengeur sans être consumées !... J'entends des grincements de dents, des cris de rage et de désespoir, des imprécations, des blasphèmes ; ceux qui poussent ces affreux rugissements ce sont de malheureux esclaves du péché ; comme moi, parmi eux, il se trouve des enfants de mon âge, condamnés éternellement pour avoir recherché ces plaisirs que je recherche, pour avoir suivi ces habitudes déréglées qui me tyrannisent. Infortunées victimes ! la justice de Dieu les a frappées tandis qu'elle m'épargne. O Dieu! ma place devrait être à leurs côtés. Une mort soudaine et imprévue pourrait me précipiter dans cet épouvantable abîme ; demain je puis me réveiller au milieu de ces feux éternels ! Quoi ! pour un moment de plaisir subir une éternité de supplices.

Ah ! grand Dieu, qu'il n'en soit pas ainsi. Non, que je ne meure point dans l'état de péché. Seigneur ! sauvez mon âme ; parlez, que faut-il que je fasse ? Que je déteste mes péchés ? Mon Dieu ! je les déteste, puisqu'ils m'ont tant de fois exposé à brûler éternellement dans l'enfer, à perdre pour toujours ce beau ciel pour lequel vous m'aviez créé. Hélas ! si j'étais mort tel jour, à telle heure, dans tel endroit, où serais-je maintenant ? Je les déteste à cause de votre grandeur et de votre majesté, contre laquelle je me suis insolemment révolté. Ver de terre, vil néant que je suis, j'ai osé vous offenser en votre présence, tandis que vous me teniez suspendu par un fil au dessus de l'abîme ; et vous ne m'avez pas précipité dans l'enfer ! Oh ! quelle miséricorde ! Pardon, ô mon Dieu ! pour tous les péchés que j'ai commis ; plutôt mourir que de jamais vous offenser. Marie, mon unique espérance ! obtenez pour moi cette grâce.

Par mes péchés j'ai crucifié de nouveau Jésus-Christ.

Le Fils de Dieu, l'innocence même, déchiré, ensanglanté, attaché à une croix, expirant sur ce bois infâme ! ô ciel qui donc a osé commettre un si abominable forfait !

Approche, enfant coupable, compte tou(tes

ses plaies ; approche de plus près, mets la main sur ce corps sanglant, et ose jurer que tu n'en es pas le meurtrier.... Eh quoi ! quel trouble s'élève au fond de ton cœur ! tu frémis d'horreur et d'indignation : es-tu donc toi-même le coupable ?

Oui, c'est moi qui suis le meurtrier ; dans l'état où je le vois réduit je reconnais mon ouvrage ! « Le péché mortel a été la seule cause de la mort de mon Sauveur ; c'est donc moi, ô mon Dieu ! qui vous ai crucifié, puisque je me suis rendu coupable de ce maudit péché. O mon divin Jésus ! toutes les fois que j'ai commis un péché j'ai enfoncé une épine dans votre tête adorable; autant de fois j'ai frappé d'un coup de verge votre chair innocente. Ce sont mes péchés qui sont cause de tous les maux que vous avez endurés : ils sont cause de votre agonie mortelle au jardin des Olives, de votre prise par les Juifs et par le traître Judas, de votre flagellation, de votre couronnement d'épines, des soufflets, des crachats que vous avez reçus sur votre face adorable, des rebuts, des mépris et des affronts que vous avez essuyés, de votre cruel crucifiement sur le Calvaire, où l'on vous perça les pieds et les mains avec de gros clous, et où l'on vous présenta à boire du vin mêlé de fiel. Oui, mes péchés sont la cause de toutes vos souffrances. O mon Dieu ! je vous demande pardon et mille fois pardon, puisque mon ingratitude m'a poussé à être encore plus coupable que les Juifs : les Juifs ne vous connaissaient pas en vous mettant à mort ; et moi, quoique je vous connusse pour mon Sauveur, j'ai bien osé par mes péchés renouveler ainsi la cause de votre cruelle passion. » (1).

ACTE DE CONTRITION.

Père tout puissant, mon Dieu, mon créateur! j'ai péché contre le ciel et contre vous, je ne mérite plus d'être appelé votre enfant. Ingrat que je suis! créé à votre image, racheté par le sang de votre fils, j'ai bien osé renouveler ses souffrances; j'ai percé son cœur, ce cœur qui ne respirait qu'amour pour moi! O cœur de Jésus! cœur blessé par mes péchés, blessez mon cœur par la douleur, frappez ce cœur de pierre, faites-en sortir les larmes d'une vive contrition. Père saint! détournez-les yeux de mes péchés; je les déteste, j'y renonce de tout mon cœur: ayez seulement égard à ma douleur, ou plutôt regardez la douleur qu'en a eue Jésus-Christ, votre Fils et mon Sauveur. Voyez ses larmes, voyez son sang, voyez ses plaies, voyez son cœur, et à la vue de ce cœur adorable, et en vertu de ce sang précieux, pardonnez-moi, Seigneur, faites-moi miséricorde.

ACTE DE FERME PROPOS.

Mon Dieu! puisque le péché est si horrible, je prends la résolution de ne plus le commettre; aidé de votre grâce et de la protection de

---

(I) Extrait des sentiments de retraite de Julie Boulanger, enfant du catéchisme de première communion de Saint-Sulpice, morte en odeur de vertu. Voyez *Histoire des catéchismes de Saint-Sulpice*, p. 229.

Marie, ma tendre mère, je triompherai des tentations du démon. On sera surpris de mon changement, on voudra encore me faire commettre le péché ; mais l'on m'arrachera plutôt la vie que d'ôter du fond de mon cœur la ferme résolution où je suis. Désormais plus de pensées, de paroles et d'actions contraires à la modestie ou à la charité ; plus d'impatiences, de mouvements de colère ; plus d'irrévérence dans le lieu saint, de langueur dans votre service, d'omissions dans mes devoirs ; plutôt mourir, ô mon Dieu ! plutôt expirer ici devant vous que de vous déplaire.

MANIÈRE DE SE CONFESSER.

En attendant que votre tour arrive, excitez-vous de plus en plus à la contrition ; formez de nouveau vos résolutions pour l'avenir, et occupez-vous des sentiments que vous venez de lire. Quand vous entrez au confessionnal mettez-vous à genoux, les deux genoux sur le marchepied, et aussitôt que votre tour est venu faites le signe de la croix en disant :

Au nom du Père, et du Fils et du Saint-Esprit.

Ensuite inclinez un peu la tête, de manière à ne pas regarder le confesseur, et demandez-lui sa bénédiction en lui disant :

Bénissez-moi, mon père, parceque j'ai péché.

Lorsque le prêtre vous a béni répondez :

Ainsi soit-il.

Et dites aussitôt :

Je confesse à Dieu tout puissant, à la bienheureuse Marie toujours vierge, à S. Michel Archange, à S. Jean-Baptiste, aux saints apôtres Pierre et Paul, à tous les Saints et à vous, mon Père, que j'ai beaucoup péché par pensées, par paroles et par actions.

Ensuite, sans attendre que le confesseur vous interroge, dites-lui :

Mon père, il y a tant de temps *(il faut dire combien)* que je ne me suis confessé. *(Si vous avez fait la première communion, il faut dire quel jour vous avez communié.)*

Après cela commencez votre confession par le péché qui vous cause le plus de honte, et si vous avez beaucoup de peine à vous en accuser dites-le à votre confesseur : il vous encouragera et vous aidera à vaincre votre répugnance.

Accusez-vous ensuite de tous les autres péchés que vous avez commis, en suivant l'ordre de l'examen de conscience. A la fin dites à votre confesseur :

Mon Père, le péché que je commets le plus souvent c'est, etc.... *(Il faut dire quel est ce péché.)*

Enfin, après vous être accusé de tous les péchés dont vous avez pu vous souvenir, ajoutez encore :

Je m'accuse de tous ces péchés, de ceux que j'ai commis contre la charité, la religion et la modestie, de ceux dont je ne me souviens pas ainsi que de tous les péchés de ma vie passée ; j'en demande pardon à Dieu, et à vous, mon Père, la pénitence et l'absolution si vous m'en jugez digne.

Ensuite inclinez-vous un peu, et frappez-vous trois fois la poitrine, en disant :

C'est ma faute, c'est ma faute, c'est ma très grande faute : c'est pourquoi je prie la bienheureuse Marie toujours vierge, S. Michel Archange, S. Jean-Baptiste, les saints apôtres Pierre et Paul, et tous les Saints et vous, mon Père (1), de prier pour moi le Seigneur notre Dieu.

Il ne faut pas ajouter, que le Dieu tout puissant.
Si le confesseur juge à propos de vous faire quelques questions ne vous troublez pas, mais répondez-lui avec simplicité et sans précipitation; écoutez avec attention ses avis, et pendant qu'il vous parlera ne pensez pas même à vous rappeler les péchés que vous craindriez d'avoir oubliés. Faites bien attention à la pénitence qu'il vous donnera, et pour combien de jours. A la fin de son exhortation le confesseur vous avertira qu'il va vous donner sa bénédiction (ou l'absolution, s'il vous en trouve digne.) Alors vous vous inclinerez un peu, et vous ferez l'acte de contrition suivant . assez haut pour que le confesseur puisse l'entendre, et en pénétrant bien votre cœur des sentiments qu'il exprime :

Mon Dieu, j'ai un extrême regret de vous avoir offensé, parceque vous êtes infiniment bon, infiniment aimable, et que le péché vous déplaît : pardonnez-moi par les mérites de Jésus-Christ, mon Sauveur. Je fais un ferme propos, moyennant votre sainte grâce, de ne plus vous offenser et de faire pénitence.

---

(1) *Quelques enfants ajoutent :* qui me tenez la place de Jésus-Christ.

Après être sorti du confessionnal retirez-vous à l'écart sans vous amuser à parler avec les autres enfants ; ne répondez pas même aux questions qu'ils pourraient vous faire, mais mettez-vous à genoux, et remerciez le bon Dieu en faisant avec attention la prière suivante :

PRIÈRE D'ACTIONS DE GRACES.

Après l'Absolution.

Que vous êtes bon, ô mon Dieu ! Vous m'avez pardonné tous mes péchés, vous avez guéri toutes les infirmités de mon cœur, vous avez retiré mon âme de la mort ! O mon Dieu ! vous êtes patient, plein de douceur et de miséricorde ! Vous ne m'avez pas traité selon ce que méritaient mes péchés. Comme un père plein de tendresse pour son enfant, vous avez eu pitié de moi, et vous m'avez pardonné : soyez-en béni à jamais, ô mon Dieu ! et agréez mes très humbles actions de grâces pour l'absolution de mes péchés que vous venez de m'accorder.

O Jésus ! qui m'avez aimé et qui avez lavé mes iniquités dans votre sang, c'est par vous que j'ai obtenu la rémission de mes péchés ; je me jette présentement à vos pieds pour vous remercier comme le lépreux de ce que vous avez purifié et lavé mon âme de la lèpre du péché ; et j'ose vous prendre à témoin, vous qui connaissez le fond de mon cœur, de la sincérité de ma pénitence, de ma reconnaissance et de mon amour. Ainsi soit-il.

Vous pouvez réciter la prière Souvenez-vous, *etc.*

Prière qu'on peut faire quand on n'a pas reçu l'absolution.

Que je suis heureux, ô mon Dieu ! d'avoir déposé dans le sein de mon confesseur le poids de mes péchés, qui accablait ma conscience ! Si votre ministre ne m'a pas jugé digne de recevoir l'absolution, au moins vous ne mépriserez pas un cœur contrit et humilié, vous ne rejetterez point un enfant soumis qui vient de vous faire l'aveu sincère de tous ses péchés, et qui vous en demande très humblement pardon. Je vous remercie, ô mon Dieu ! de m'avoir fait comprendre combien le péché est une chose affreuse ; je le déteste, et j'aimerais mieux mourir que de le commettre de nouveau : ne permettez pas que j'oublie les bons avis que je viens de recevoir de mon confesseur ; je vais les repasser dans mon cœur, et j'en ferai la règle de ma conduite, afin que mes parents, mes maîtres et toutes les personnes qui ont été les témoins de mes fautes s'aperçoivent que j'ai eu le bonheur de me confesser, et qu'étant édifiés de ma conduite ils vous en rendent gloire, à vous, ô mon Dieu ! qui avez changé mon cœur. Ainsi soit-il.

1. Après cette prière tâchez de vous rappeler les avis de votre confesseur, et prenez la ferme résolution de ne plus commettre les péchés que vous avez confessés, surtout celui dans lequel vous êtes tombé le plus souvent, et pour lequel votre confesseur vous a donné des avis particuliers. Promettez à Dieu d'éviter avec soin toutes les occasions prochaines de péché, par exemple de ne pas aller dans les endroits où vous avez coutume d'offenser Dieu; de ne plus fréquenter les personnes qui vous ont fait commettre quelque faute; de ne plus lire de mauvais livres, de mauvaises chansons, etc., etc.

2. Avant de sortir de l'église faites la pénitence que le confesseur vous a donnée si vous le pouvez. S'il vous a prescrit un temps particulier pour la faire ou s'il vous l'a donnée pour plusieurs jours, tâchez de ne la point oublier. Faites-la toujours avec piété, et dans l'intention de satisfaire à la justice de Dieu, que vous avez offensé.

Enfin sortez de l'église avec recueillement, évitez tout ce qui pourrait vous faire perdre le fruit de la confession, et faites en sorte que vos parents, vos maîtres et les autres personnes qui vous connaissent s'aperçoivent du changement qui s'est opéré en vous.

JOUR

DE LA PREMIÈRE COMMUNION.

ACTES AVANT LA COMMUNION.

ACTES DE FOI.

Dieu du ciel et de la terre, Sauveur des hommes! vous venez à moi, et j'aurai le bonheur de vous recevoir! Qui pourrait croire un semblable prodige si vous ne l'aviez dit vous-même? Oui, Seigneur! je crois que c'est vous-même que je vais recevoir dans ce sacrement;

vous-même qui, étant né dans une crèche, avez voulu mourir pour moi sur la croix, et qui, tout glorieux que vous êtes dans le ciel, ne laissez pas d'être caché sous ces espèces adorables.

Je le crois, mon Dieu ! et je m'en tiens plus assuré que si je le voyais de mes propres yeux. Je le crois, parceque vous l'avez dit; et j'adore du fond de mon cœur votre divine parole ! Je le crois ; et, malgré ce que mes sens et ma raison peuvent me dire, je renonce à mes sens et à ma raison pour me captiver sous l'obéissance de la foi.

Je le crois, et s'il fallait souffrir mille morts pour soutenir cette vérité, aidé de votre grâce, ô mon Dieu ! je les souffrirais plutôt que de démentir sur ce point ma croyance et ma religion.

ACTE D'HUMILITÉ.

Qui suis-je, ô Dieu de gloire et de majesté ! qui suis-je pour que vous daigniez jeter les yeux sur moi ? D'où me vient cet excès de bonheur que mon Seigneur et mon Dieu veuille venir à moi ? Moi pécheur ! moi ver de terre ! moi, plus méprisable que le néant, approcher d'un Dieu aussi saint, manger le pain des anges, me nourrir d'une chair divine ! Ah ! Seigneur, je ne le mérite pas, je n'en serai jamais digne.

Roi du ciel, auteur et conservateur du monde, monarque universel, je m'anéantis devant vous, et je voudrais pouvoir m'humilier aussi profondément pour votre gloire que vous vous abaissez dans ce sacrement pour l'amour de moi. Je reconnais, avec toute l'humilité possible et votre souveraine grandeur et mon extrême bassesse. La vue de l'une et de l'autre me jette dans une confusion que je ne puis exprimer, ô mon Dieu ! et je dirai seulement avec une humble sincérité que je suis très indigne de la grâce que vous daignez me faire aujourd'hui.

ACTE DE CONTRITION.

Vous venez à moi, Dieu de bonté et de miséricorde. Hélas ! mes péchés devraient bien plutôt vous en éloigner ; mais je les désavoue en votre présence, ô mon Dieu ! Sensible au déplaisir qu'ils vous ont causé, touché de votre infinie bonté, résolu sincèrement de ne les plus commettre, je les déteste de tout mon cœur et vous en demande très humblement pardon. Pardonnez-les-moi, mon Père, mon aimable Père ; puisque vous m'aimez encore jusqu'à permettre que je m'approche de vous, pardonnez-les-moi !

Je suis déjà lavé, comme je l'espère, par le sacrement de pénitence ; mais lavez-moi, Seigneur, encore davantage : purifiez-moi des moindres souillures; créez dans moi un cœur nouveau, et renouvelez jusqu'au fond de mes entrailles cet esprit d'innocence qui me mette en état de vous recevoir dignement.

ACTE D'ESPÉRANCE.

Vous venez à moi, divin Sauveur des âmes ; que ne dois-je pas espérer de vous ! que ne dois-je pas attendre de celui qui se donne entièrement à moi.

Je me présente donc à vous, ô mon Dieu! avec toute la confiance que m'inspirent votre puissance infinie et votre infinie bonté. Vous connaissez tous mes besoins; vous pouvez les soulager; vous le voulez, vous m'invitez d'aller à vous; vous me promettez de me secourir. Eh bien! mon Dieu, me voici; je viens sur votre parole. Je me présente à vous avec toutes mes faiblesses, mon aveuglement et mes misères; j'espère que vous me fortifierez, que vous m'éclairerez, que vous me soulagerez, que vous me changerez.

Je l'espère sans crainte d'être trompé dans mon espérance; car n'êtes-vous pas, ô mon Dieu, le maître de mon cœur! et quand mon cœur sera-t-il plus absolument dans votre disposition que lorsque vous y serez une fois entré?

ACTE DE DÉSIR.

Est-il donc possible, ô Dieu de bonté, que vous veniez à moi, et que vous y veniez avec un désir infini de m'unir à vous? Oh! venez, le bien-aimé de mon cœur; Agneau de Dieu, chair adorable, sang précieux de mon Sauveur, venez servir de nourriture à mon âme. Que je vous voie, ô le Dieu de mon cœur, ma joie, mes délices, mon amour, mon Dieu, mon tout!

Qui me donnera des ailes pour voler vers vous? Mon âme éloignée de vous, impatiente d'être remplie de vous, languit sans vous, vous souhaite avec ardeur, et soupire après vous, ô mon Dieu! mon unique bien, ma consolation, ma douceur, mon trésor, mon bonheur et ma vie, mon Dieu et mon tout!

Venez donc, aimable Jésus, et, quelque indigne que je sois de vous recevoir, dites seulement une parole, et je serai purifié. Mon cœur est prêt; et, s'il ne l'était pas, d'un seul de vos regards vous pouvez le préparer, l'attendrir et l'enflammer. Venez, Seigneur Jésus, venez.

ACTES APRÈS LA COMMUNION.

ACTE D'ADORATION.

Adorable majesté de mon Dieu! devant qui tout ce qu'il y a de plus grand dans le ciel et sur la terre se reconnaît indigne de paraître, que puis-je faire ici en votre présence? si ce n'est de me taire et de vous honorer dans le plus profond anéantissement de mon âme.

Je vous adore, ô Dieu saint! je rends mes justes hommages à cette grandeur suprême devant laquelle tout genou fléchit, en comparaison de laquelle toute puissance n'est que faiblesse, toute prospérité n'est que misère et les plus éclatantes lumières ne sont que ténèbres épaisses.

A vous seul, grand Dieu, roi des siècles, Dieu éternel, à vous seul appartient tout honneur et toute gloire. Gloire, honneur, salut et bénédiction à celui qui vient au nom du Seigneur! Béni soit le Fils éternel du Très-Haut, qui daigne s'unir aujourd'hui si intimement à moi et prendre possession de mon cœur!

Ensuite faites le signe de la croix, et retirez-vous avec modestie.

ACTE D'AMOUR.

J'ai donc enfin le bonheur de vous posséder, ô Dieu d'amour ! Quelle bonté ! Que ne puis-je y répondre ! que ne suis-je tout cœur pour vous aimer autant que vous êtes aimable, et pour n'aimer que vous ! Embrasez-moi, mon Dieu ; brûlez, consumez mon cœur de votre amour ! Mon bien-aimé est à moi. Jésus, l'aimable Jésus se donne à moi.... Anges du ciel, Mère de mon Dieu, Saints du ciel et de la terre, prêtez-moi vos cœurs, donnez-moi votre amour pour aimer mon aimable Jésus.

Oui, je vous aime, ô le Dieu de mon cœur, je vous aime de toute mon âme ; je vous aime souverainement ; je vous aime pour l'amour de vous et avec une ferme résolution de n'aimer que vous. Je le jure, je le proteste ; mais assurez vous-même, ô mon Dieu ! ces saintes résolutions dans mon cœur, qui est présentement à vous.

ACTE DE REMERCIEMENT.

Quelles actions de grâces, ô mon Dieu, pourraient égaler la faveur que vous me faites aujourd'hui ? Non content de m'avoir aimé jusqu'à mourir pour moi, Dieu de bonté, vous daignez encore venir en personne m'honorer de votre visite et vous donner à moi ! O mon âme, glorifie le Seigneur ton Dieu, reconnais sa bonté, exalte sa magnificence, publie éternellement sa miséricorde. C'est avec un cœur attendri et plein de reconnaissance, ô mon doux Sauveur ! que je vous remercie de la grande grâce que vous daignez me faire. J'ai été un infidèle, un lâche, un prévaricateur; mais je ne veux pas être un ingrat : je veux me souvenir éternellement qu'aujourd'hui vous vous êtes donné à moi, et marquer par toute la suite de ma vie les obligations excessives que je vous ai, ô mon Dieu, en me donnant parfaitement à vous.

ACTE DE DEMANDE.

Vous êtes en moi, source inépuisable de tous biens ; vous y êtes plein de tendresse pour moi, les mains pleines de grâces, et prêt à les répandre dans mon cœur. Dieu bon, libéral et magnifique, répandez-les avec profusion ; voyez mes besoins, voyez votre pouvoir. Faites en moi ce pour quoi vous y venez ; ôtez ce qui vous déplaît dans mon cœur, mettez-y ce qui peut me rendre agréable à vos yeux. Purifiez mon corps, sanctifiez mon âme, appliquez-moi les mérites de votre vie et de votre mort ; unissez-vous à moi, chaste époux des âmes; unissez-moi à vous; vivez en moi, afin que je vive en vous, que je vive de vous et à jamais pour vous.

Faites en moi, aimable Sauveur, ce pour quoi vous y venez ; accordez-moi les grâces que vous savez m'être nécessaires ; accordez les mêmes grâces à tous ceux et à celles pour qui je suis obligé de prier. Pourriez-vous, mon aimable Sauveur, me refuser quelque chose après la grâce que vous me faites aujourd'hui de vous donner vous-même à moi ?

ACTE D'OFFRANDE.

Vous me comblez de vos dons, Dieu de miséricorde ; et en vous donnant à moi vous voulez que je ne vive plus que pour vous. C'est aussi, ô mon Dieu! le plus grand de tous mes désirs que d'être entièrement à vous. Oui, je veux que tout ce que je formerai ou exécuterai de desseins soit dans l'ordre de la parfaite soumission que je vous dois.

Je veux que tout ce qui dépend de moi, santé, forces, talents, crédit, biens, réputation, ne soit employé que pour les intérêts de votre gloire. Assujettissez-vous donc, ô roi de mon cœur! toutes les puissances de mon âme; régnez absolument sur ma volonté, je la soumets à la vôtre. Après la faveur dont vous m'honorez je ne souffrirai pas qu'il y ait rien en moi qui ne soit parfaitement à vous.

ACTE DE BON PROPOS.

O le plus patient et le plus généreux de tous les amis! qui est-ce qui pourrait désormais me séparer de vous? Je renonce de tout mon cœur à ce qui m'en avait éloigné jusqu'ici, et je me propose, avec le secours de votre grâce, de ne plus retomber dans mes fautes passées.

Ainsi donc, ô mon Dieu, plus de pensées, de désirs, de paroles ou d'actions qui soient le moins du monde contraires à la pudeur ou à la charité; plus d'impatiences, de jurements, de mensonges, de querelles, de médisances; plus d'omissions dans mes devoirs ni de langueur dans votre service; plus de liaisons ni d'amitiés coupables; plus d'attache à mes sentiments ni à mes commodités; plus de délicatesse sur les mépris et sur les discours des hommes; plus de passion pour l'estime et pour l'attention du monde. Plutôt mourir, ô mon Dieu ! plutôt expirer ici devant vous que de jamais vous déplaire.

Vous êtes au milieu de mon cœur, divin Jésus ; c'est en votre présence que je forme ces résolutions, afin que vous les confirmiez, et que votre adorable Sacrement, que je viens de recevoir, en soit comme le sceau qu'il ne me soit jamais permis de violer. Confirmez donc, ô Dieu de bonté, le désir que j'ai d'être uniquement à vous et de ne vivre plus que pour votre gloire. Ainsi soit-il.

PRIÈRE DES ENFANTS POUR LEURS PARENTS ET LEURS BIENFAITEURS.

Demandez et vous recevrez, nous avez-vous dit, aimable Sauveur : *tout ce que vous demanderez à mon père en mon nom, vous l'obtiendrez*. C'est sur la foi de votre promesse que nous venons porter à vos pieds les vœux de la reconnaissance. Sans doute, ô mon Dieu, vous êtes le premier et le plus grand de nos bienfaiteurs, puisque vous avez porté la charité jusqu'à nous donner votre corps, votre sang, votre âme, votre divinité tout entière. Mais, hélas ! si des parents chrétiens ne nous eussent appris à vous connaître, si nos maîtres ne nous eussent conduits vers vous, si des prêtres zélés ne nous eussent enseigné votre loi, comme tant d'autres nous eussions ignoré votre nom, ou comme un plus grand nombre nous eussions pris la route qui conduit à la mort. Rendez-leur donc, ô mon Dieu, tout le bien qu'ils nous ont fait. Comblez de vos bénédictions les plus abondantes ceux à qui nous devons la vie dans l'ordre de la nature et dans celui de la grâce. Bénissez nos parents et nos amis ; regardez d'un œil de miséricorde ceux d'entre eux qui nous ont précédés avec le signe de la foi, et qui dorment du sommeil de paix. Comblez surtout de vos grâces ceux qui n'ont cessé de lever leurs mains vers votre trône pour nous obtenir une sainte communion, afin qu'après avoir commencé sur la terre cette famille de saints que vous avez enfantée sur la croix nous ayons le bonheur d'être réunis dans la gloire, dans l'unité du Père, du Fils et du Saint-Esprit. Ainsi soit-il.

Le soir, lorsqu'on se rend en procession à la chapelle de la très sainte Vierge, on chante les litanies qui suivent.

LITANIES DE LA TRÈS SAINTE VIERGE.

Kyrie, eleison.
Christe, eleison.

Kyrie, eleison.
Christe, audi nos.
Christe, exaudi nos.
Pater de cœlis, Deus, miserere nobis.
Fili, Redemptor mundi, Deus, miserere nobis.
Spiritus Sancte, Deus, miserere nobis.
Sancta Trinitas, unus Deus, miserere nobis.
Sancta Maria, ora pro nobis.
Sancta Dei genitrix, ora pro nobis.
Sancta Virgo virginum, or.
Mater Christi, ora pro nob.

Seigneur, ayez pitié de nous.
Jésus Christ, ayez pitié de nous.

Seigneur, ayez pitié de nous.
Jésus-Christ, écoutez-nous.
Jésus-Christ, exaucez-nous.
Père céleste, qui êtes Dieu, ayez pitié de nous.
Fils, Rédempteur du monde, qui êtes Dieu, ayez pitié de nous.
Esprit saint, qui êtes Dieu, ayez pitié de nous.
Sainte Trinité, qui êtes un seul Dieu, ayez pitié de nous.
Sainte Marie, priez pour nous.
Sainte mère de Dieu, priez pour nous.
Sainte Vierge des vierges, p.
Mère de Jésus-Christ, priez.

Mater divinæ gratiæ,	Mère de l'auteur de la grâce,
Mater purissima,	Mère très pure,
Mater castissima,	Mère très chaste,
Mater inviolata,	Mère toujours vierge,
Mater intemerata,	Mère sans tache,
Mater amabilis,	Mère aimable,
Mater admirabilis,	Mère admirable,
Mater Creatoris,	Mère du Créateur,
Mater Salvatoris,	Mère du Sauveur,
Virgo prudentissima,	Vierge très prudente,
Virgo veneranda,	Vierge vénérable,
Virgo prædicanda,	Vierge digne de louange,
Virgo potens,	Vierge puissante auprès de Dieu,
Virgo clemens,	Vierge pleine de bonté,
Virgo fidelis,	Vierge fidèle,
Speculum justitiæ,	Miroir de justice,
Sedes sapientiæ,	Temple de la sagesse éternelle,
Causa nostræ lætitiæ,	Mère de celui qui fait toute notre joie,
Vas spirituale,	Demeure du Saint-Esprit,
Vas honorabile,	Vaisseau d'élection,
Vas insigne devotionis,	Modèle de piété,
Rosa mystica,	Rose mystérieuse,
Turris Davidica,	Force de la maison de David,
Turris eburnea,	Modèle de pureté,
Domus aurea,	Sanctuaire de la charité,
Fœderis arca,	Arche de l'alliance,
Janua cœli,	Porte du ciel,
Stella matutina,	Étoile du matin,
Salus infirmorum,	Ressource des infirmes,
Refugium peccatorum,	Refuge des pécheurs,
Consolatrix afflictorum,	Consolatrice des affligés,
Auxilium Christianorum,	Secours des chrétiens,
Regina Angelorum,	Reine des Anges,
Regina Patriarcharum,	Reine des Patriarches,
Regina Prophetarum,	Reine des Prophètes,
Regina Apostolorum,	Reine des Apôtres,
Regina Martyrum,	Reine des Martyrs,
Regina Confessorum,	Reine des Confesseurs,
Regina Virginum,	Reine des Vierges,
Regina Cleri,	Reine du Clergé,
Regina Sanctorum omnium,	Reine de tous les Saints,

Ora pro nobis. — *Priez pour nous.*

Agnus Dei, qui tollis pec- Agneau de Dieu, qui effacez

cata mundi, parce nobis, Domine.	les péchés du monde, pardonnez-nous, Seigneur.
Agnus Dei, qui tollis peccata mundi, exaudi nos, Domine.	Agneau de Dieu, qui effacez les péchés du monde, exaucez-nous, Seigneur.
Agnus Dei, qui tollis peccata mundi, miserere nobis.	Agneau de Dieu, qui effacez les péchés du monde, ayez pitié de nous.
Christe, audi nos.	Jésus, écoutez-nous.
Christe, exaudi nos.	Jésus, exaucez-nous.

Après une courte exhortation prononcée par un catéchiste, l'intendante récite au nom de tous les enfants l'acte de consécration qui suit.

ACTE DE CONSÉCRATION A LA TRÈS SAINTE VIERGE.

Très sainte Marie, mère de Dieu, souveraine maîtresse des anges et des hommes, ceux et celles que vous voyez ici prosternés à vos pieds sont autant d'enfants chrétiens que votre cher Fils a nourris pour la première fois de son corps adorable, qu'il a enivrés de son sang précieux, et auxquels il a inspiré la résolution de n'aimer que lui seul. Ce sont des enfants que leur première communion a rendus plus particulièrement les vôtres; ils viennent rendre hommage à vos grandeurs, reconnaître vos bontés et réclamer votre protection. Chargée d'exprimer les sentiments dont ils sont pénétrés, désirant de répondre à leur piété et de me satisfaire moi-même, je vous offre leur cœur et le mien; c'est le gage de notre respect, de notre amour pour vous et de la tendre confiance que nous avons en vos miséricordes. Agréez la protestation que nous faisons de vivre et de mourir dans votre service. Pour toute récompense nous vous demandons de mettre le comble à notre bonheur, et de rendre ce jour le plus heureux de notre vie en nous accordant votre sainte protection et en exauçant les vœux que nous vous adressons de tout notre cœur pour nos parents, nos amis, nos bienfaiteurs, et surtout pour ces charitables ministres qui se sont efforcés par leurs instructions de nous rendre des enfants dignes de la meilleure de toutes les mères. Ainsi soit-il.

JOUR DE LA CONFIRMATION.

1° *Il n'y a point obligation d'être à jeun pour recevoir la confirmation ; cependant, par respect pour ce sacrement, les enfants viendront à jeun à l'église comme ils auront dû le faire le jour de la première communion.*

2° *Chaque enfant aura dû écrire ou faire écrire en gros caractères son nom de baptême sur un billet, qu'il attachera à son bras avant la cérémonie.*

3° *En attendant que Monseigneur l'Evêque vienne les confirmer les enfants liront avec une foi vive et ardente la prière et les actes qui suivent.*

PRIÈRE POUR OBTENIR LES SEPT DONS DU SAINT-ESPRIT.

Dieu tout puissant et éternel, vous avez daigné me régénérer dans l'eau du baptême, et depuis vous m'avez accordé la rémission de tous mes péchés. Mettez le comble à vos faveurs inestimables ; faites descendre sur moi l'esprit de sagesse, qui me fasse mépriser les choses périssables de ce monde et aimer les biens éternels ; l'esprit d'intelligence, qui m'éclaire et me donne la connaissance de la religion ; l'esprit de conseil, qui me fasse rechercher avec soin les moyens sûrs pour plaire à Dieu et arriver au ciel ; l'esprit de force, qui me fasse surmonter avec courage tous les obstacles qui s'opposent à mon salut ; l'esprit de science, qui me rende éclairé dans les voies de Dieu ; l'esprit de piété, qui me rende le service de Dieu doux et aimable ; l'esprit de crainte, qui m'inspire pour Dieu un respect mêlé d'amour et qui me fasse craindre de lui déplaire. Marquez-moi par votre miséricorde du signe de la croix de Jésus-Christ pour la vie éternelle. Faites enfin que portant la croix sur le front je la porte aussi dans mon cœur, et que vous confessant hautement devant les hommes je mérite d'être reconnu et récompensé au jour terrible du jugement universel. Ainsi soit-il.

ACTES AVANT LA CONFIRMATION.

ACTE DE FOI.

Mon Dieu, je crois fermement que je vais recevoir votre Esprit saint dans le sacrement de confirmation ; je le crois parceque vous l'avez dit et que vous êtes la souveraine vérité, qui ne peut se tromper ni nous tromper.

ACTE D'ESPÉRANCE.

J'espère, ô mon Dieu, de votre bonté infinie

qu'en recevant, malgré mon indignité, votre Esprit saint je le recevrai avec toute l'abondances de ses grâces, qu'il me rendra parfait chrétien, et me donnera la force de confesser ma foi, même au péril de ma vie.

ACTE D'AMOUR.

Je vous aime, ô mon Dieu, de tout mon cœur, de toute mon âme, de toutes mes forces et par-dessus toutes choses, parceque vous êtes infiniment bon et infiniment aimable, et parceque vous allez m'acorder la grâce de recevoir votre Esprit saint dans le sacrement de Confirmation : embrasez mon cœur de votre amour, et faites que j'y persévère jusqu'à la fin de ma vie.

PRIÈRES

POUR L'ADMINISTRATION DU SACREMENT DE CONFIRMATION.

Tous ceux qui doivent être confirmés étant à genoux et ayant les mains jointes, l'Evêque se tourne vers eux, et dit :(1).

Spiritus Sanctus superveniat in vos, et virtus Altissimi custodiat vos à peccatis. ℟. Amen.
℣. Adjutorium nostrum in nomine Domini.
℟. Qui fecit cœlum et terram.

---

(1) Que le Saint-Esprit survienne en vous et que la vertu du Très-Haut vous préserve de tout péché. ℟. Ainsi soit-il.
℣. Mettons notre secours dans le nom du Seigneur.
℟. Qui a fait le ciel et la terre.

℣. Domine, exaudi orationem meam.
℟. Et clamor meus ad te veniat
℣. Dominus vobiscum.
℟. Et cum spiritu tuo.

L'Evêque tenant ses mains étendues dit (1) :

OREMUS.

Omnipotens sempiterne Deus, qui regenerare dignatus es hos famulos tuos ex aqua et Spiritu Sancto, quique dedisti eis remissionem omnium peccatorum, emitte in eos septiformem Spiritum tuum Sanctum Paracletum de cœlis. *Les assistants de l'Evêque répondent* Amen.

Spiritum sapientiæ et intellectûs. ℟. Amen.
Spiritum consilii et fortitudinis. ℟. Amen.
Spiritum scientiæ et pietatis. ℟. Amen.

Adimple eos spiritu timoris tui, et consigna eos signo Crucis Christi in vitam propitiatus æternam. Per eumdem Dominum nostrum Jesum Christum Filium tuum, qui tecum vivit et regnat in unitate ejusdem Spiritûs Sancti Deus, per omnia sæcula sæculorum. ℟. Amen.

℣. Seigneur, exaucez ma prière.
℟. Et que le cri de mon cœur arrive jusqu'à vous.
℣. Le Seigneur soit avec vous.
℟. Et avec votre esprit.

(1) Dieu tout puissant et éternel, qui avez daigné régénérer par l'eau et le Saint-Esprit vos serviteurs ici présents, et qui leur avez accordé le pardon de tous leurs péchés, envoyez-leur des cieux votre Esprit saint, le consolateur avec ses sept dons. ℟. Ainsi soit-il.

L'esprit de sagesse et d'intelligence. ℟. Ainsi soit-il.
L'esprit de conseil et de force. ℟. Ainsi soit-il.
L'esprit de science et de piété. ℟. Ainsi soit-il.

Remplissez-les de l'esprit de votre crainte, et marquez-les du signe de la croix de Jésus-Christ pour la vie éternelle. Par le même Jésus-Christ notre Seigneur ℟. Ainsi soit-il.

L'Evêque nommant chacun d'eux par son nom de baptême lui fait sur le front un signe de croix avec le saint Chrême en disant : (1)

N., signo te signo Crucis : *et il fait trois signes de Croix avec la main en ajoutant :* confirmo te Chrismate salutis, in nomine Patris, et Filii, et Spiritûs Sancti. ℟. Amen.

Puis il donne un petit soufflet en disant :

Pax tecum. (2)

Les assistants de l'Evêque essuient ensuite le front des nouveaux confirmés, et pendant qu'il lave ses mains on récite l'antienne suivante à haute voix : (3)

Ant. Confirma hoc, Deus, quod operatus es in nobis, à templo sancto tuo quod est in Jerusalem. Gloria Patri, et Filio et Spiritui Sancto sicut erat in principio, et nunc, et semper, et in sæcula sæculorum. Amen. *On répète l'Ant.* Confirma hoc *jusqu'à* Gloria Patri.

Ensuite l'Evêque, tourné vers l'autel, dit :

℣. Ostende nobis, Domine, misericordiam tuam.

℟. Et salutare tuum da nobis.

℣. Domine, exaudi orationem meam.

℟. Et clamor meus ad te veniat.

---

(1) ℣. Je vous marque du signe de la croix et vous confirme du chrême du salut, au nom du Père et du Fils, et du Saint-Esprit. ℟. Ainsi soit-il.

(2) La paix soit avec vous.

(3) O Dieu, confirmez ce que vous venez d'opérer en nous, de votre saint temple qui est en *la Jérusalem céleste.* Gloire soit au Père, etc.

℣. Dominus vobiscum.
℟. Et cum spiritu tuo.

Tous les confirmés étant à genoux l'Évêque dit :

ORÉMUS. (1)

Deus, qui Apostolis tuis sanctum dedisti Spiritum, et per eos eorumque successores cæteris fidelibus tradendum esse voluisti, respice propitius ad humilitatis nostræ famulatum, et præsta ut eorum corda, quorum frontes sacro Chrismate delinivimus et signo sanctæ Crucis signavimus, idem Spiritus Sanctus in eis superveniens templum gloriæ suæ dignanter inhabitando perficiat ; qui cum Patre et eodem Spiritu Sancto vivis et regnas in sæcula sæculorum.
℟. Amen.

L'Évêque ajoute (2) : Ecce sic benedicetur omnis homo qui timet Dominum : *Et, se tournant vers les Confirmés, il fait sur eux le signe de la Croix en disant :* (3)

Benedicat vos Dominus ex Sion, ut videatis

---

(1) O Dieu, qui avez donné le Saint-Esprit à vos apôtres, et qui avez voulu que par eux et leurs successeurs il fût donné aux autres fidèles, regardez avec bonté le ministère que nous exerçons malgré notre faiblesse, et faites que le même Saint-Esprit venant dans les cœurs de ceux dont nous avons oint le front avec le saint chrême, et que nous avons marqués du signe de la sainte croix, daigne en y habitant en faire le temple de sa gloire; vous qui vivez et régnez, etc.

(2) C'est ainsi que sera béni tout homme qui craint le Seigneur.

(3) Que le Seigneur vous bénisse de Sion, afin que

bona Jerusalem omnibus diebus vitæ vestræ, et habeatis vitam æternam. ℞: Amen.

Il les avertit ensuite de prier pour lui et de réciter une fois le Credo, *le* Pater *et l'*Ave, Maria; *et à l'instant, un des assistants de l'Evêque les récitant à haute voix, chacun doit les réciter tout bas en même temps.*

Les enfants qui auront reçu le sacrement de confirmation liront aussitôt après les actes et la prière qui suivent.

ACTES APRÈS LA CONFIRMATION.

ACTE DE REMERCIEMENT.

Mon Dieu, quoique je ne sois pas capable de comprendre toute la grandeur du bienfait que vous venez de m'accorder en me communiquant votre Esprit saint avec l'abondance de ses grâces, je vous en remercie cependant avec les sentiments de la plus vive reconnaissance : agréez, je vous en conjure, les mouvements qui élèvent mon cœur vers vous et les très humbles actions de grâces que j'ose présenter à votre divine majesté. Ce bienfait signalé, qui a imprimé dans mon âme le caractère de parfait chrétien, y restera gravé à jamais, et sera pour moi le motif pressant d'une éternelle reconnaissance.

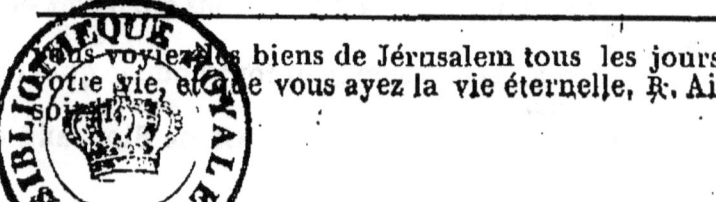

vous voyiez les biens de Jérusalem tous les jours de votre vie, et que vous ayez la vie éternelle. ℞. Ainsi

ACTE DE CONSÉCRATION.

Esprit divin, qui, par un pur effet de votre bonté et de votre miséricorde infinies, venez de vous donner tout entier à moi malgré mon indignité, pourrais-je être assez ingrat pour ne pas me donner tout entier à vous? Non, mon Dieu, il n'en sera pas ainsi : recevez l'offrande que je vous fais de tout ce que je suis. Je vous consacre mon esprit avec toutes ses pensées, mon âme avec tous ses mouvements, mon cœur avec toutes ses affections ; vous serez désormais le Dieu de mon cœur et mon partage pour l'éternité. Achevez, divin Esprit, ce que vous avez commencé en moi; fortifiez les pieux sentiments que vous m'avez inspirés, et faites que je brûle à jamais du feu sacré de votre amour.

ACTE DE DEMANDE.

Esprit saint, honoré que je suis de votre divine présence et comblé de vos dons, je me présente à vous avec confiance pour vous supplier de me conserver l'abondance des grâces que vous avez daigné m'accorder. C'est un trésor bien précieux, mais je le porte dans un vase bien fragile. Sans votre bonté je n'aurais jamais reçu ces faveurs signalées ; sans votre puissante protection je me vois exposé à chaque instant à le perdre. Je crois sentir un vrai désir de conserver ce précieux trésor ; mais je reconnais et je confesse humblement que je ne puis le faire sans votre secours. Esprit de force, fortifiez ma faiblesse, rendez-vous à mes vœux ardents, et faites que vos grâces demeurent en moi autant que durera le caractère sacré que vous avez imprimé dans mon âme, c'est à dire pendant tout le cours de ma vie et pendant l'étendue infinie de l'éternité.

PRIÈRE POUR DEMANDER LES DOUZE FRUITS DU SAINT-ESPRIT.

Esprit saint, amour éternel du Père et du Fils, daignez m'accorder le fruit de *charité*, qui m'unisse à vous par l'amour; le fruit de *joie*, qui me remplisse d'une sainte consolation; le fruit de *paix*, qui reproduise en moi la tranquillité de l'âme; le fruit de *patience*, qui me fasse supporter doucement tout ce qui pourrait troubler la paix de mon âme; le fruit de *bénignité*, qui me porte à soulager les nécessités de mon prochain; le fruit de *bonté*, qui me rende bienfaisant envers tous; le fruit de *longanimité*, qui fasse que je ne me rebute d'aucun délai; le fruit de *douceur*, qui me fasse supporter en paix tout ce que le prochain a d'incommode; le fruit de *foi*, qui m'engage à croire avec certitude sur la parole de Dieu; le fruit de *modestie*, qui règle mon extérieur; les fruits de *continence* et de *chasteté*, qui conservent mon corps dans la sainteté qui convient à votre temple, afin qu'ayant conservé mon cœur pur sur la terre je mérite de vous voir à jamais dans le séjour de la gloire. Ainsi soit-il.

CANTIQUE D'ACTIONS DE GRACES.

APRÈS LA CONFIRMATION.

1. Te Deum laudamus, te Dominum confitemur.

2. Te æternum Patrem omnis terra veneratur.

3. Tibi omnes Angeli, tibi cœli et universæ potestates,

4. Tibi Cherubim et Seraphim incessabili voce proclamant :

5. Sanctus, sanctus, sanctus

6. Dominus, Deus Sabaoth.

7. Pleni sunt cœli et terra majestatis gloriæ tuæ.

8. Te gloriosus Apostolorum chorus,

9. Te Prophetarum laudabilis numerus,

10. Te Martyrum candidatus laudat exercitus.

11. Te per orbem terrarum sancta confitebitur Ecclesia.

12. Patrem immensæ majestatis;

13. Venerandum tuum verum et unicum Filium,

14. Sanctum quoque Paracletum Spiritum.

---

1. Nous vous adorons, Dieu tout puissant, et nous vous reconnaissons pour le Seigneur de l'univers.

2. Toute la terre vous révère comme le Père et la source éternelle de tout être.

3. Les Anges et toutes les puissances célestes,

4. Les Chérubins et les Séraphins chantent sans cesse pour vous rendre hommage.

5. Saint, saint, saint

6. Est le Seigneur, le Dieu des armées.

7. Les cieux et la terre sont remplis de la grandeur et de l'éclat de votre gloire.

8. L'illustre chœur des Apôtres,

9. La respectable multitude des Prophètes,

10. La brillante armée des Martyrs célèbrent vos louanges.

11. L'Eglise sainte répandue par tout l'univers confesse votre nom.

12. O Dieu dont la majesté est infinie !

13. Elle adore votre Fils unique et véritable,

14. Et le Saint-Esprit consolateur.

15. Tu, Rex gloriæ, Christe!

16. Tu Patris sempiternus es Filius.

17. Tu, ad liberandum suscepturus hominem, non horruisti Virginis uterum.

18. Tu, devicto mortis aculeo, aperuisti credentibus regna cœlorum.

19. Tu ad dexteram Dei sedes in gloriâ Patris.

20. Judex crederis esse venturus.

21. Te ergo quæsumus, famulis tuis subveni, quos pretioso sanguine redemisti.

22. Æternâ fac cum sanctis tuis in gloriâ numerari.

23. Salvum fac populum tuum, Domine, et benedic hæreditati tuæ.

24. Et rege eos, et extolle illos usque in æternum.

25. Per singulos dies benedicimus te.

26. Et laudamus nomen tuum in sæculum et in sæculum sæculi.

27. Dignare, Domine, die isto sine peccato nos custodire.

28. Miserere nostri, Domine, miserere nostri.

29. Fiat misericordia tua,

15. Vous êtes le Roi de gloire, ô Jésus!

16. Vous êtes le Fils éternel du Père.

17. Vous n'avez point dédaigné de vous revêtir de la nature humaine dans le sein d'une Vierge pour sauver les hommes.

18. Vous avez brisé l'aiguillon de la mort, et vous avez ouvert aux fidèles le royaume des cieux.

19. Vous êtes assis à la droite de Dieu dans la gloire de votre Père.

20. Nous croyons que vous viendrez un jour juger l'univers.

21. Nous vous supplions donc de secourir vos serviteurs, que vous avez rachetés de votre sang précieux.

22. Mettez-nous au rang de vos saints pour jouir avec avec eux de la vie éternelle.

23. Seigneur, sauvez votre peuple, et bénissez ceux qui sont votre héritage.

24. Conduisez-les et élevez-les jusque dans l'éternité bienheureuse.

25. Nous vous bénissons tous les jours.

26. Et nous louons votre nom à jamais et dans la suite de tous les siècles.

27. Daignez, Seigneur, nous conserver en ce jour purs et sans péché.

28. Ayez pitié de nous, Seigneur, ayez pitié de nous.

29. Répandez sur nous

Domine, super nos, quemadmodum speravimus in te.	vos miséricordes, Seigneur, selon l'espérance que nous avons mise en vous.
30. In te, Domine, speravi : non confundar in æternum.	30. Car c'est en vous, Seigneur, que j'ai mis mon espérance : ne permettez pas que je sois confondu à jamais.
℣. Benedicamus Patrem et Filium, cum Sancto Spiritu.	℣. Bénissons le Père, et le Fils, et le Saint-Esprit.
℟. Laudemus et superexaltemus eum in sæcula.	℟. Louons et exaltons-le à jamais.

ORÉMUS.

Deus, cujus misericordiæ non est numerus, et bonitatis infinitus est thesaurus, piissimæ majestati tuæ pro collatis donis gratias agimus, tuam semper clementiam exorantes ut, qui petentibus postulata concedis, eosdem non deserens ad præmia futura disponas; per Dominum nostrum Jesum Christum Filium tuum. Amen.

CÉRÉMONIE

DE LA COMMUNION DU MOIS.

L'exercice de la *communion du mois*, ainsi appelé à cause de la communion générale qui en est chaque mois l'objet, est regardé avec raison comme le plus important de tous les exercices des Catéchismes. Le Saint-Siége apostolique a accordé indulgence plénière et perpétuelle aux enfants des Catéchismes de Saint-Sulpice et aux enfants des autres Catéchismes de France unis à ceux de Saint-Sulpice, toutes les fois qu'ils communieront aux communions du mois dans leurs Catéchismes respectifs, ainsi qu'à leurs pères et mères lorsque ceux-ci y communieront.

Voici l'ordre de cette cérémonie :

Après la méditation (1) *on commence la sainte Messe; les enfants doivent demeurer à genoux jusqu'à ce que le prêtre monte à l'autel; ils se lèvent pendant l'Evangile, puis demeurent assis jusqu'à la Préface, pendant laquelle ils sont debout. Au Sanctus le chef du catéchisme donne le signal pour faire mettre tout le monde à genoux, fait cesser le chant des cantiques et indique les prières ordinaires de la sainte messe, p. 27.*

A l'élévation on chante :

> O salutaris hostia,
> Quæ cœli pandis ostium,
> Bella premunt hostilia,
> Da robur, fer auxilium.

Après la communion du prêtre on fait asseoir les enfants; alors l'Officiant passe au côté de l'Evangile, et, se tournant vers les enfants, il leur adresse une première exhortation en forme de préparation à la sainte communion; ensuite une personne désignée par

---

(1) Voyez l'ordre de cet exercice, page 14.

le chef du catéchisme lit à haute voix, à genoux et un cierge allumé à la main, l'acte d'amende honorable qui suit.

AMENDE HONORABLE A JÉSUS-CHRIST, AU TRÈS SAINT SACREMENT DE L'AUTEL.

Adorable Jésus, pénétrés de la plus vive douleur pour tant d'outrages et d'irrévérences qui vous ont été faits dans la sainte Eucharistie, nous nous prosternons à vos pieds pour implorer votre clémence sur nos infidélités et sur nos ingratitudes passées. O le plus aimable de tous les pères ! comblés de vos plus signalés bienfaits, jusqu'à ce moment nous y avons paru insensibles ; nous n'avons répondu à votre tendresse que par le plus insigne de tous les mépris.

Pourquoi avez-vous donc tant aimé des ingrats et des perfides ? N'aviez-vous donc pas prévu les insultes et les outrages auxquels vous alliez être exposé en instituant l'adorable Sacrement de nos autels ? Oui, sans doute vous les aviez prévus ; mais votre amour a été plus fort que la mort même ; rien n'a été capable d'en modérer l'excès. Vengez, si vous le voulez, Seigneur, votre gloire outragée, vous en êtes le maître ; mais n'oubliez pas que nous sommes vos enfants. Frappez, mais frappez en père qui corrige, et non pas en juge qui extermine. Que votre justice ne prononce ses arrêts que de concert avec votre miséricorde ; car, hélas ! que deviendrions-nous si vous n'écoutiez que la voix menaçante de votre colère ?

Ah! Seigneur, écoutez plutôt celle de votre clémence, qui sollicite en notre faveur; oubliez le passé. Plus fidèles à l'avenir aux promesses solennelles que nous avons faites, au jour heureux où nous fûmes reçus dans l'Association, de ne plus aimer que vous seul, ô mon Dieu! nous vous jurons de nouveau un amour sans partage.

O aimable Jésus! la portion de notre héritage! jetez des regards propices et favorables sur les enfants de tous les catéchismes assemblés en ce lieu pour vous recevoir dans leurs cœurs, afin qu'après avoir fait en ce monde le sujet de leur plus douce consolation vous fassiez en l'autre celui de leur félicité éternelle.

Lorsque l'Amende honorable est achevée le Diacre dit le Confiteor, et ensuite le Prêtre, après Misereatur et Indulgentiam, distribue la sainte Eucharistie. Selon l'usage du diocèse de Paris et l'ancienne coutume des catéchismes de Saint-Sulpice, quand le Prêtre achève ces paroles, Corpus Domini nostri Jesu Christi, *il faut répondre* Amen: *ce qui signifie*: Je crois que c'est là le corps de Jésus-Christ. *Pendant le temps de la sainte Communion on chante cette Hymne au très saint Sacrement.*

HYMNE AU TRÈS SAINT SACREMENT,

composée par S. Thomas d'Aquin.

1. Adoro te supplex, latens Deitas,
Quæ sub his figuris verè latitas,
Tibi se cor meum totum subjicit,
Quia te contemplans totum deficit.

2. Visus, tactus, gustus in te fallitur,
Sed auditu solo tutò creditur.
Credo quidquid dixit Dei Filius.
Nil hoc veritatis verbo verius.

3. In cruce latebat sola Deitas;
At hic latet simul et humanitas,
Ambo tamen credens atque confitens,
Peto quod petivit latro pœnitens.

4. Plagas, sicut Thomas, non intueor:
Deum tamen meum te confiteor;
Fac me tibi semper magis credere,
In te spem habere, te diligere.

5. O memoriale mortis Domini!
Panis vivus, vitam præstans homini,
Præsta meæ menti de te vivere,
Et te illi semper dulce sapere.

6. O fons puritatis, Jesu, Domine!
Me immundum munda tuo sanguine,
Cujus una stilla salvum facere
Totum quit ab omni mundum scelere.

7. Jesu, quem velatum nunc aspicio,
Oro, fiat illud quod tam sitio,
Ut te revelatâ cernens facie
Visu sim beatus tuæ gloriæ. Amen.

La Communion étant achevée, le Prêtre fait une seconde exhortation en forme d'action de grâces. Il achève ensuite la sainte messe, et durant ce temps on chante la prose Inviolata, *p.* 50. *Aprés la sainte messe on dit à genoux cinq* Pater *et cinq* Ave, *avec une fois le* Sub tuum præsidium *à la fin, pour gagner l'Indulgence plénière accordée à toutes les personnes qui auront communié à la Communion du mois*

PROSE.

Lauda, Sion, salvatorem;
Lauda ducem et pastorem
In hymnis et canticis.
Quantum potes tantùm aude,
Quia major omni laude;
Nec laudare sufficis,
Laudis thema specialis,
Panis vivus et vitalis
Hodiè proponitur,

Quem in sacræ mensâ
  cœnæ
Turbæ fratrum duodenæ
Datum non ambigitur.

Sit laus plena, sit sonora,
Sit jucunda, sit decora
Mentis jubilatio.

Dies enim solemnis agitur,
In quâ mensæ prima reco-
  litur
Hujus institutio.

In hâc mensâ novi regis
Novum pascha novæ legis
Phase vetus terminat.

Vetustatem novitas,
Umbram fugat veritas,
Noctem lux eliminat.

Quod in cœnâ Christus
  gessit,
Faciendum hoc expressit
In sui memoriam.

Docti sacris institutis,
Panem, vinum in salutis
Consecramus hostiam.

Dogma datur christianis,
Quòd in carnem transit
  panis
Et vinum in sanguinem.

Quod non capis, quod non
  vides,
Animosa firmat fides,
Præter rerum ordinem.

Sub diversis speciebus
Signis tantùm, et non re-
  bus,
Latent res eximiæ.

Caro cibus, sanguis potus,
Manet tamen Christus to-
  tus
Sub utraque specie.

A sumente non concisus,
Non confractus, non divi-
  sus,

Integer accipitur.

Sumit unus, sumunt mille,
Quantùm isti, tantùm ille;
Nec sumptus consumitur.

Sumunt boni, sumunt mali
Sorte tamen inæquali
Vitæ vel interitûs.

Mors est malis, vita bonis;
Vide paris sumptionis
Quàm sit dispar exitus!

Fracto demùm sacra-
  mento
Ne vacilles; sed memento
Tantùm esse sub frag-
  mento
Quantùm toto tegitur.

Nulla rei fit scissura,
Signi tantùm fit fractura,
Quâ nec status nec statura
Signati minuitur.

Ecce panis angelorum
Factus cibus viatorum,
Verè panis filiorum,
Non mittendus canibus.

In figuris præsignatur,
Cum Isaac immolatur,
Agnus paschæ deputatur,
Datur manna patribus.

Bone pastor, panis verè,
Jesu, nostri miserere;
Tu nos pasce, nos tuere;
Tu nos bona fac videre
In terrâ viventium.

Tu qui cuncta scis et vales,
Qui nos pascis hic morta-
  les,
Tuos ibi commensales,
Cohæredes et sodales
Fac sanctorum civium.

  Amen.

HYMNE.

Sacris solemniis juncta sint gaudia,
Et ex præcordiis sonent præconia :
Recedant vetera, nova sint omnia,
    Corda, voces et opera.

Noctis recolitur cœna novissima,
Quà Christus creditur agnum et azyma
Dedisse fratribus, juxta legitima
    Priscis indulta patribus.

Post agnum typicum, expletis epulis,
Corpus Dominicum datum discipulis,
Sic totum omnibus, quod totum singulis,
    Ejus fatemur manibus.

Dedit fragilibus corporis ferculum;
Dedit et tristibus sanguinis poculum,
Dicens : Accipite quod trado vasculum ;
    Omnes ex eo bibite.

Sic sacrificium istud instituit,
Cujus officium committi voluit
Solis præsbyteris, quibus sic congruit
    Ut sumant et dent cæteris.

Panis angelicus fit panis hominum ;
Dat panis cœlicus figuris terminum.
O res mirabilis ! Manducat Dominum
    Pauper, servus et humilis.

Te, trina Deitas unaque, poscimus ;
Sic nos tu visitas, sicut te colimus.
Per tuas semitas duc nos quò tendimus,
    Ad lucem quam inhabitas. Amen.

CANTIQUES.*

PREMIÈRE PARTIE.

PROPRE DU TEMPS.

DÉSIRS DES JUSTES DANS L'ATTENTE DU MESSIE.

Air n. 38, en *Ré—La.* 105,
Ou ancien air en *Ut—Sol.*

Venez, divin Messie,
Sauvez nos jours infortunés.
Venez, source de vie;
Venez, venez, venez.
Ah! descendez, hâtez vos pas,
Sauvez les hommes du trépas;
Secourez-nous, ne tardez pas :
Venez, divin Messie,
Sauvez nos jours infortunés.
Venez, source de vie;
Venez, venez, venez.

---

*Au commencement de chaque cantique se trouve le numéro de l'air du nouveau recueil composé par M. Foulon, et qui convient à ce cantique.

On a ensuite indiqué le ton dans lequel l'air est noté; c'est toujours le ton majeur, à moins qu'il ne soit marqué mineur; puis la note par laquelle il commence, afin qu'au moyen d'un diapazon l'on puisse facilement donner le ton convenable.

Enfin le dernier numéro indique la page où se trouvait le cantique dans l'ancienne édition.

Ah! désarmez votre courroux ;
Nous soupirons à vos genoux :
Seigneur, nous n'espérons qu'en vous.
　Pour nous livrer la guerre
Tous les enfers sont déchaînés ;
　Descendez sur la terre,
　　Venez, venez, venez,

Que nos soupirs soient entendus !
Les biens que nous avons perdus
Ne nous seront-ils point rendus ?
　Voyez couler nos larmes :
Grand Dieu ! si vous nous pardonnez
　Nous n'aurons plus d'alarmes ;
　　Venez, venez, venez.

Si vous venez en ces bas lieux
Nous vous verrons victorieux
Fermer l'enfer, ouvrir les cieux.
　Nous l'espérons sans cesse,
Les cieux nous furent destinés ;
　Tenez votre promesse ;
　　Venez, venez, venez.

Ah ! puissions-nous chanter un jour
Dans votre bienheureuse cour
Et votre gloire et notre amour !
　C'est là l'heureux partage
De ceux que vous prédestinez ;
　Donnez-nous-en le gage :
　　Venez, venez, venez.

SUR LA VENUE PROCHAINE DE JÉSUS-CHRIST.

　　　Air n. 1, en *Ré—La*. 107.

Le Dieu que nos soupirs appellent,
Hélas ! ne viendra-t-il jamais ?
Les siècles qui se renouvellent　　} *Bis.*
Accompliront-ils ses décrets ?

Le verrons-nous bientôt éclore
Ce jour promis à notre foi ?
Viens dissiper, brillante aurore,
Les ombres de l'antique loi. Le Dieu, etc.

C'en est fait, le moment s'avance,
Un Dieu vient essuyer nos pleurs ;
Il va combler notre espérance,
Et mettre fin à nos malheurs. Le Dieu, etc.

Fille des rois, ô vierge aimable !
Parais, sors de l'obscurité ;
Reçois le prix inestimable
Que tes vertus ont mérité. Le Dieu, etc.

Des promesses d'un Dieu fidèle
Le gage en tes mains est remis ;
Quel bonheur pour une mortelle !
Un dieu va devenir ton fils. Le Dieu, etc.

Dans ta demeure solitaire
Je vois un ange descendu.
O prodige ! ô grâce ! ô mystère !
Dieu parle, et le verbe est conçu. Le Dieu, etc.

MÊME SUJET.

Air ancien, en *Sol mineur.*—*Sol.* 108.

O Dieu de clémence !
Viens par ta présence
Combler nos désirs,
Apaiser nos soupirs.   *Fin.*
Sauveur secourable,
Parais à nos yeux ;
A l'homme coupable
Viens ouvrir les cieux.
Céleste victime,
Ferme-lui l'abîme ! O Dieu, etc.

Sagesse éternelle,
Lumière immortelle,
Viens du haut des cieux,
Viens éclairer nos yeux. *Fin.*

Justice adorable,
Parais à jamais!
O toujours aimable,
Viens, céleste paix!
Qu'ils seront durables
Tes biens ineffables! Sagesse, etc.

Peuple inconsolable,
Le ciel favorable,
Sensible à tes pleurs,
Met fin à tes malheurs. O Dieu, etc. *Fin.*

Le Dieu de justice
Remplit tes désirs;
Il sera propice
Aux humbles soupirs.
Ils vont jusqu'au trône
Du Dieu qui pardonne. Peuple, etc.

O jour d'allégresse!
Le ciel s'intéresse
A tous nos malheurs;
Il calme nos frayeurs. O Dieu. etc. *Fin.*

Un Dieu va paraître
Dans l'abaissement;
Un Dieu vient de naître
Dans le dénûment:
Il est dans l'étable,
Pauvre et misérable. O jour, etc.

Un dur esclavage
Fut notre partage :
Il brise nos fers,
Et sauve l'univers. O Dieu, etc. *Fin.*

Loin de sa présence
Le crime s'enfuit,
Et par sa présence
L'enfer est réduit :
A tous sa naissance
Rendra l'innocence.   Un dur, etc.

Chantons tous sa gloire,
Chantons sa victoire,
Chantons ses bienfaits,
Chantons-les à jamais. O Dieu, etc. *Fin.*

Tous les cieux s'abaissent,
Saisis de respect;
Nos maux disparaissent
A son seul aspect.
Tout à sa naissance
Cède à sa puissance. Chantons, etc.

Gloire à son enfance,
Gloire à sa clémence,
Au plus haut des cieux,
Gloire, amour en tous lieux. O Dieu, etc. *Fin.*

Que les cœurs des anges,
Que les immortels
Chantent ses louanges
Avec les mortels.
Qu'à l'envi réponde
Et la terre et l'onde.   Gloire, etc.

**SUR LA NAISSANCE DE NOTRE SEIGNEUR
JÉSUS-CHRIST.**

Air n. 39, en *Ré—La.* 110.

Dans cette étable
Que Jésus est charmant!
Qu'il est aimable
Dans son abaissement!

Que d'attraits à la fois !
Tous les palais des rois
N'ont rien de comparable
Aux beautés que je vois
　Dans cette étable.

　Que sa puissance
Paraît bien en ce jour
　Malgré l'enfance
Où le réduit l'amour !
L'esclave racheté
Et tout l'enfer dompté
Font voir qu'à sa naissance
Rien n'est si redouté
　Que sa puissance.

　Heureux mystère !
Jésus souffrant pour nous
　D'un Dieu sévère
Apaise le courroux.
Pour sauver le pécheur
Il naît dans la douleur,
Et sa bonté de père
Eclipse sa grandeur.
　Heureux mystère !

MÊME SUJET.
Air ancien, en Sol— Ré. 112.

Le Fils du roi de gloire
Est descendu des cieux ;
Que nos chants de victoire
Résonnent dans ces lieux :
Il dompte les enfers,
Il calme nos alarmes,
Il tire l'univers
　　Des fers,
　Et pour jamais

Lui rend la paix ;
Ne versons plus de larmes.
L'amour seul l'a fait naître
Pour le salut de tous :
Il fait par là connaître
Ce qu'il attend de nous.
Un cœur brûlant d'amour
Est le plus bel hommage ;
Faisons-lui tour à tour
    La cour :
  Dès aujourd'hui
  N'aimons que lui ;
Qu'il soit notre partage.

Vains honneurs de la terre,
Je veux vous oublier ;
Le maître du tonnerre
Vient de s'humilier.
De vos trompeurs appas
Je saurai me défendre ;
Allez, n'arrêtez pas
    Mes pas :
  Monde flatteur,
  Monde enchanteur,
Je ne veux plus t'entendre.

Régnez seul en mon âme,
O mon divin époux !
N'y souffrez point de flamme
Qui ne brûle pour vous.
Que voit-on dans ces lieux,
Que misère et bassesse ?
Ne portons plus nos yeux
    Qu'aux cieux :
  A votre loi,
  Céleste roi,
J'obéirai sans cesse.

SUR LA NAISSANCE DE NOTRE SEIGNEUR JÉSUS-CHRIST.

Air ancien, en Ut —Mi. 115.

Oublions nos maux passés,
  Ne versons plus de larmes;
Tous nos vœux sont exaucés,
  Nous n'avons plus d'alarmes;
Dieu naît, les démons sont terrassés;
  Quel sort eut plus de charmes?

L'univers était perdu
  Par un funeste crime;
Du ciel un Dieu descendu
  Le sauve de l'abîme :
L'enfer nous était justement dû;
  Dieu nous sert de victime.

Ce Dieu qui vient s'incarner
  Finit notre disgrâce;
La justice allait tonner,
  Mais l'amour prend la place :
Le père est prêt à nous condamner,
  Le Fils demande grâce.

Nous échappons aux enfers,
  Nous sortons d'esclavage,
Les cieux vont nous être ouverts :
  Quel plus heureux partage!
Le salut s'offre à tout l'univers :
  Amour, c'est ton ouvrage!

Pouvons-nous trop estimer
  Un sort si désirable?
Peut-il ne pas nous charmer
  Ce Dieu si favorable?
Pouvons-nous jamais assez l'aimer!
  Qu'est-il de plus aimable?

Sous la forme d'un mortel
  C'est un Dieu qui se cache ;
Du sein du Père éternel
  Son tendre amour l'arrache.
Pour nous il vient s'offrir à l'autel
  Comme un agneau sans tache.
  Qu'il nous aime tendrement !
    Il se livre lui-même ;
  Aimons souverainement
    Cette bonté suprême ;
Aimons, aimons ce divin enfant,
  Aimons-le comme il aime.

SUR LE MYSTÈRE DE LA CIRCONCISION.

Air n. 41, en *Ré—Ré*. 122.

O mon Jésus ! ô mon bien et ma vie !
Ce jour va donc assurer mon bonheur :
Tu prends le nom, le doux nom de Sauveur,
Et ton amour déjà le justifie. *Bis.*
C'était pour moi, quand tu venais de naître,
Que de tes pleurs tu mouillais ton berceau ;
Et c'est pour moi que tu viens, tendre agneau,
T'offrir à Dieu, déjà victime et prêtre. *Bis.*
Tu nais à peine, et de ton sang propice
Tu veux déjà marquer tes jours naissants :
Moi, dont le crime a devancé les ans,
Je n'ai rien fait pour calmer ta justice. *Bis.*
Ah ! dans mon cœur trop long-temps infidèle
Eteins l'orgueil et l'amour du plaisir ;
Et que jamais il n'ait d'autre désir
Que de te prendre, ô Jésus ! pour modèle. *Bis.*
Il faut enfin, moi qui fus seul coupable,
Que, pour laver mes crimes à mon tour,
Mon repentir, animé par l'amour,
Mêle ses pleurs à ton sang adorable ! *Bis.*

SUR L'ADORATION DES MAGES.

Air n. 16, en *Sol—Ré*. 124.

Suivons les rois dans l'étable
Où l'étoile les conduit :
Que vois-je! Un enfant aimable
De sa crèche les instruit.
O ciel! quels traits de lumière
Frappent mes yeux et mon cœur!
Dans le sein de la misère } *Bis.*
Que d'éclat et de grandeur!

Oui, c'est le Dieu du tonnerre :
Venez fléchir les genoux ;
Adorez, rois de la terre,
Un roi plus puissant que vous.
Suivez l'exemple des mages :
D'un cœur pur les sentiments
Sont de plus dignes hommages } *Bis.*
Que l'or, la myrrhe et l'encens.

Il ne doit point leur hommage
A l'éclat d'un vain dehors ;
L'indigence est son partage ;
Ses vertus sont ses trésors ;
Sa splendeur ni sa couronne
Pour les yeux n'ont point d'attraits ;
Une crèche fait son trône, } *Bis.*
Une étable est son palais.

O réduit pauvre et champêtre !
Dans ton paisible séjour
L'univers offre à son maître
Le tribut de son amour.
Enfin l'heureux jour s'avance
Qu'à nos pères Dieu promit :
A Bethléem il commence, } *Bis.*
Sur la croix il s'accomplit.

Quand la grâce nous appelle,
Gardons-nous de résister;
Suivons ce guide fidèle,
Quittons tout sans hésiter.
Craignons de perdre de vue
L'astre qui pendant la nuit,
Comme du haut de la nue, } *Bis.*
Nous éclaire et nous conduit.

SUR LA SAINTE ENFANCE DE JÉSUS.

Air n. 44, en *Ut—Sol.* 129.

O vous dont les tendres ans
Croissent encore innocents,
Pour sauver à votre enfance
Le trésor de l'innocence
Contemplez l'enfant Jésus,
Et prenez-en les vertus.

Il est votre Créateur,
Votre Dieu, votre Sauveur;
Mais il est votre modèle :
Heureux qui lui fut fidèle !
Il eut part à sa faveur,
A ses dons, à son bonheur.

Que touchant est le tableau
Que nous offre son berceau !
Oh! que de leçons utiles
Y trouvent les cœurs dociles !
Accourez, vous tous enfants,
Y former vos jours naissants.

Une étable est le séjour
Où Jésus reçoit le jour :
Sous ses langes, de sa crèche
Sa divine voix nous prêche
Que l'indigence à ses yeux
Est un riche don des cieux.

SUR L'IMITATION DE JÉSUS ENFANT.

Air n. 44, en *Ut—Sol.* 131.

Tout m'instruit dans l'Enfant-Dieu,
Son respect pour le saint lieu,
Son air modeste, humble, affable,
Sa douceur inaltérable,
Son zèle, sa charité,
Sa clémence, sa bonté.

Jésus croît, et plus ses ans
Hâtent leurs accroissements,
Plus l'adorable sagesse,
Qui réside en lui sans cesse,
Dévoile aux yeux des humains
L'éclat de ses traits divins.

Combien en est-il, hélas !
Qui, loin de suivre ses pas,
Vont, croissant de vice en vice,
Aboutir au précipice !
Heureux, seul heureux qui prend
Pour guide Jésus enfant !

MÊME SUJET.

Air n. 39, en *Ré—La.* 132.

Chantons l'enfance
De notre doux Sauveur,
  Son innocence,
Son aimable candeur.
Que d'autres du Seigneur
Célèbrent la grandeur,
  Qu'ils chantent sa puissance :
Nous, enfants, du Sauveur
  Chantons l'enfance.

Rempli de charmes,
Cet enfant dans sa main
Brise les armes
Du juge souverain.
Contre le genre humain
Dieu veut sévir en vain :
Il cède aux douces larmes
De cet enfant divin
Rempli de charmes.

Dans une étable
Le fils de l'Éternel
Pour le coupable
Est né pauvre et mortel :
Pour moi, pour un pécheur
Gémit un Dieu sauveur ;
O mystère ineffable !
Mon roi, mon créateur
Dans une étable !

Près de sa crèche,
O mon cœur, instruis-toi ;
C'est moi qui pèche,
Un Dieu souffre pour moi !
Je cherchais les douceurs ;
Jésus est dans les pleurs :
Ah ! j'entends ce qu'il prêche.
J'abjure mes erreurs
Près de sa crèche.

MÊME SUJET.

Air n. 42, en *Sol— Si*. 136.

Divine enfance de Jésus,
Soyez notre unique modèle :
Heureux l'enfant, à vous suivre fidèle,
Qui de bonne heure imite vos vertus !

Accoutumé dès sa naissance
Au joug aimable du Sauveur,
Même au milieu d'un monde séducteur
Il conserve son innocence. *Bis.*

Malgré le trouble et le danger,
Et sans retourner en arrière,
D'un pas constant il parcourt la carrière
Où vous daignez, Seigneur, le protéger.
En tout temps par la vigilance
Contre le vice il est armé ;
Comme une fleur dans un jardin fermé
Il conserve son innocence. *Bis.*

Dans la jeunesse le plaisir
Lui lance-t-il un trait perfide,
Votre nom seul, Jésus, lui sert d'égide,
Et de son cœur exclut jusqu'au désir.
Il est sorti de son enfance
Sous les auspices de Jésus ;
A ses côtés mille autres sont vaincus ;
Il conserve son innocence. *Bis.*

L'homme ébloui par les grandeurs
Les cherche au péril de sa vie ;
Mille rivaux, qu'arme la jalousie,
Souillent de sang leurs coupables honneurs :
Mais lui d'un œil d'indifférence
Il verrait la pourpre des rois ;
Il fuit la gloire, il a choisi la croix,
Il conserve son innocence. *Bis.*

De la vieillesse des mondains
L'amour de l'or fait le supplice ;
Les fruits, hélas ! d'une longue injustice
Vont donc bientôt s'échapper de leurs mains !

Mais pour lui dans les cieux d'avance
Il a placé tout son trésor;
Sur son vieux front la gaité brille encor,
Il a conservé l'innocence. *Bis.*

Trépas cruel! triste départ!
Dit l'impie au moment suprême :
Mais de la mort pour celui qui vous aime,
Divin Jésus, vous émoussez le dard :
Il attendait sa délivrance;
Heureux départ! ô doux trépas!
Paisiblement il s'endort dans vos bras;
Il a conservé l'innocence. *Bis.*

MÊME SUJET.

Air n. 43, en *La—Mi.* 137.

Au saint berceau
Qu'entourent mille archanges,
Où naît pour vous des enfants le plus beau,
Venez unir votre amour, vos louanges,
Peuple naissant, cher espoir du troupeau,
Au saint berceau.

Dieu tout puissant,
Vous que l'amour fait naître,
Qui par amour daignez vous faire enfant,
Roi mon Sauveur, enfant d'un jour, mon maître,
Par quel transport vous accueillir naissant,
Dieu tout puissant!

Le voyez-vous?
Déjà par son sourire
De votre cœur il se montre jaloux;
Il tend les bras; sa bonté vous attire.
Fut-il jamais engagement plus doux?
Le voyez-vous?

Oui, je le vois;
Mais, plus pressante encore,
Jusqu'à mon cœur a pénétré sa voix :
Je vis pour toi dès ma première aurore;
Tes premiers ans, dit-il, tu me les dois.
Oui, je le vois.

Quelle douleur !
Mon Dieu verse des larmes.
J'entends ses cris; ils déchirent mon cœur.
Enfant Jésus, d'où naissent vos alarmes ?
Qui peut troubler la paix de mon Sauveur !
Quelle douleur !

Ne pleurez plus;
Si, disciple infidèle,
J'ai démenti vos divines vertus,
Je veux enfin imiter mon modèle :
J'apprendrai tout au berceau de Jésus.
Ne pleurez plus.

SUR LA PASSION DE NOTRE SEIGNEUR JÉSUS-CHRIST.

Air n. 15, en *Mi mineur* — *Si.* 140.

Au sang qu'un Dieu va répandre
Ah ! mêlez du moins vos pleurs,
Chrétiens, qui venez entendre
Le récit de ses douleurs.
Puisque c'est pour vos offenses
Que ce Dieu souffre aujourd'hui,
Animés par ses souffrances,
Vivez et mourez pour lui.

Dans un jardin solitaire
Il sent de rudes combats;
Il prie, il craint, il espère;

Son cœur veut et ne veut pas.
Tantôt la crainte est plus forte,
Et tantôt l'amour plus fort ;
Mais enfin l'amour l'emporte,
Et lui fait choisir la mort.

Judas, que la fureur guide,
L'aborde d'un air soumis ;
Il l'embrasse, et ce perfide
Le livre à ses ennemis.
Judas, un pécheur t'imite
Quand il feint de l'apaiser :
Souvent sa bouche hypocrite
Le trahit par un baiser.

On l'abandonne à la rage
De cent tigres inhumains ;
Sur son aimable visage
Les soldats portent leurs mains.
Vous deviez, anges fidèles,
Témoins de ces attentats,
Ou le mettre sous vos ailes,
Ou frapper tous ces ingrats.

Ils le traînent au grand-prêtre,
Qui seconde leur fureur,
Et ne veut le reconnaître
Que pour un blasphémateur.
Quand il jugera la terre
Ce Sauveur aura son tour ;
Aux éclats de son tonnerre
Tu le connaîtras un jour.

Tandis qu'il se sacrifie
Tout conspire à l'outrager.
Pierre lui-même l'oublie,
Et le traite d'étranger.

Mais Jésus perce son âme
D'un regard tendre et vainqueur,
Et met d'un seul trait de flamme
Le repentir dans son cœur.

Chez Pilate on le compare
Au dernier des scélérats.
Qu'entends-je! ô peuple barbare!
Tes cris sont pour Barabbas;
Quelle indigne préférence!
Le juste est abandonné;
On condamne l'innocence,
Et le crime est pardonné!

On le dépouille, on l'attache;
Chacun arme son courroux:
Je vois cet agneau sans tache
Tombant presque sous les coups.
C'est à nous d'être victimes;
Arrêtez, cruels bourreaux.
C'est pour effacer vos crimes
Que son sang coule à grands flots.

Une couronne cruelle
Perce son auguste front:
A ce chef, à ce modèle,
Mondains, vous faites affront.
Il languit dans les supplices,
C'est un homme de douleurs:
Vous vivez dans les délices,
Vous vous couronnez de fleurs.

Il marche, il monte au Calvaire,
Chargé d'un infâme bois:
De là, comme d'une chaire,
Il fait entendre sa voix:
Ciel, dérobe à la vengeance
Ceux qui m'osent outrager,

C'est ainsi quand on l'offense
Qu'un chrétien doit se venger.
Une troupe mutinée
L'insulte et crie à l'envi;
S'il changeait sa destinée,
Oui, nous croirions tous en lui.
Il peut la changer sans peine
Malgré vos nœuds et vos clous;
Mais le nœud qui seul l'enchaîne
C'est l'amour qu'il a pour nous.

Ah! de ce lit de souffrance,
Seigneur, ne descendez pas;
Suspendez votre puissance,
Restez-y jusqu'au trépas.
Mais tenez votre promesse,
Attirez-nous après vous;
Pour prix de votre tendresse
Puissions-nous y mourir tous!

Il expire, et la nature
Dans lui pleure son auteur;
Il n'est plus de créature
Qui ne marque sa douleur.
Un spectacle si terrible
Ne pourra-t-il me toucher?
Et serais-je moins sensible
Que n'est le plus dur rocher?

MÊME SUJET.

Air n. 8, en *Si mineur* — *Si*. 143

Est-ce vous que je vois, ô mon maître adorable!
Pâle, abattu, sanglant, victime de douleurs?
Fallait-il à ce prix racheter un coupable
Qui même à votre sang ne mêla pas ses pleurs?
Judas vous livre aux Juifs dans sa fureur extrême?
Peut-il à cet excès, le traître, vous haïr?

Comme lui mille fois je dis que je vous aime,
Et je ne rougis point, ingrat, de vous trahir!
On vous charge de fers, innocente victime;
Peuples, prêtres et roi, tout s'arme contre vous.
Si le ciel est si lent à venger un tel crime,
C'est votre amour, Jésus, qui suspend son courroux.

On vous couvre d'affronts, on vous raille, on vous frappe
Mépris, soufflets, crachats, rien ne peut vous aigrir;
Nul murmure secret, nul mot ne vous échappe;
Et moi sans éclater je ne puis rien souffrir.

O barbare fureur! dans son sang un Dieu nage;
Sur lui mille bourreaux s'acharnent tour à tour;
Ils redoublent leurs coups, ils épuisent leur rage;
Mais rien ne peut jamais affaiblir son amour.

Quand je vois mon Sauveur, mon chef et mon modèle,
Ceint d'un bandeau sanglant d'épines, de douleurs,
Combien dois-je rougir, lâche, infâme, infidèle,
D'aimer à me plonger dans le sein des douceurs!

Quel spectacle effrayant! ô ciel! quelle justice!
Jésus, quoique innocent, en croix meurt attaché:
Un Dieu juste, un Dieu bon ordonne son supplice.
Jugez de là, mortels, quel mal est le péché.

SUR LE MYSTÈRE DE LA CROIX.
Air n. 29, en *Ré—Ré*. 146.

Aimons Jésus pour nous en croix:
N'est-il pas bien juste qu'on l'aime,
Puisqu'en expirant sur ce bois
Il nous aima plus que lui-même?
Chrétiens, chantons à haute voix:
Vive Jésus, vive sa croix!

Gloire à cette divine croix!
Le Sauveur l'ayant épousée,
Elle n'est plus comme autrefois
Un objet d'horreur, de risée. Chrétiens, etc.

Gloire à cette divine croix,
Arbre dont le fruit salutaire
Répare le mal qu'autrefois
Fit le péché du premier père! Chrétiens, etc.

Gloire à cette divine croix!
C'est l'étendard de sa victoire :
Par elle il nous donna ses lois,
Par elle il entra dans sa gloire. Chrétiens, etc.

Gloire à cette divine croix,
De tous nos biens source féconde,
Qui dans le sang du roi des rois
A lavé les péchés du monde! Chrétiens, etc.

Gloire à cette divine croix,
La chaire de son éloquence,
Où, me prêchant ce que je crois,
Il m'apprend tout par son silence! Chrétiens, etc.

Gloire à cette divine croix!
Ce n'est pas le bois que j'adore;
Mais c'est mon Sauveur sur ce bois
Que je révère et que j'implore. Chrétiens, etc.

Avec Jésus aimons sa croix;
Prenons-la pour notre partage;
Ce juste, cet aimable choix
Conduit au céleste héritage. Chrétiens, etc.

TRIOMPHE DE LA CROIX.

Air ancien, en *Ut—Sol.* 47.

Célébrons la victoire
D'un Dieu mort sur la croix,
Et pour chanter sa gloire
Réunissons nos voix :   *Bis.*
De son amour extrême
Cédons aux traits vainqueurs;

Pour le Dieu qui nous aime
Réunissons nos cœurs.
Du vainqueur de l'enfer célébrons la victoire;
Réunissons nos cœurs, réunissons nos voix;
Chantons avec transport son triomphe et sa gloire,
Chantons : Vive Jésus ! vive, vive sa croix !

Sa croix, heureux symbole
De son amour pour nous,
Jadis du Capitole
Chassa les dieux jaloux :   *Bis.*
Alors dans l'esclavage
L'homme à d'infâmes dieux
Payait par son hommage
Le droit d'être comme eux.

Du vainqueur, etc.

Grand Dieu, seul adorable,
Seul digne de nos chants,
Seul de l'homme coupable
Vous n'avez point d'encens.   *Bis.*
Mais que votre tonnerre
Fasse entendre sa voix,
Et force enfin la terre
A respecter vos lois.

Du vainqueur, etc.

SUR LA RÉSURRECTION DE NOTRE SEIGNEUR JÉSUS-CHRIST.

Air n. 16, en *Sol—Ré*, 150.

Cesse tes concerts funèbres;
Le jour qu'attendait ta foi
Du sombre sein des ténèbres,
O Sion ! paraît pour toi !
Ton Dieu, maître des miracles,

Par un prodige nouveau,
Pour accomplir ses oracles
Sort vainqueur de son tombeau. } *Bis.*

Allez, apôtres timides,
De Jésus ressuscité
Devant ses juges perfides
Prêcher la divinité.
Parlez... qu'aujourd'hui les traîtres
Apprennent en frémissant
Que le Dieu de leurs ancêtres
Est le seul Dieu tout puissant. } *Bis.*

Sa gloire était moins brillante,
Et jetait bien moins d'effroi
Sur la montagne brûlante
Où sa main grava sa loi.
La victoire le couronne;
La croix devance ses pas;
D'un bras vengeur à son trône
Il enchaîne le trépas. } *Bis.*

Est-ce une force étrangère,
Sensible à notre douleur,
Qui rend le Fils à son Père,
A la terre son Sauveur?
Non, de ses mains invincibles
Lui-même et sans nul effort
Brise les portes terribles
De l'Enfer et de la Mort. } *Bis.*

En vain, peuple déicide,
Tu fais sceller ton tombeau!
De ta prudence stupide
Il rit et brise ton sceau.
Etendu sur la poussière
Ton satellite cruel

Attend qu'un coup de tonnerre } *Bis.*
L'écrase et venge le ciel.
Rentrez enfin dans vous-mêmes,
Cœurs barbares et jaloux;
Craignez les rigueurs extrêmes
D'un juge armé contre vous;
Changez... Tout pécheur qui change
Sans retour n'est pas proscrit :
Ce Dieu juste qui se venge } *Bis.*
Est un Dieu qui s'attendrit.
Loin de consommer ton crime
Par l'horreur du désespoir
Gémis, ingrate Solyme; (1)
Un soupir peu l'émouvoir !
Bien plus doux qu'il n'est à craindre,
Pécheurs, s'il tonne sur vous,
Une larme peut éteindre } *Bis.*
Tous les feux de son courroux.
Doutez-vous de sa tendresse?
Il vous a donné son cœur;
Il vous invite, il vous presse
D'avoir part à son bonheur.
Volez, hâtez-vous de suivre
Votre guide, votre appui;
Mais sachez qu'il faut revivre } *Bis.*
Pour triompher avec lui.

SUR LE MÊME SUJET.

Air n. 47, en *Mi bémol—Si.* 152.
Air ancien, en *La —Mi.*

Jésus paraît en vainqueur;
Sa bonté, sa douceur
Est égale à sa grandeur;
Jésus paraît en vainqueur;

---

(1) Solyme, c'est à dire Jérusalem.

Aujourd'hui donnons-lui notre cœur.
 Malgré nos forfaits,
 Ses divins bienfaits,
 Ses charmants attraits,
Ne nous parlent que de paix.
 Pleurons nos forfaits,
 Chantons ses bienfaits,
Rendons-nous à ses charmants attraits.

Chrétiens, joignez vos concerts !
 Jésus brise vos fers
 Et triomphe des enfers.
Chrétiens, joignez vos concerts !
Que son nom réjouisse les airs !
 Juste ciel ! quel choix !
 Quoi ! le roi des rois
 A dû sur la croix
Au ciel acquérir des droits !
 Embrassons la croix ;
 Que ce libre choix
Au ciel assure à jamais nos droits.

Je vois la mort sans effroi ;
 Mon Seigneur et mon roi
En a triomphé pour moi.
Je vois la mort sans effroi :
Ce mystère est l'appui de ma foi.
 Ah ! si, tour à tour
 Lâche et sans amour,
 Jusques à ce jour
Je n'ai payé nul retour,
 Du moins dès ce jour,
 Ah ! pour tant d'amour
Je veux payer un juste retour.

Il va descendre des cieux ;
 Ce Sauveur glorieux

Va s'abaisser en ces lieux ;
Il va descendre des cieux.
Que nos cœurs brûlent des plus doux feux !
Au jour des douleurs,
Pleins de nos malheurs,
Nous portions des cœurs
Qu'avaient amollis ses pleurs.
Ah ! plus de douleurs,
A ses pieds vainqueurs
A pleines mains répandons des fleurs.

ASCENSION DE NOTRE SEIGNEUR JÉSUS-CHRIST.
Air n. 20, en *Fa—La*. 154.

Quel spectacle s'offre à ma vue !
Un Dieu s'élève dans les airs ;
Des anges entourent la nue
Qui le dérobe à l'univers.
Tout s'empresse sur son passage ;
Il trace un rayon lumineux :
Porté sur un léger nuage,
Il monte aujourd'hui vers les cieux. *Bis.*

Il va jouir de sa victoire
Et du fruit de ses longs combats ;
Assis sur un trône de gloire,
Il m'invite à suivre ses pas.
Le ciel sera mon héritage ;
Je partagerai son bonheur,
Et son triomphe est l'heureux gage
De ma gloire et de ma grandeur. *Bis.*

Mais avant de quitter la terre
Et d'entrer au ciel en vainqueur,
Il a parcouru la carrière
Et le sentier de la douleur.
C'est par la croix que la couronne
Brille sur son front radieux :

Ce n'est qu'à ce prix qu'on la donne
Et qu'on triomphe dans les cieux. *Bis.*

SUR LE MYSTÈRE DE LA PENTECÔTE.

Air n. 23, en *Mi bémol—Si.* 158

Sur les apôtres assemblés
Lorsque l'Esprit saint vint descendre,
Les éléments furent troublés,
Un vent soudain se fit entendre :
Devant Dieu marche la terreur
Quand il veut instruire la terre,
Et pour signal de sa grandeur
Il a le bruit de son tonnerre. } *Bis.*

Tendre troupeau, rassurez-vous,
N'appréhendez rien de ces flammes ;
Ce feu, qui n'a rien que de doux,
Ne doit embraser que vos âmes.
Souvenez-vous que Jésus-Christ
Dans ses adieux pleins de tendresse
Vous promit son divin Esprit ;
Il tient aujourd'hui sa promesse. } *Bis.*

Déjà je vous vois tous remplis
Des transports d'une sainte ivresse ;
Dans l'instant vous êtes instruits
Des mystères de la sagesse ;
Déjà vos cœurs sont animés
De zèle, d'amour, de courage,
Et déjà vous vous exprimez
En toute sorte de langage. } *Bis.*

SUR LE MYSTÈRE DE LA SAINTE TRINITÉ.

Air n. 52, en *Sol—Ré*. 104.

O toi qu'un voile épais nous cache,
Indivisible Trinité !
Lumière éternelle et sans tache, } *Bis.*
Nous adorons ta majesté.

En Dieu, seul saint, seul adorable,
Oh ! que de gloire et de grandeur !
Oh ! quel abîme impénétrable } *Bis.*
Et de richesse et de splendeur !

Confondez-vous, raison humaine ;
Sur cet objet fermez les yeux :
La bonté de Dieu souveraine } *Bis.*
Ne peut se voir que dans les cieux.

Le Père, admirant sa sagesse,
Engendre un Fils qui le chérit :
De leur mutuelle tendresse } *Bis.*
L'Esprit saint est l'auguste fruit.

Le Père, en nous donnant la vie,
Nous la conserve à chaque instant :
Le Saint-Esprit nous sanctifie } *Bis.*
Par les feux qu'en nous il répand.

Egal en tout à Dieu son Père,
Dieu le Fils, le Verbe éternel,
Pour soulager notre misère } *Bis.*
A daigné se faire mortel.

Enfants soumis, rendons hommage
A la divine Trinité ;
Son nom saint est pour nous le gage } *Bis.*
De l'heureuse immortalité.

POUR LA FÊTE DU TRÈS SAINT-SACREMENT.

Air n. 20, en *Fa—La* 309.

Par les chants les plus magnifiques,
Sion, célèbre ton Sauveur ;
Exalte dans tes saints cantiques
Ton Dieu, ton chef et ton pasteur ;
Redouble aujourd'hui pour lui plaire
Tes transports, tes soins empressés :
Jamais tu ne pourras trop faire, } *Bis.*
Tu n'en feras jamais assez.

Ouvre ton cœur à l'allégresse,
A tout le feu de tes transports,
Lorsque son immense largesse
T'ouvre elle-même ses trésors.
Près de consommer son ouvrage,
Il consacre son dernier jour
A te laisser ce tendre gage } *Bis.*
Qui mit le comble à son amour.

Offert sur la table mystique,
L'agneau de la nouvelle loi
Termine enfin la Pâque antique
Qui figurait le nouveau roi.
La vérité succède à l'ombre,
La loi de crainte se détruit ;
La clarté chasse la nuit sombre, } *Bis.*
Et la loi de grâce nous luit.

Jésus de son amour extrême
Veut éterniser le bienfait ;
Ce que d'abord il fit lui-même,
Le prêtre à son ordre le fait ;
Il change, ô prodige admirable
Qui n'est aperçu que des cieux !
Le pain en son corps adorable, } *Bis.*
Le vin en son sang précieux.

L'œil se méprend, l'esprit chancelle ;
Il cherche d'un Dieu la splendeur ;
Mais, toujours ferme, un vrai fidèle
Sans hésiter voit son Seigneur.
Son sang pour nous est un bréuvage,
Sa chair devient notre aliment;
Les espèces sont le nuage
Qui nous le couvre au sacrement. } *Bis.*

On voit le juste et le coupable
S'approcher du banquet divin,
Se ranger à la même table,
Prendre place au même festin;
Chacun reçoit la même hostie ;
Mais qu'ils diffèrent dans leur sort !
Le juste tremble et boit la vie ;
L'impie affronte et boit la mort. } *Bis.*

Ce fils sous la main paternelle
Près de se voir percer le flanc,
Cette victime solennelle
Dont l'Hébreu vit couler le sang,
La manne au goût délicieuse,
Qui tous les jours tombait des cieux,
Sont la figure précieuse
Du prodige offert à nos yeux. } *Bis.*

Je te salue, ô pain de l'ange !
Aujourd'hui pain du voyageur;
Toi que j'adore et que je mange,
Ah ! viens dissiper ma langueur;
Loin de toi l'impur, le profane,
Pain réservé pour les enfants :
Mets des élus, céleste manne,
Objet seul digne de nos chants! } *Bis.*

Au secours de notre misère
Jésus se livre entièrement;

Dans la crèche il est notre frère,
Et sur l'autel notre aliment;
Quand il mourut sur le Calvaire
Il fut la rançon du pécheur;
Triomphant dans son sanctuaire, ⎫ *Bis.*
Il est du juste le bonheur. ⎭

Honneur, amour, louange et gloire
Te soient rendus, ô bon pasteur!
Vis à jamais dans ma mémoire,
Sois toujours gravé dans mon cœur.
O pain des forts! par ta puissance
Soulage mon infirmité;
Fais que, nourri de ta substance, ⎫ *Bis.*
Je règne dans l'éternité. ⎭

MÊME SUJET.

Air n. 53, en *Ut—Sol.* 311.

Chantons le mystère adorable
   De ce grand jour;
Chantons le don inestimable
   Du Dieu d'amour.
A seconder nos saints accords
   Que tout s'empresse;
Qu'au loin tout éclate en transports
   D'une vive allégresse.

Que l'éclat, la magnificence
   Ornent ces lieux;
Que tout adore la présence
   Du roi des cieux;
Que pour répondre à ses faveurs,
   Sur son passage,
Nos voix, nos âmes et nos cœurs
   Lui rendent leur hommage.

Ce Dieu, toujours plein de tendresse
    Pour les mortels,
S'immole en leur faveur sans cesse
    Sur nos autels.
Peu content d'un bienfait si doux
    L'amour l'engage
A se donner lui-même à nous
    Souvent et sans partage.

Honneur, amour, louange et gloire
    Au Dieu sauveur!
Qu'à jamais vive sa mémoire
    Dans notre cœur.
Aimons-le sans fin, sans retour,
    Plus que nous-même;
Et payons son excès d'amour
    Par un amour extrême.

Consacrez-lui vos voix naissantes,
    Tendres enfants!
Et de vos âmes innocentes
    Le doux encens.
On doit l'aimer dans tous les temps,
    Dans tous les âges :
Mais surtout des jours innocents
    Il aime les hommages.

Divin Jésus, beauté suprême!
    Comblez nos vœux;
Venez dans nous, venez vous-même
    Nous rendre heureux.
Daignez, grand Dieu! de vos bienfaits
    Remplir nos âmes;
Qu'elles ne brûlent désormais
    Que de vos saintes flammes!

POUR LA FÊTE DE TOUS LES SAINTS.

Air n. 3, en *Fa— Ut*. 264.

Quels accords ! quels concerts augustes !
Quelle pompe éblouit mes yeux !
Fais silence à l'aspect des justes,
O terre ! entends le chant des cieux. *Bis.*

O divine, ô tendre harmonie !
Les saints, dans des transports d'amour,
Chantent la grandeur infinie
Du Dieu dont ils forment la cour. *Bis.*

Quel spectacle ! un Dieu sans nuage
Se montre aux yeux des bienheureux ;
Ils contemplent de son visage
Les traits sereins et lumineux. *Bis.*

Le Seigneur transporte leur âme
Par les plus saints ravissements :
La sainte ardeur qui les enflamme
Les nourrit de feu renaissants. *Bis.*

Je vois à l'ombre de ses ailes
Ces saints dont l'éloquente voix
Confondit les esprits rebelles,
Et donna des leçons aux rois. *Bis.*

POUR LA FÊTE DU SACRÉ COEUR DE JÉSUS.

Air n. 25, en *Ré—La*. 225.

Cœur de Jésus, cœur à jamais aimable,
Cœur digne d'être à jamais adoré !
Ouvre à mon cœur un accès favorable,
Bénis ce chant que je t'ai consacré ;
Aide ma voix à louer ta puissance,
Ta vive ardeur, tes charmes, tes attraits,
Tes saints soupirs, tes transports, ta clémence,
Ton tendre amour, l'excès de tes bienfaits. *Bis.*

O divin cœur ! ô source intarissable
De tout vrai bien, de douceur, de bonté !
Tu réunis dans ton centre adorable
Tous les trésors de la divinité.
Maître des dons de sa magnificence,
Arbitre seul des célestes faveurs,
Cœur plein d'amour ! tu mets ta complaisance
A les répandre, à les voir dans nos cœurs. *Bis.*

Jésus naissant déjà fait ses délices
De se livrer et de souffrir pour nous;
Déjà son cœur nous donne les prémices
Des flots de sang qu'il vient verser pour tous.
Ce cœur, toujours sensible à nos disgrâces,
Sur nos besoins s'ouvrit de jour en jour,
Et du Sauveur marqua toutes les traces
Par tous les traits d'un généreux amour. *Bis.*

Quand Jésus suit la brebis infidèle
Son cœur conduit et fait hâter ses pas;
Quand il reçoit un fils ingrat, rebelle,
Son cœur étend et resserre ses bras.
Quand à ses pieds la femme pénitente
Vient déposer ses pleurs et ses regrets
Son cœur en fait une fidèle amante,
Qu'il enrichit de ses plus doux bienfaits. *Bis.*

C'est dans ce cœur, de tous les cœurs l'asile,
Que l'âme tiède excite sa langueur,
Que le pécheur a son pardon facile,
Que le fervent enflamme son ardeur.
Le cœur plongé dans le sein des disgrâces
Trouve dans lui l'oubli de sa douleur,
Et le cœur faible une source de grâces
Qui le remplit de force et de vigueur. *Bis.*

MÊME SUJET.

Air n. 60, en *Sol* — *Si.* 228.

Quel signe heureux, quel mystère ineffable
Vient appeler notre amour et nos vœux ?
  Cœur adorable !
  Bonheur des cieux !
C'est lui : je sens, je reconnais ses feux.
Cédons, mon cœur, à son empire aimable.

Cœur de Jésus, combien à ta présence
Naissent en moi de mouvements secrets !
  Que d'espérance !
  Que de regrets !
De ton côté tant d'amour, de bienfaits ;
Du mien, hélas, tant de haine et d'offense !

Je n'étais pas, qui pourra le comprendre ?
Et tu brûlais de t'immoler pour moi !
  O cœur trop tendre !
  O douce loi !
Et j'aimerais autre chose que toi !
Non, de tes traits je ne puis me défendre.

Tu vis du sein de ta grandeur suprême
L'homme abimé dans l'excès des malheurs.
  Amour extrême !
  O roi des cœurs !
Dieu, tu voulus partager ses douleurs !
Quoi ! ton bonheur n'est-il pas en toi-même ?

Du haut des cieux, sublime créature,
L'ange tomba : tu le laissas périr.
  L'homme est parjure,
  Il doit mourir.
Tu veux pour lui naître, vivre et souffrir,
Et dans ton sang effacer son injure.

SECONDE PARTIE.

CANTIQUES POUR LES RETRAITES.

IMPORTANCE DU SALUT.

Air n. 28, en *Mi bémol*— *Si.* 165.

Travaillez à votre salut;
Quand on le veut il est facile.
Chrétiens, n'ayez point d'autre but :
Sans lui tout devient inutile.
Sans le salut, pensez-y bien,
Tout ne vous servira de rien.   *Bis.*

Oh! que l'on perd en le perdant !
On perd le céleste héritage :
Au lieu d'un bonheur si charmant
On a l'enfer pour son partage.
Sans le salut, etc.

Que sert de gagner l'univers,
Dit Jésus, si l'on perd son âme,
Et s'il faut au fond des enfers
Brûler dans l'éternelle flamme?
Sans le salut, etc.

Rien n'est digne d'empressement
Si ce n'est la vie éternelle;
Tout le reste est amusement,
Tout n'est que pure bagatelle.
Sans le salut, etc.

C'est pour toute une éternité
Qu'on est heureux ou misérable :
Que devant cette vérité
Tout ce qui passe est méprisable !
Sans le salut, etc.

Grand Dieu ! que tant que nous vivrons
Cette vérité nous pénètre !
Ah ! faites que nous nous sauvions
A quelque prix que ce puisse être.
Sans le salut, etc.

SUR LES VANITÉS DU MONDE ET DES PLAISIRS DE LA JEUNESSE.

Air n. 32, en *Ut—Sol* 169.

Tout n'est que vanité,
Mensonge, fragilité
Dans tous ces objets divers
Qu'offre à nos regards l'univers.
Tous ces brillants dehors,
Cette pompe,
Ces biens, ces trésors,
Tout nous trompe,
Tout nous éblouit ;
Mais tout nous échappe et nous fuit.

Telles qu'on voit les fleurs
Avec leurs vives couleurs
Eclore, s'épanouir,
Se faner, tomber et périr :
Tel de ses vains attraits
Le partage ;
Tels l'éclat, les traits
Du jeune âge

Après quelques jours
Perdent leur beauté pour toujours.

En vain pour être heureux
Le jeune voluptueux
Se plonge dans les douceurs
Qu'offrent les mondains séducteurs :
Plus il suit les plaisirs
Qui l'enchantent,
Et moins ses désirs
Se contentent :
Le bonheur le fuit
A mesure qu'il le poursuit.

Que vont-ils devenir
Pour l'homme qui doit mourir
Ces biens long-temps amassés,
Cet argent, cet or entassés ?
Fût-il du genre humain
Seul le maître,
Pour lui tout enfin
Cesse d'être :
Au jour de son deuil
Il n'a plus à lui qu'un cercueil.

Que sont tous ces honneurs,
Ces titres, ces noms flatteurs ?
Où vont de l'ambitieux
Les projets, les soins et les vœux ?
Vaine ombre, pur néant,
Vil atome,
Mensonge amusant,
Vrai fantôme
Qui s'évanouit
Après qu'il l'a toujours séduit.

SUR LA MORT.

Air ancien, en *Mi mineur—Sol.* 176.

A la mort, à la mort,
Pécheur, tout finira;
Le Seigneur à la mort
Te jugera.
Il faut mourir, il faut mourir;
De ce monde il faut sortir :
Le triste arrêt en est porté;
Il faut qu'il soit exécuté.
A la mort, etc.

Comme une fleur qui se flétrit,
Ainsi bientôt l'homme périt;
L'affreuse mort vient de ses jours
Dans peu temps finir le cours.
A la mort, etc.

Pécheurs, approchez du cercueil,
Venez confondre votre orgueil;
Là tout ce qu'on estime tant
Est enfin réduit au néant.
A la mort, etc.

SUR LE JUGEMENT DERNIER.

Air n. 35, en *Mi bémol—Si.* 178.

Dieu va déployer sa puissance :
Le temps comme un songe s'enfuit.
Les siècles sont passés, l'éternité commence;
Le monde va rentrer dans l'horreur de la nuit.
Dieu, etc.

J'entends la trompette effrayante;
Quel bruit! quels lugubres éclairs!

Le Seigneur a lancé la foudre étincelante,
Et ses feux dévorants embrasent l'univers.
  J'entends, etc.

  Les monts foudroyés se renversent,
  Les êtres sont tous confondus :
La mer ouvre son sein, les ondes se dispersent;
Tout est dans le chaos, et la terre n'est plus.
  Les monts, etc.

  Sortez des tombeaux, ô poussière !
  Dépouille des pâles humains !
Le Seigneur vous appelle, il vous rend la lumière;
Il va sonder les cœurs et fixer vos destins.
  Sortez, etc.

  Il vient : tout est dans le silence;
  Sa croix porte au loin la terreur :
Le pécheur consterné frémit à sa présence,
Et le juste lui-même est saisi de frayeur.
  Il vient, etc.

  Assis sur un trône de gloire,
  Il dit : Venez, ô mes élus !
Comme moi vous avez remporté la victoire,
Recevez de mes mains le prix de vos vertus.
  Assis, etc.

  Tombez dans le sein des abîmes,
  Tombez, pécheurs audacieux;
De mon juste courroux immortelles victimes,
Vils suppôts des démons, vous brûlerez comme eux.
  Tombez, etc.

SUR L'ENFER.

Air n. 36, en *Sol mineur—Ré*. 182.

Quelle fatale erreur, quel charme nous entraîne!
Rien n'égala jamais notre stupidité :
Il est pour les pécheurs une éternelle peine,
    Et nous aimons l'iniquité.

De Dieu sur nos excès voyant le long silence,
On croit qu'impunément on le peut offenser ;
Mais s'il exerce tard sa terrible vengeance,
    Le temps viendra de l'exercer.

C'est après notre mort que, montrant sa justice,
Il sait rendre à chacun ce qu'il a mérité ;
Mais, soit qu'alors sa main récompense ou punisse,
    C'est pour toute une éternité.

Devant Dieu les damnés seront toujours coupables,
En mourant criminels ils sont morts endurcis :
Il faut donc qu'en enfer des maux toujours durables
    De tant de forfaits soient le prix.

La beauté du Seigneur, l'éternel héritage,
Les plaisirs ravissants du céleste séjour,
Jamais des réprouvés ne seront le partage :
    Ils ont tout perdu sans retour.

O brasier de l'enfer ! ô flammes dévorantes !
Qu'un Dieu dans son courroux ne cesse d'allumer,
Vous brûlez le pécheur dans ces prisons ardentes,
    Hélas ! mais sans le consumer.

Que la mort pour toujours leur semble désirable!
Ils voudraient n'être plus pour cesser de souffrir;
Mais c'est du ciel contre eux l'arrêt irrévocable :
    Souffrir toujours, jamais mourir.

SUR LE CIEL.

Air n. 7, en *Sol—Sol.* 186.

Sainte cité, demeure permanente,
Sacré palais, qu'habite le grand roi,
Où doit sans fin régner l'âme innocente,
Quoi de plus doux que de penser à toi!   *Bis.*

Dans tes parvis tout n'est plus qu'allégresse;
C'est un torrent des plus chastes plaisirs;
On ne ressent ni peine ni tristesse,
On ne connaît ni plainte ni soupirs.   *Bis.*

Tes habitants ne craignent plus d'orage;
Ils sont au port, ils y sont pour jamais;
Un calme entier devient leur doux partage;
Dieu dans leurs cœurs verse un fleuve de paix. *Bis.*

De quel éclat ce Dieu les environne!
Ah! je les vois tout brillants de clarté;
Rien ne saurait y flétrir leur couronne;
Leur vêtement est l'immortalité.   *Bis.*

Pour les élus il n'est plus d'inconstance;
Tout est soumis au joug du saint amour;
L'affreux péché n'a plus là de puissance;
Tout bénit Dieu dans cet heureux séjour.   *Bis.*

Beauté divine, ô beauté ravissante!
Tu fais l'objet du suprême bonheur:
Oh! quand naîtra cette aurore brillante
Où nous pourrons contempler ta splendeur! *Bis.*

Puisque Dieu seul est notre récompense,
Qu'il soit aussi la fin de nos travaux;
Dans cette vie un moment de souffrance
Mérite au ciel un éternel repos.   *Bis.*

REGRETS DE L'ENFANT PRODIGUE.

Air n. 45, en *Mi mineur*—*Si*. 291.

Comment goûter quelque repos
Dans les tourments d'un cœur coupable?
Loin de vous, ô Dieu tout aimable!
Tous les biens ne sont que des maux.
J'ai fui la maison de mon père
A la voix d'un monde enchanté :
Il promet la félicité,
Mais il n'enfante que misère. *Bis.*

Vois, me disait-il, vois le temps
Emporter ta belle jeunesse;
Tu cueilles l'épine qui blesse
Au lieu des roses du printemps.
Le perfide pour ma ruine
Cachait l'épine sous les fleurs;
Mais vous, ô Dieu plein de douceur!
Vous cachez les fleurs sous l'épine. *Bis.*

Créateur justement jaloux,
Ah! voyez ma douleur profonde :
Ce que j'ai souffert pour le monde
Si je l'avais souffert pour vous!...
J'ai poursuivi dans les alarmes
Le fantôme des vains plaisirs :
Ah! j'ai semé dans les soupirs,
Et je moissonne dans les larmes. *Bis*

Qui me rendra de la vertu
Les douces, les heureuses chaînes?
Mon cœur sous le poids de ses peines
Succombe et languit abattu.

J'espérais, ô triste folie !
Vivre tranquille et criminel ;
J'oubliais l'oracle éternel :
Il n'est point de paix pour l'impie. Bis.

De mon abîme, ô Dieu clément !
J'ose t'adresser ma prière ;
Cessas-tu donc d'être mon père
Si je fus un indigne enfant ?
Hélas ! le lever de l'aurore
Aux pleurs trouve mes yeux ouverts,
Et la nuit couvre l'univers
Que mon âme gémit encore. Bis.

A peine a brillé ma raison
Qu'à ton amour j'ai fait outrage :
J'ai dissipé ton héritage,
J'ai déshonoré ta maison.
Je n'ose demander ma place
Ni prendre le nom de ton fils ;
Parmi tes serviteurs admis,
A ta bonté je rendrai grâce.

LE PÉCHEUR IMPLORE LA MISÉRICORDE DE DIEU.

Air n. 79, en *Si mineur—Fa.* 302.

Grâce, grâce, Seigneur ! arrête tes vengeances,
Et détourne un moment tes regards irrités ;
J'ai péché, mais je pleure ; oppose à mes offenses,
Oppose à leur grandeur celle de tes bontés.

Je sais tous mes forfaits, j'en connais l'étendue ;
En tous lieux, à toute heure ils parlent contre moi.
Par tant d'accusateurs mon âme confondue
Ne prétend pas contre eux disputer devant toi.

Tu m'avais par la main conduit dès ma naissance ;
Sur ma faiblesse en vain je voudrais m'excuser,

Tu m'avais fait, Seigneur, goûter ta connaissance;
Mais, hélas ! de tes dons je n'ai fait qu'abuser.

De tant d'iniquités la foule m'environne :
Fils ingrat, cœur perfide, en proie à mes remords,
La terreur me saisit, je frémis, je frissonne;
Pâle et les yeux éteints je descends chez les morts.

Ma voix sort du tombeau; c'est du fond de l'abîme
Que j'élève vers toi mes douloureux accents :
Fais monter jusqu'au pied de ton trône sublime
Cette mourante voix et ces cris languissants.

O mon Dieu! quoi! ce nom, je le prononce encore !
Non, non, je t'ai perdu, j'ai cessé de t'aimer.
O juge qu'en tremblant je supplie et j'adore,
Grand Dieu! d'un nom plus doux je n'ose te nommer.

Dans les gémissements, l'amertume et les larmes
Je repasse des jours perdus dans les plaisirs ;
Et voilà tout le fruit de ces jours plein de charmes,
Un souvenir affreux, la honte et les soupirs!

Ces soupirs devant toi sont ma seule défense ;
Par eux un criminel espère t'attendrir.
N'as-tu pas un trésor de grâce et de clémence?
Dieu de miséricorde, il est temps de l'ouvrir.

Où fuir, où me cacher, tremblante créature,
Si tu viens en courroux pour compter avec moi?
Que dis-je ! Etre infini, ta grandeur me rassure;
Trop heureux de n'avoir à compter qu'avec toi!

Près d'une majesté si terrible et si sainte
Que suis-je? un vil roseau; voudrais-tu le briser?
Hélas! si du flambeau la clarté s'est éteinte,
La mèche fume encor; voudrais-tu l'écraser?

Que l'homme soit pour l'homme un juge inexorable;
Où l'esclave aurait-il appris à pardonner?

C'est la gloire du maître : absoudre le coupable
N'appartient qu'à celui qui peut le condamner.

Tu le peux; mais souvent tu veux qu'il te désarme.
Il te fait violence, il devient ton vainqueur.
Le combat n'est pas long, il ne faut qu'une larme;
Que de crimes efface une larme du cœur!

Jamais de toi, grand Dieu! tu nous l'a dit toi-même,
Un cœur humble et contrit ne sera méprisé.
Voilà le mien : regarde, et reconnais qu'il t'aime;
Il est digne de toi, la douleur l'a brisé.

SENTIMENTS DE COMPONCTION.

Air n. 5, en *Ré—Ré*. 300.

Puniras-tu, Seigneur, dans ta justice
D'un fils ingrat les longs égarements?
Mon cœur, hélas! commence mon supplice;
Il est en proie aux remords déchirants. *Bis.*

Quand je reviens sur ma coupable vie
Tout m'y paraît à punir, à pleurer :
J'ai donc perdu mon père et ma patrie.
Cruel malheur, rien ne peut t'égaler ! *Bis.*

Comblé des dons de ce Dieu plein de charmes,
Tout envers lui provoquait mon amour ;
Je fus ingrat, il me dit par ses larmes :
« Quoi! tu me fuis! sera-ce sans retour? *Bis.*

« Depuis long-temps je pleure ton absence :
« Que t'ai-je fait? tu m'as ravi ton cœur.
« Mon bien-aimé, reviens, et ma clémence
« Dans un moment oubliera ton erreur.» *Bis.*

A cette voix trop aimable et trop tendre
Que répondis-je, insensible pécheur?
Toujours, hélas! différant à me rendre,
Toujours, mon Dieu, j'accroissais ta douleur. *Bis.*

En vain la croix me retraçait le gage
Et les doux fruits d'un amour tout puissant;
D'un air distrait, indifférent, volage
Je regardais ce signe attendrissant. *Bis.*
Au bain sacré qui nous rend ta tendresse
Que tes amis ont gémi sur mon sort!
Comme en pleurant ils me disaient sans cesse:
Tu vas périr en t'éloignant du port. *Bis.*
Écoute en nous autant d'amis fidèles;
Dans notre sein accours te recueillir;
Viens dans nos bras, et tes peines cruelles,
Tes noirs remords, tu les verras finir. *Bis.*

DIEU ET L'ENFANT PÉCHEUR.

Air n. 4, en *La — Mi*. 293.

DIEU.

Reviens, pécheur, à ton Dieu, qui t'appelle;
Viens au plus tôt te ranger sous sa loi :
Tu n'as été déjà que trop rebelle;
Reviens à lui puisqu'il revient à toi. *Bis.*

LE PÉCHEUR.

Voici, Seigneur, cette brebis errante
Que vous daignez chercher depuis long-temps.
Touché, confus d'une si longue attente,
Sans plus tarder je reviens, je me rends. *Bis.*

DIEU.

Pour t'attirer ma voix se fait entendre;
Sans me lasser partout je te poursuis:
D'un Dieu pour toi, du père le plus tendre
J'ai les bontés, ingrat, et tu me fuis! *Bis.*

LE PÉCHEUR.

Errant, perdu, je cherchais un asile;
Je m'efforçais de vivre sans effroi.

Hélas ! Seigneur, pouvais-je être tranquille
Si loin de vous, et vous si loin de moi ? *Bis.*

DIEU.

Attraits, frayeurs, remords, secret langage,
Qu'ai-je oublié dans mon amour constant ?
Ai-je pour toi dû faire davantage ?
Ai-je pour toi dû même en faire autant ? *Bis.*

LE PÉCHEUR.

Je me repens de ma faute passée ;
Contre le ciel, contre vous j'ai péché ;
Mais oubliez ma conduite insensée,
Et ne voyez en moi qu'un cœur touché. *Bis.*

DIEU.

Si je suis bon faut-il que tu m'offenses !
Ton méchant cœur s'en prévaut chaque jour :
Plus de rigueur vaincrait tes résistances ;
Tu m'aimerais si j'avais moins d'amour. *Bis.*

LE PÉCHEUR.

Que je redoute un juge, un Dieu sévère !
J'ai prodigué des biens qui sont sans prix ;
Comment oser vous appeler mon père ?
Comment oser me dire votre fils ? *Bis.*

DIEU.

Marche au grand jour que t'offre ma lumière ;
A sa faveur tu peux faire le bien.
La nuit bientôt finira ta carrière,
Funeste nuit où l'on ne peut plus rien. *Bis.*

LE PÉCHEUR.

Dieu de bonté, principe de tout être,
Unique objet digne de nous charmer,
Que j'ai long-temps vécu sans vous connaître !
Que j'ai long-temps vécu sans vous aimer ! *Bis.*

DIEU.

Ta courte vie est un songe qui passe,
Et de la mort le jour est incertain :
Si j'ai promis de te donner ta grâce,
T'ai-je jamais promis le lendemain ? *Bis.*

LE PÉCHEUR.

Votre bonté surpasse ma malice :
Pardonnez-moi ce long égarement ;
Je le déteste, il fait tout mon supplice,
Et pour vous seul j'en pleure amèrement. *Bis.*

DIEU.

Le ciel doit-il te combler de délices
Dans le moment qui suivra ton trépas,
Ou bien l'enfer t'accabler de supplices ?
C'est l'un des deux, et tu n'y penses pas. *Bis.*

LE PÉCHEUR.

Je ne vois rien que mon cœur ne défie,
Malheurs, tourments ou plaisirs les plus doux.
Non, fallût-il cent fois perdre la vie,
Rien ne pourra me séparer de vous. *Bis.*

LE PÉCHEUR CONVERTI.

Air n. 12, en *Mi mineur—Si.* 295.

Seigneur, Dieu de clémence,
Reçois ce grand pécheur,
A qui la pénitence
Touche aujourd'hui le cœur.
Vois d'un œil secourable
L'excès de son malheur,
Et d'un œil favorable
Accepte sa douleur.

Je suis un infidèle
Qui méconnut tes lois,
Un perfide, un rebelle
Qui pécha mille fois.
Jamais dans l'innocence
Je n'ai coulé mes jours ;
Hélas ! plus d'une offense
En a terni le cours.

Chargé de mille crimes,
Souvent j'ai mérité
D'entrer dans les abimes
Pour une éternité.
J'ai peu craint la colère
De ton bras irrité;
Mais cependant j'espère,
Seigneur, en ta bonté.

Lorsqu'à ton indulgence
Un coupable a recours,
Des traits de ta vengeance
Ton cœur suspend le cours.
Rempli de confiance,
J'ose venir à toi :
Au nom de ta clémence,
Grand Dieu ! pardonne-moi.

Hélas ? quand je rappelle
Combien je fus pécheur
Une douleur mortelle
S'empare de mon cœur.
Par quel malheur extrême
Ai-je offensé souvent
Un Dieu la bonté même,
Un Dieu si bienfaisant ?

Fuis loin, péché funeste,
Dont je fus trop charmé;

Péché, que je déteste
Autant que je l'aimai.
O Dieu bon! ô bon père!
Tu vois mon repentir;
Avant de te déplaire
Plutôt, plutôt mourir.

Péché, je te déteste;
Plus de péché pour moi :
Le ciel, que j'en atteste,
Garantira ma foi.
Le Dieu qui me pardonne
Aura tout mon amour;
A lui seul je le donne
Sans bornes, sans retour.

PRIÈRE DU PÉCHEUR PÉNITENT.

Air n. 5, en *Ré—Ré.* 297.

De ce profond, de cet affreux abîme,
Où je me suis aveuglément jeté,
Le cœur brisé du regret de mon crime,
J'ose implorer, Seigneur, votre bonté.

Prêtez l'oreille à l'ardente prière,
Voyez les pleurs de l'enfant malheureux;
Quoique pécheur, il voit en vous un père :
Pouvez-vous être insensible à ses vœux?

Si vous voulez, sans user de clémence,
Compter, peser tous nos déréglements,
Ah! qui pourra, malgré son innocence,
Se rassurer contre vos jugements!

Mais vous aimez à vous rendre propice,
Et votre bras, toujours lent à punir,
Se plait à voir désarmer sa justice :
Heureux celui qui sait la prévenir!

Cette bonté dans mes maux me console :
Et, quoi qu'il plaise au Seigneur d'ordonner,
Je souffre en paix sur sa sainte parole :
Quand il nous frappe il veut nous pardonner.

Ah! qu'Israël en Dieu toujours espère,
Qu'il en réclame avec foi le secours ;
Ce Dieu puissant, son défenseur, son père,
Dans ses dangers le protégea toujours.

Entre les bras de sa miséricorde
Avec tendresse il reçoit les pécheurs,
Et son amour au pardon qu'il accorde
Ajoute encor les plus grandes faveurs.

Peuple autrefois l'objet de sa vengeance,
Ne gémis plus sur ta captivité ;
Bientôt il va briser dans sa clémence
Tous les liens de ton iniquité.

SENTIMENTS DE CONTRITION D'UN ENFANT.

Air n. 46, en *Sol—Ré*. 305.

Hélas !
Quelle douleur
Remplit mon cœur,
Fait couler mes larmes !
Hélas !
Quelle douleur
Remplit mon cœur
De crainte et d'horreur !
Autrefois,
Seigneur, sans alarmes,
De tes lois
Je goûtai les charmes :
Hélas !
Vœux superflus,
Beaux jours perdus,
Vous ne serez plus !...

La mort
Déjà me suit;
O triste nuit !
Déjà je succombe.
La mort
Déjà me suit;
Le monde fuit;
Tout s'évanouit.
Je la vois
Entr'ouvant ma tombe,
Et sa voix
M'appelle et j'y tombe.
O mort !
Cruelle mort !
Si jeune encore !...
Quel funeste sort !...

Frémis,
Ingrat pécheur !
Un Dieu vengeur,
D'un regard sévère,
Frémis,
Ingrat pécheur,
Un Dieu vengeur
Va sonder ton cœur.
Malheureux !
Entends son tonnerre :
Si tu peux
Soutiens sa colère.
Frémis,
Seul aujourd'hui,
Sans nul appui,
Parais devant lui.

Grand Dieu !
Quel jour affreux
Luit à mes yeux !
Quel horrible abîme!

Grand Dieu !
Quel jour affreux
Luit à mes yeux !
Quels lugubres feux !
Oui, l'enfer,
Vengeur de mon crime,
Est ouvert,
Attend sa victime.
Grand Dieu !
Quel avenir !
Pleurer, gémir,
Toujours te haïr !

Beau ciel !
Je t'ai perdu,
Je t'ai vendu
Par de vains caprices.
Beau ciel !
Je t'ai perdu,
Je t'ai vendu ;
Regret superflu !
Loin de toi,
Toutes les délices
Sont pour moi
De nouveaux supplices.
Beau ciel !
Toi que j'aimais,
Qui me charmais,
Ne te voir jamais !...

O vous !
Enfants pieux,
Toujours joyeux
Et pleins d'espérance !
O vous !
Enfants pieux,
Toujours joyeux !

Moi seul malheureux!
J'ai voulu
« Sortir de l'enfance,
J'ai perdu
L'aimable innocence.
O vous!
Du ciel un jour
Heureuse cour!
Adieu, sans retour.

—

Non, non,
C'est une erreur:
Dans mon malheur
Hélas! je m'oublie.
Non, non,
C'est une erreur:
Dans mon malheur
Je trouve un sauveur.
Il m'entend,
Me réconcilie;
Dans son sang
Je reprends la vie.
Non, non,
Je l'aime encor,
Et le remord
A changé mon sort.

Jésus!
Manne des cieux,
Pain des heureux!
Mon cœur te réclame.
Jésus!
Manne des cieux,
Pain des heureux!
Viens combler mes vœux.

Désormais
Ta divine flamme
Pour jamais
Embrase mon âme.
Jésus !
O mon Sauveur !
Fais de mon cœur
L'éternel bonheur !

APRÈS L'ABSOLUTION.

Air n. 7, en *Sol—Sol.*

Il est passé le temps de mes alarmes ;
Tu viens, mon Dieu, d'oublier mes erreurs ;
Mon cœur, lavé dans ton sang et mes larmes,
De ton amour éprouve les douceurs.   *Bis.*

Tout est changé : devant toi, tendre maître,
Oui, j'ai pleuré mes infidélités ;
Mais à tes pieds voudras-tu reconnaître
L'indigne objet de tes rares bontés ?   *Bis.*

Oui, tout baigné dans ton sang adorable,
De ton courroux je brave la rigueur ;
Non, tu n'es pas un juge inexorable,
Tu n'es pour moi qu'un père et qu'un Sauveur. *Bis*

N'as-tu pas dit en essuyant mes larmes,
En bannissant les soupirs de mon cœur :
Fils bien-aimé, mets fin à tes alarmes ;
Jésus devient ton aimable vainqueur.   *Bis.*

Je vous dois tout, Vierge compatissante ;
Près de Jésus pour un cœur repentant
J'ai vu plaider votre bonté touchante ;
Vous n'avez point délaissé votre enfant.   *Bis.*

TROISIÈME PARTIE.

SUR L'EUCHARISTIE ET LA CONFIRMATION.

POUR LES JOURS QUI PRÉCÈDENT LA PREMIÈRE COMMUNION.

Air n. 7, en *Sol—Sol*. 318.

Quel doux penser me transporte et m'enflamme!
Ô mon Jésus, c'est vous que j'aperçois :
« Trois jours (1) encor, et je viens dans ton âme
« La visiter pour la première fois. *Bis.*

« Je cherche un cœur simple et sans artifices,
« Brûlant d'amour et docile à mes lois;
« En le trouvant je ferai mes délices
« De le nourrir pour la première fois. *Bis.*

Ah! bienheureux le cœur tendre et fidèle!...
Il s'en faut bien, Seigneur, que je le sois.
Non, je ne puis, insensible et rebelle,
M'unir à vous pour la première fois. *Bis.*

Long-temps, hélas! le démon fut mon maître,
Et cet empire il le dut à mon choix.
Plein de remords, oserai-je paraître
Devant mon Dieu pour la première fois? *Bis.*

Mais qu'ai-je dit? sa bonté m'encourage.
De mes péchés j'ai senti tout le poids;
Je les déteste. Achevez votre ouvrage;
Venez à moi pour la première fois. *Bis.*

---

(1) Ou bien *deux jours*, ou *un jour*.

ACTES AVANT LA COMMUNION.

Air n. 39, en *Ré—La.* 323.

Troupe innocente
D'enfants chéris des cieux,
Dieu vous présente
Son festin précieux.
Il veut, ce doux Sauveur,
Entrer dans votre cœur.
Dans cette heureuse attente
Soyez pleins de ferveur,
Troupe innocente.

ACTE DE FOI ET D'ADORATION.

Mon divin maître,
Par quel amour, comment
Daignez-vous être
Dans votre sacrement?
Vous y venez pour moi :
Plein d'une vive foi,
J'y viens vous reconnaître
Pour mon Sauveur, mon roi,
Mon divin maître!

ACTE D'HUMILITÉ.

Dieu de puissance,
Je ne suis qu'un pécheur :
Votre présence
Me remplit de frayeur;
Mais pour voir effacés
Tous mes péchés passés
Un seul trait de clémence,
Un mot seul est assez,
Dieu de puissance!

ACTE DE CONTRITION.

Mon tendre père,
Acceptez les regrets
D'un cœur sincère,
Honteux de ses excès :
Vous m'en verrez gémir
Jusqu'au dernier soupir.
Avant de vous déplaire,
Puissé-je ici mourir,
Mon tendre père !

ACTE D'AMOUR.

Plus je vous aime,
Plus je veux vous aimer,
O bien suprême,
Qui seul peut me charmer !
Mais, ô Dieu plein d'attraits !
Quand avec vos bienfaits
Vous vous donnez vous-même,
Plus en vous je me plais,
Plus je vous aime.

ACTE DE DÉSIR.

Que je désire
De ne m'unir qu'à vous !
Que je soupire
Après un bien si doux !
Oh ! quand pourra mon cœur
Goûter tout le bonheur
D'être sous votre empire ?
Hâtez-moi la faveur
Que je désire.

ASPIRATIONS ENVERS JÉSUS-CHRIT AVANT LA COMMUNION.

Air n. 60, en *Sol—Si*. 320

Mon bien-aimé ne paraît pas encore ;
Trop longue nuit, dureras-tu toujours ?
    Tardive aurore, (1)
    Hâte ton cours ;
Rends-moi Jésus, ma joie et mes amours,
Mon doux Jésus, que seul j'aime et j'implore.

De ton flambeau déjà les étincelles,
Astre du jour, raniment mes désirs :
    Tu renouvelles
    Tous mes soupirs.
Servez mes vœux, avancez mes plaisirs,
Anges du ciel, portez-moi sur vos ailes.

Je t'aperçois, asile redoutable,
Où l'Éternel descend de sa grandeur,
    Temple adorable
    Du Rédempteur !
Si dans tes murs il voile sa splendeur
Ce Dieu d'amour n'en est que plus aimable.

Sans nul éclat le vrai Dieu va paraître ;
De cet autel il vient s'unir à moi.
    Est-ce mon maître ?
    Est-ce mon roi ?
Laissez, mes yeux, laissez agir ma foi :
Un œil chrétien ne peut le méconnaître.

Du roi des rois je suis le tabernacle :
Oui, de mon âme un Dieu devient l'époux.

---

(1) La première et la dernière strophe de ce Cantique, un peu différentes dans les éditions précédentes, sont dans celle-ci telles que Fénélon les a composées.

> Charmant spectacle,
> Espoir trop doux !
Rendez, mon Dieu, mon cœur digne de vous:
Votre amour seul peut faire ce miracle.

Je m'attendris sans trouble et sans alarmes ;
Amour divin, je ressens vos langueurs ;
> Heureuses larmes,
> Aimables pleurs !
Oh ! que mon cœur y trouve de douceurs !
Tous vos plaisirs, mondains, ont-ils ces charmes?
Tristes penchants, malheureux fruits du crime,
C'est vous qu'il veut que j'immole à son choix.
> Ce Dieu m'anime,
> Suivons ses lois ;
Parlez, Seigneur, j'écoute votre voix ;
Mon cœur est prêt, nommez-lui la victime.
Ce pain des forts soutiendra mon courage.
Venez, démons, de mon bonheur jaloux ;
> Que votre rage
> Vous arme tous :
Je ne crains point vos plus terribles coups ;
De ma victoire un Dieu devient le gage.
Il me remplit d'une douce espérance,
Qui me suivra plus loin que le trépas
> Si sa puissance
> Soutient mon bras.
C'est peu pour lui d'animer mes combats ;
Il veut encore être ma récompense.
Pour un pécheur que sa tendresse est grande !
Qu'elle mérite un généreux retour !
> Mais quelle offrande
> Pour tant d'amour ?
Prenez mon cœur, ô mon Dieu, dans ce jour :
C'est le seul don que votre cœur demande.

TRANSPORTS D'UN ENFANT AU MOMENT DE FAIRE SA PREMIÈRE COMMUNION.

Air n. 4, en *La — Mi.* 322.

O saint autel qu'environnent les anges,
Qu'avec transport aujourd'hui je te vois !
Ici mon Dieu, l'objet de mes loranges,
M'offre son corps pour la première fois. *Bis.*

O mon Sauveur, mon trésor et ma vie,
Epoux divin dont mon cœur a fait choix,
Venez bientôt couronner mon envie,
Venez à moi pour la première fois. *Bis.*

O saint transport ! ô divine allégresse ?
Déjà mon cœur s'unit au roi des rois ;
Il est à moi le Dieu de ma jeunesse,
Je suis à lui pour la première fois. *Bis.*

O chérubins ! qui l'adorez sans cesse,
Ainsi que vous je l'adore et je crois ;
Mais devant lui soutenez ma faiblesse,
Et me guidez pour la première fois *Bis.*

O jour heureux, jour céleste et propice,
A vous bénir je consacre ma voix ;
Le Dieu vivant s'immole en sacrifice,
Et me nourrit pour la première fois. *Bis.*

Embrasez-moi, Dieu d'amour et de gloire,
Du feu sacré de vos plus saintes lois ;
Et pour toujours gravez dans ma mémoire
Ce que je fais pour la première fois. *Bis.*

SENTIMENTS D'AMOUR AVANT ET PENDANT LA COMMUNION.

Air n. 4, en *La—Mi.* 326.

Tu vas remplir le vœu de ma tendresse,
Divin Jésus, tu vas me rendre heureux;
Ô saint amour, délicieuse ivresse !
Dans ce moment mon âme est tout en feux. *Bis*.

Princes ornés du riche diadème,
Je me rirai de votre faux bonheur;
C'est toi, toi seule, ô ma beauté suprême !
Qui régneras sur mes sens et mon cœur. *Bis*.

Ne tarde plus, mon adorable père,
Ne tarde plus à venir dans mon cœur.
Rien sans Jésus ne peut le satisfaire,
Tout autre objet est pour lui sans douceur. *Bis*.

Divin époux, tu descends dans mon âme,
C'est aujourd'hui le plus beau de mes jours.
Que tout en moi se ranime et m'enflamme;
Divin époux, je t'aimerai toujours. *Bis*.

Il est à moi ce Dieu si plein de charmes,
Mon bien-aimé, mon aimable Sauveur;
Échappez-vous de mes yeux, douces larmes;
Coulez, coulez, annoncez mon bonheur. *Bis*.

Que ce bonheur est grand, incomparable !
Du saint amour je ressens les langueurs;
De ce beau feu, si pur, si désirable,
Ah ! qu'à jamais je goûte les douceurs ! *Bis*.

APRÈS LA COMMUNION.

Air n. 7, en *Sol—Sol.* 327.

Qu'ils sont aimés, grand Dieu, tes tabernacles!
Qu'ils sont aimés et chéris de mon cœur!
Là tu te plais à rendre tes oracles;
La foi triomphe et l'amour est vainqueur } *Bis*

Qu'il est heureux celui qui te contemple
Et qui soupire au pied de tes autels!
Un seul moment qu'on passe dans ton temple
Vaut mieux qu'un siècle au palais des mortels. } *Bis.*

Je nage au sein des plus pures délices;
Le ciel entier, le ciel est dans mon cœur.
Dieu de bonté, de faibles sacrifices
Méritaient-ils cet excès de bonheur? } *Bis.*

En les comblant par un charme suprême
Un Dieu puissant irrite mes désirs;
Il me consume, et je sens que je l'aime;
Et cependant je m'exhale en soupirs. } *Bis.*

Autour de moi les anges en silence
D'un Dieu caché contemplent la splendeur.
Anéantis en sa sainte présence,
O chérubins, enviez mon bonheur! } *Bis.*

Et je pourrais à ce monde qui passe
Donner un cœur par Dieu même habité!
Non, non, mon Dieu, je puis tout par ta grâce;
Dieu, sauve-moi de ma fragilité. } *Bis.*

En souverain règne, commande, immole :
Règne surtout par le droit de l'amour.
Adieu, plaisirs, adieu, monde frivole!
A Jésus seul j'appartiens sans retour, } *Bis.*

CANTIQUE D'ACTIONS DE GRACES.

Air n. 57, en *Mi bémol* — *Mi.* 320.

Chantons en ce jour
Jésus et sa tendresse extrême;
Chantons en ce jour
Et ses bienfaits et son amour.
　Il a daigné lui-même
　Descendre dans nos cœurs;
　De ce bonheur suprême
　Célébrons les douceurs.
　Chantons, etc.

O Dieu de grandeur!
Plein de respect, je vous révère;
O Dieu de grandeur!
J'adore dans vous mon Seigneur.
　Si ce profond mystère
　Vient éprouver ma foi,
　C'est l'amour qui m'éclaire
　Et vous découvre à moi.
　O Dieu, etc.

Mon divin époux,
Mon âme à vous seul s'abandonne;
Mon divin époux,
Mon âme n'a d'espoir qu'en vous.
　Que l'enfer gronde et tonne,
　Qu'il s'arme de fureur;
　Il n'a rien qui m'étonne:
　Jésus est dans mon cœur.
　Mon divin, etc.

Aimons le Seigneur,
Ne cherchons jamais qu'à lui plaire;
Aimons le Seigneur,
Il fera seul notre bonheur.

Ami le plus sincère,
Généreux bienfaiteur,
Il est plus, il est père :
Donnons lui notre cœur !
Aimons, etc.

Pour tous vos bienfaits
Que vous offrir, ô divin maître !
Pour tous vos bienfaits
Je me donne à vous pour jamais,
En moi je sentis naître
Les transports les plus doux
Quand je pus vous connaître
Et m'attacher à vous.
Pour tous, etc.

O Dieu tout puissant,
Par ta divine providence,
O Dieu tout puissant,
Conserve mon cœur innocent.
Dès la plus tendre enfance
Tu guidas tous mes pas ;
Soutiens mon innocence,
Couronne mes combats.
O Dieu, etc.

CANTIQUE D'ACTIONS DE GRACES APRÈS LA COMMUNION.

Air n. 56, en *Sol—Ré* : 66.

L'encens divin embaume cet asile;
Quel doux concert ! quels sons mélodieux !
Mon cœur se tait et mon âme est tranquille :
La paix du ciel habite dans ces lieux.
O pain de vie !
O mon Sauveur !
L'âme ravie
Trouve en vous son bonheur.

D'un sommeil pur versé sur ma paupière
Le calme heureux s'empare de mes sens :
D'un jour plus beau j'entrevois la lumière;
Non, je ne puis dire ce que je sens.
  O pain de vie! etc.

Pour embellir le temple de mon âme,
Le Très-Haut daigne y fixer son séjour.
Je le possède, il m'inspire, il m'enflamme :
Je l'ai trouvé; je l'aime sans retour.
  O pain de vie! etc.

Que votre joug, ô Jésus, est aimable!
Que vos attraits sont saints et ravissants!
Vous m'enivrez d'une joie ineffable;
Vous m'attirez par vos charmes puissants.
  O pain de vie! etc.

Je vous adore au dedans de moi-même;
Je vous contemple à l'ombre de la foi;
O Dieu, mon tout! ô Majesté suprême!
Je ne vis plus, mais Jésus vit en moi.
  O pain de vie! etc.

O saints transports, vive et douce allégresse!
Chastes ardeurs, divins embrassements,
O plaisirs purs, délicieuse ivresse!
Mon cœur se perd dans vos ravissements.
  O pain de vie! etc.

Que vous rendrai-je, ô Sauveur plein de charmes!
Pour tous les dons que j'ai reçus de vous?
Prenez ce cœur, et recueillez mes larmes,
Double tribut dont vous êtes jaloux.
  O pain de vie! etc.

Vous qui prenez vos plus chères délices
Parmi les lis des cœurs purs et fervents,
Mon bien-aimé, je mets sous vos auspices
Mes saints projets et mes vœux innocents.
  O pain de vie! etc.

Je l'ai juré, je vous serai fidèle;
Je vous promets un immortel amour
Tant qu'à la nuit une aurore nouvelle
Succédera pour ramener le jour.
  O pain de vie ! etc.

Ah ! que ma langue, immobile et glacée,
En ce moment s'attache à mon palais
Si de mon cœur s'efface la pensée
De votre amour comme de vos bienfaits.
  O pain de vie !
  O mon Sauveur !
  L'âme ravie
Trouve en vous son bonheur.

RÉSOLUTIONS APRÈS LA SAINTE COMMUNION.

Air n. 6, en Ré—La. 338.

Le monde en vain par ses biens et ses charmes
Veut m'engager à plier sous sa loi;
Mais pour me vaincre il faut bien d'autres armes.
Je ne crains rien, Jésus est avec moi. *Bis.*

Venez, venez, fiers enfants de la terre;
Déchaînez-vous pour me remplir d'effroi :
Quand de concert vous me feriez la guerre
Je ne crains rien, Jésus est avec moi. *Bis.*

Cruel Satan, arme-toi de ta rage;
Que tes démons se liguent avec toi :
Tu ne pourras abattre mon courage;
Je ne crains rien, Jésus est avec moi. *Bis.*

Non, non, jamais la mort la plus cruelle
Ne me fera trahir ce divin roi;
Jusqu'au trépas je lui serai fidèle :
Je ne crains rien, Jésus est avec moi. *Bis.*

Que les enfers, les airs, la terre et l'onde
Conspirent tous à me remplir d'effroi;
Quand je verrais sur moi crouler le monde,
Je ne crains rien, Jésus est avec moi. *Bis*.

Divin Jésus, mon unique espérance,
Vous pouvez tout; oui, Seigneur, je le crois,
Augmentez donc pour vous ma confiance.
Je ne crains rien, Jésus est avec moi. *Bis*.

APRÈS LA MESSE DE COMMUNION.

Air n. 16, en *Sol— Ré*. 317.

Quel plus étonnant miracle
Pouvait s'opérer en moi?
Quoi! je suis le tabernacle
D'un Dieu prodigue de soi:
Celui dont la voix féconde
Se fit entendre au néant,
Le Dieu qui créa le monde
Vit dans le sein d'un enfant. } *Bis*.

Oui, son auguste présence
Se fait sentir à mon cœur,
J'éprouve un désir immense
Quoique enivré de bonheur:
Un feu sacré me dévore,
Par Jésus même allumé;
Cependant je sens encore
Qu'il n'est point assez aimé. } *Bis*.

Lui dont la splendeur efface
Les astres les plus brillants;
Lui que n'osent voir en face
Les chérubins rayonnants,

Lui, l'auteur de la nature,
La félicité des cieux,
Trouve dans sa créature } Bis.
Un séjour délicieux !

Mon Dieu, dès ma tendre enfance
Tu me portas dans ton sein;
Je perdis mon innocence,
Et tu me tendis la main;
Ici ta bonté m'accable
De ses plus riches bienfaits;
Je sens trop qu'un cœur coupable } Bis.
Ne le mérita jamais.

Celui qui me donna l'être
Dans mon cœur fait son séjour;
Que je voudrais reconnaître
Un tel prodige d'amour !
Mais dans mon désir extrême
Qu'offrir à sa majesté?
Grand Dieu! je t'offre à toi-même, } Bis.
Voilà mon cœur acquitté.

Vous qui, revêtus de gloire,
Environnez l'Eternel,
Ah ! consacrez la mémoire
De ce moment solennel;
Qu'un jour assis sur des trônes,
Brillant d'un éclat nouveau,
Nous jetions tous des couronnes } Bis.
Devant l'autel de l'agneau.

ENGAGEMENTS D'ÊTRE A DIEU POUR TOUJOURS.

par un enfant du grand catéchisme des garçons. (1)

Air n. 7, en *Sol—Sol*.

Unissez-vous à mes chants d'allégresse;
Qu'en ce lieu saint éclatent nos transports;
De notre Dieu célébrons la tendresse;
Célébrons-la par nos touchants accords.

Divin Jésus, mon bonheur est extrême,
Et c'est à vous que je dois ce bonheur;
Le monde entier, non, le monde lui-même
Ne pourra plus vous arracher mon cœur.

Hélas! mon Dieu, dès ma plus tendre enfance,
De vos autels coupable déserteur,
J'offris mes vœux, déplorable inconstance!
Sur les autels de l'ange séducteur.

Mais votre amour vient de briser mes chaînes;
Libre, à vous seul je vais offrir mes vœux;
C'est votre sang qui coule dans mes veines,
Je suis nourri de la manne des cieux.

Auprès de vous, loin du monde volage,
Auprès de vous je vivrai donc toujours:
Auprès de vous à l'abri de l'orage,
Tranquille, heureux, je coulerai mes jours.

Je ne crains point les vains discours des hommes;
L'impie en vain se déchaîne et frémit;
Je suis chrétien... montrons que nous le sommes
Et que nos cœurs vivent pour Jésus-Christ.

Ah! je reviens dans les bras de mon père;
Faites, Seigneur, que le nom de chrétien
Soit à jamais ma gloire la plus chère,
Soit à jamais mon plus ferme soutien.

---

(1) Sous MM. Feutrier et Teysserre, catéchistes.

MÊME SUJET.

Air n. 30, en *Sol—Ré*. 339.

Mon cœur, en ce jour solennel
Il faut enfin choisir un maître ;
Balancer serait criminel
Quand Dieu seul est digne de l'être.
C'en est donc fait, ô Dieu sauveur ! } *Bis.*
A vous seul je donne mon cœur.

A qui doit-il appartenir
Ce cœur qui vous doit l'existence,
Que vous avez daigné nourrir
De votre immortelle substance ?
C'en est, etc.

A chercher la félicité,
Hélas ! en vain je me consume ;
Loin de vous tout est vanité,
Déplaisir, tristesse, amertume.
C'en est, etc.

Vous seul pouvez me rendre heureux ;
Je le sens, oui, votre présence
A pleinement comblé mes vœux,
Et fixé ma longue inconstance.
C'est est, etc.

Que sont tous les biens d'ici-bas ?
Qu'ils ont peu de valeur réelle !
Tous ensemble ils ne peuvent pas
Satisfaire une âme immortelle.
C'en est, etc.

Que puis-je désirer de plus ?
Je possède mon Dieu lui-même.
Ah ! tous les biens sont superflus
Quand on jouit du bien suprême.
C'en est, etc.

En vain, trop séduisants plaisirs,
Vous faites briller tous vos charmes,
Vous trompez toujours nos désirs,
Et vous finissez par des larmes.
C'en est, etc.

Dans votre festin précieux
Quelle innocente et douce ivresse !
Oh ! quels plaisirs délicieux
Me fait goûter votre tendresse !
C'en est, etc.

Le monde prétend à tout prix
Qu'à suivre ses lois je m'engage :
Tu n'obtiendras que mon mépris,
Monde aussi trompeur que volage.
C'en est, etc.

Vous m'avez dit avec douceur :
Mon enfant, prends mon joug aimable ;
Quand on le porte avec ardeur
Il est léger, doux, agréable.
C'en est, etc.

Qu'ils sont étonnants vos bienfaits !
Leur grandeur fait mon impuissance ;
Et comment pourrai-je jamais
Acquitter ma reconnaissance ?
C'en est, etc.

Vous voulez bien me demander
De mon cœur la chétive offrande :
Hésiterais-je d'accorder
Ce que le Tout-Puissant demande ?
C'en est, etc.

Oui, ce cœur vous est consacré ;
Je veux que toujours il vous aime :
J'en atteste le don sacré
Qu'il tient de votre amour extrême.
C'en est, etc.

POUR LA RÉNOVATION DES VOEUX DU BAPTÊME
LE JOUR DE LA PREMIÈRE COMMUNION.

Air n. 59, en *La — Ut*. 282.

Quand l'eau sainte du baptême
Coula sur nos fronts naissants,
Et qu'un Dieu, la bonté même,
Nous adopta pour enfants,
    Muets encore
D'autres promirent pour nous.
Aujourd'hui confessons tous
La foi dont un chrétien s'honore.

    Foi de nos pères,
Notre règle et notre amour,
Nous embrassons dans ce jour
Et ta morale et tes mystères.

En vain à ma voix soumise
S'oppose un orgueil trompeur :
Sur les traces de l'Eglise
Puis-je marcher dans l'erreur ?
    Trinité sainte,
Je te confesse et te crois,
Et je t'adore trois fois,
Et plein d'amour et plein de crainte.
    Foi de nos pères, etc.

Annoncé par mille oracles,
Et de la terre l'espoir,
L'homme-Dieu par ses miracles
Fait éclater son pouvoir.
    Victime pure,
Il triomphe du trépas ;
Et je n'adorerais pas
En lui l'auteur de la nature !
    Foi de nos pères, etc.

Que sa morale est divine!
Que sa morale a d'attrait!
Tous les cœurs qu'il illumine
Il les console en secret.
  Et l'on blasphème
Ce Dieu fait homme pour nous!
Ingrats! tombez à genoux...
Voyez s'il mérite qu'on l'aime.
  Foi de nos pères, etc.

Par un funeste héritage,
Nos parents avec le jour
Nous transmirent en partage
La haine d'un Dieu d'amour.
  J'implore et crie;
Cris vains, inutiles pleurs.
Mais Jésus a dit : Je meurs;
Et sa mort me rend à la vie.
  Foi de nos pères, etc.

Ciel! quelle robe éclatante!
Quel bain pur et bienfaisant!
Quelle parole puissante
D'un Dieu m'a rendu l'enfant!
  Je te baptise...
Le ciel s'ouvre, plus d'enfer,
Et des anges le concert
M'introduit au sein de l'Eglise.
  Foi de nos pères, etc.

De quel œil de complaisance
Vous me vîtes, ô mon Dieu!
Quand, revêtu d'innocence,
On m'emporta du saint lieu!
  Pensée amère!
O beau jour trop tôt passé!
Hélas! je me suis lassé,
Mon Dieu, de vous avoir pour père.
  Foi de nos pères, etc.

J'ai blessé votre tendresse,
Violé vos saintes lois :
Vous me rappeliez sans cesse,
Je repoussais votre voix.
 Du moins mes larmes
Obtiendront-elles pardon?
Seigneur, de votre maison
Je puis encor goûter les charmes.
 Foi de nos pères, etc.

Loin de moi, monde profane :
Fuis, ô plaisir séduisant!
L'Evangile vous condamne,
Vous blessez en caressant.
 Sous votre empire,
Mon Dieu, sont les vrais trésors;
Vos douceurs sont sans remords,
C'est pour elles que je soupire.
 Foi de nos pères, etc.

Loin de ces tentes coupables
Où s'agite le pécheur,
Sous vos pavillons aimables
J'irai jouir du bonheur;
 Avant l'aurore
Mon cœur vous appellera,
Et quand le jour finira
Mes chants vous béniront encore.
 Foi de nos pères, etc.

SUR LA PERSÉVÉRANCE.
Air n. 58, en *Sol—Ré* 340.

Saint amour, céleste ivresse, (1)
Quand tu dois remplir mon cœur,
D'où naît la sombre tristesse
Qui trouble tant de douceur?

---

(1) Ce cantique commence dans l'ancien recueil par *Jour heureux*; il a été retouché par M. Teysserie, ancien catéchiste.

Ah! c'est toi, folle inconstance,
Dont l'affligeant souvenir
Vient, hélas! par sa présence
Désenchanter l'avenir.

CHOEUR.

Doux Sauveur de l'enfance,
Jésus, mets-nous dans ton cœur;
Conserve-nous la ferveur,
Compagne de l'innocence;
Conserve-nous la ferveur
Qui seule conduit au bonheur.

Oui, je connais ma faiblesse,
Mes penchants impérieux,
Et la dangereuse ivresse
Que le monde offre à mes yeux :
Dans sa fureur meurtrière
L'enfer accourt m'assaillir;
Ah! si tout me fait la guerre
Ne faudra-t-il pas périr?
    Doux, etc.

Dieu Sauveur, je me confie
En ton secours protecteur :
Ta grâce sera ma vie,
Ton bras mon conservateur.
O monde! je te défie!
Enfer, je brave tes coups!
L'homme craignait ta furie;
Tremble, un Dieu combat pour nous!
    Doux, etc.

O vierge! ô ma tendre mère!
Je me jette entre tes bras;
Là viens me faire la guerre,
Enfer, je ne te crains pas.

A ton nom, douce Marie,
Je sens mon cœur tressaillir :
Qui t'invoque obtient la vie,
Qui t'aime ne peut périr.
  Doux, etc.

O vrai trésor de nos âmes !
Pain, délices de nos cœurs,
Embrase-nous de tes flammes ;
Nous jurons d'être vainqueurs.
Si ce cœur, bonté chérie,
Devait te trahir un jour
Qu'ici je perde la vie
Avant de perdre l'amour.
  Doux, etc.

SUR LES VISITES AU TRÈS SAINT SACREMENT.

Air n. 21, en *Si bémol—Fa.* 313.

Quoi ! dans les temples de la terre
Le Dieu du ciel daigne habiter !
Le puissant maître du tonnerre
Sur nos autels veut résider !
Quel respect sa sainte présence
Doit inspirer à nos esprits !
Et de quel amour sa clémence
Doit remplir nos cœurs attendris ! *Bis.*

Dans ton sein, sacré tabernacle,
J'aperçois plus qu'en aucun lieu
Eclater l'étonnant miracle
De la tendresse de mon Dieu.
Pour garder mon âme fragile
Des traits d'un monde séducteur
Près de toi je prends mon asile,
Aux pieds de Jésus, mon Sauveur. *Bis.*

Vers ce refuge salutaire,
Porté sur l'aile de l'amour,
Comme la colombe légère
Je prendrai mon vol chaque jour.
Caché dans cette solitude,
Je ferai la cour à mon roi;
Nul autre soin, nulle autre étude
N'auront autant d'attrait pour moi. *Bis.*

Tel qu'un enfant près de son père
Je m'épancherai dans son sein;
Je découvrirai ma misère
A ce tout puissant médecin.
Puisse jusqu'à ma dernière heure
Durer ce saint ravissement!
Puissé-je dans cette demeure
Attendre mon dernier moment! *Bis.*

POUR L'ÉLÉVATION OU LA BÉNÉDICTION DU TRÈS SAINT SACREMENT.

Air nouveau, en *Si bémol*—Ré. 314.

Prosternez-vous, offrez des vœux;
Oui, mortels, c'est le Roi des cieux.
O prodige d'amour! spectacle ravissant!
Sous un pain qui n'est plus Dieu cache sa présence;
Ici pour le pécheur il est encor mourant;
Les anges étonnés l'adorent en silence.
   Prosternez-vous, etc.

Que vois-je! non content d'expirer sur la croix,
L'immortel souverain de toute la nature
Aux yeux de ses enfants rebelles à ses lois
S'immole, et tous les jours devient leur nourriture.
   Prosternez-vous, etc.

MÊME SUJET.

Air n. 54, en *Si bémol* —*Ré.* 355.

Sur cet autel,
Ah! que vois-je paraître?
Jésus, mon roi, mon divin maître,
Sur cet autel!
Sainte victime,
Vous expiez mon crime
Sur cet autel.

De tout mon cœur,
Dans ce sacré mystère,
Je vous adore et vous révère
De tout mon cœur.
Bonté suprême,
Que toujours je vous aime
De tout mon cœur.

MÊME SUJET.

Air nouveau, en *Sol*—*Si.* 315.

O victime
De tout crime!
O Jésus! sauveur de tous!
Qui sans cesse
Par tendresse
Daignez être parmi nous.
Qu'on vous aime
Pour vous-même,
Qu'à jamais tous les mortels
Et s'empressent,
Et s'abaissent
Autour de vos saints autels!

Chœurs des anges,
Nos louanges
Sont trop peu pour ses bienfaits;
Dans nos âmes

De vos flammes
Allumez les plus doux traits.
Que sa gloire,
Sa mémoire,
Son amour, dans tous les temps,
D'un hommage
Sans partage
Reçoive en tous lieux l'encens.

POUR LA BÉNÉDICTION DU TRÈS SAINT SACREMENT.

Air connu, en *Ut—Ut*.

Dans ce profond mystère
Où la foi sait te voir
Tout en nous te révère;
Tu fixes notre espoir.
Dans la cité chérie,
Divine Eucharistie,
Au sein de l'éternel amour,
Sans voile, ô pain de vie!
Nous te verrons un jour.

Puisse notre tendresse
Obtenir de ton cœur
La sublime sagesse
Qui mène au vrai bonheur!
Dans la cité chérie, etc.

Que tout en nous s'unisse
Pour chanter tes bienfaits!
Que ta bonté bénisse
Nos vœux et nos souhaits!
Dans la cité chérie, etc.

Sur nous daigne répandre
Tes bénédictions,

Et fais-nous bien comprendre
La grandeur de tes dons!
Dans la cité chérie, etc.

MÊME SUJET.
Air connu, en *Fa—Ut*.

Recueillons-nous, le prodige s'opère;
Jésus paraît, Jésus descend des cieux;
De sa présence il honore ces lieux :
  Je me prosterne et le révère;
    Je l'adore et je crois;
      C'est mon roi,
      C'est mon père:
      Le mystère
  Ne l'est plus pour moi.
Une céleste lumière
    Brille et m'éclaire;
    Oui, je le voi.
Disparaissez, vains objets de la terre,
Vous n'aurez plus d'empire sur mon cœur;
Jésus sera ma joie et mon bonheur :
  Je veux le servir et lui plaire,
    Je le prends pour mon roi.
      C'est vers moi
      Qu'il s'abaisse :
      Sa tendresse
  Réveille ma foi,
Que sa bonté me bénisse,
    Que j'accomplisse,
    Sa sainte loi!

MÊME SUJET.
Air connu, en *Si bémol—Ré*.

O roi des cieux!
Vous nous rendez tous heureux,
  Vous comblez tous nos vœux
En résidant pour nous dans ces lieux.

Prodige d'amour,
Dans ce séjour
Vous vous immolez pour nous chaque jour;
A l'homme mortel
Vous offrez un aliment éternel.
O roi des cieux! etc.

Seigneur, vos enfants
Reconnaissants
Vous offrent les plus tendres sentiments;
Leurs cœurs sans retour
Veulent brûler du feu de votre amour.
O roi des cieux, etc.

Chantons tous en chœur
Louange, honneur
A Jésus, notre aimable rédempteur!
Chantons à jamais
De son amour les éternels bienfaits.
O roi des cieux, etc.

MÊME SUJET.

Air n. 2, en *Mi bémol—Sol.*

Que cette voûte retentisse
Des voix et des chants des mortels;
Que tout ici s'anéantisse:
Jésus paraît sur nos autels,
Quoique caché dans ce mystère
Sous les apparences du pain.
C'est notre Dieu, c'est notre père,
C'est le Sauveur du genre humain.
Que cette, etc.

O divin époux de nos âmes!
Dans cet auguste sacrement
Embrasez-nous tous de vos flammes
En vous faisant notre aliment,
Que cette, etc,

POUR LA CONFIRMATION.

INVOCATION AU SAINT-ESPRIT.

Air n. 48, en *La—Mi.* 344.

Quel feu s'allume dans mon cœur?
Quel Dieu vient habiter mon âme?
À son aspect consolateur
Et je m'éclaire et je m'enflamme :
Je t'adore, Esprit créateur.
    Parais, Dieu de lumière,   *Bis.*
Et viens renouveler la face de la terre.

Je vois mille ennemis divers
Conjurer ma perte éternelle;
J'entends tous leurs complots pervers :
Dieu, romps leur trame criminelle.
Qu'ils retombent dans les enfers.
    Parais, etc.

Quels sont ces profanes accents,
Ces ris et ces pompeuses fêtes?
De Baal ce sont les enfants;
De fleurs ils couronnent leurs têtes
Que va frapper la faux du temps.
    Parais, etc.

Voyez comme les insensés
Dansent sur leur tombe entr'ouverte!
La mort les suit à pas pressés :
En riant ils vont à leur perte.
Dieu regarde... ils sont dispersés.
    Parais, etc.

Quoi! pour un moment de plaisir,
Mon Dieu, j'oublierais ta loi sainte!
Dans l'égarement du désir
Je pourrais vivre sans ta crainte!
Non, mon Dieu, non, plutôt mourir.
    Parais, etc.

Un jour plus pur luit à mes yeux;
Dieu de clarté, je t'en rends grâce.
Je vois fuir l'esprit ténébreux;
La foi dans mon cœur prend sa place:
Tous mes désirs sont pour les cieux.
    Parais, etc.

Chrétien par amour et par choix,
Et fier de ton ignominie,
Je t'embrasse, ô divine croix!
Je t'embrasse avec ta folie,
Dont j'osai rougir autrefois.
    Parais, etc.

Loin de moi, vains ajustements;
A mon Dieu vous faites injure:
Délices des cœurs innocents,
Que la pudeur soit ma parure.
Esprit saint, garde tous mes sens.
    Parais, etc.

Si, quelques moments égaré,
Je te fuyais, beauté divine,
Allume en mon cœur déchiré,
Allume une guerre intestine;
De remords qu'il soit dévoré.
    Parais, etc.

Ah! plutôt règne, Dieu d'amour,
Sur ce cœur devenu ton temple;
Que je t'honore dès ce jour;

Que mon œil charmé te contemple
Dans l'éclat du divin séjour.
Parais, etc.

MÊME SUJET.

Air n. 49 en *Mi bémol—Si.* 347.

Esprit saint, comblez nos vœux,
   Embrasez nos âmes
   Des plus vives flammes;
Esprit saint, comblez nos vœux,
   Embrasez nos âmes
   De vos plus doux feux.
Esprit, etc.

Seul auteur de tous les dons,
De vous seul nous attendons
   Tout notre secours
   Dans ces saints jours.
Esprit, etc.

Sans vous en vain du don des cieux
   Les rayons précieux
   Brillent à nos yeux;
   Sans vous notre cœur
   N'est que froideur.
Esprit, etc.

Voyez notre aveuglement,
Nos maux, notre égarement;
   Rendez-nous à vous,
   Et changez-nous.
Esprit, etc.

Sur nos esprits, Dieu de bonté,
   Répandez la clarté
   Et la vérité;

Préparez nos cœurs
A vos faveurs.
Esprit, etc.
Donnez-nous ces purs désirs,
Ces pleurs saints, ces vrais soupirs,
Qui des grands pécheurs
Changent les cœurs.
Esprit, etc.
Donnez-nous la docilité,
Le don de pureté
Et de piété,
L'esprit de candeur
Et de douceur.
Esprit, etc.
Etouffez notre tiédeur,
Réchauffez notre ferveur,
Rassurez nos pas
Dans nos combats.
Esprit, etc.
Sanctifiez nos jours naissants,
Et nos jours florissants,
Et nos derniers ans;
Que tous nos instants
Soient innocents.
Esprit, etc.

MÊME SUJET.
Air connu, en *Ut—Sol.*

Esprit saint, descendez en nous;
Embrasez notre cœur de vos feux les plus doux.
Sans vous notre vaine prudence
Ne peut, hélas! que s'égarer.
Ah! dissipez notre ignorance:
Esprit d'intelligence,
Venez nous éclairer.
Esprit saint, etc.

Le noir enfer pour nous faire la guerre
Se réunit au monde séducteur :
Tout est pour nous embûche sur la terre :
　Soyez notre libérateur.
　Esprit saint, etc.

Enseignez-nous la divine sagesse ;
Seule elle peut nous conduire au bonheur :
Dans ses sentiers qu'heureuse est la jeunesse !
　Qu'heureuse est la vieillesse !
　Esprit saint, etc.

LA DOCILITÉ AU SAINT-ESPRIT.

Air n. 31, en *Si bémol*—*Si*. 348.

Quelle nouvelle et sainte ardeur
En ce jour transporte mon âme !
Je sens que l'esprit créateur
De son feu tout divin m'enflamme.
Vive Jésus ! je crois ; je suis chrétien ;
　Censeurs, je vous méprise ;
Lancez, lancez vos traits, je ne crains rien ;
　Mon bras vainqueur les brise.

Il faut dans un noble combat
Pour vous, Seigneur, que je m'engage ;
Vous m'avez fait votre soldat,
Vous m'en donnerez le courage.
Vive Jésus, etc.

Du salut le signe sacré
Arme mon front pour ma défense ;
Devant lui l'enfer conjuré
Perdra sa funeste puissance.
Vive Jésus, etc.

Seigneur, à vos aimables lois
Le grand nombre serait rebelle
Que mon cœur, constant dans son choix,
　Y serait encor plus fidèle.
Vive Jésus, etc.

Le mépris d'un monde insensé
Pourrait-il m'alarmer encore.
Loin de m'en trouver offensé!
Je sens aujourd'hui qu'il m'honore.
Vive Jésus, etc.

Dans sa fureur l'impiété
Veut ma ravir le bien que j'aime!
Je veux, fort de la vérité,
Lui dire toujours anathème.
Vive Jésus, etc.

On a vu de faibles agneaux
Triompher de l'aveugle rage
Et des tyrans et des bourreaux;
Faible comme eux, Dieu m'encourage.
Vive Jésus, etc.

Enfant des généreux martyrs,
Puissé-je égaler leur constance,
Et trouver mes plus doux plaisirs
Au sein même de la souffrance!
Vive Jésus, etc.

A la mort fallût-il s'offrir
Ou perdre, hélas! mon innocence,
Grand Dieu! je consens à mourir :
Ne souffrez pas que je balance.
Vive Jésus, etc.

LES SEPT DONS DU SAINT-ESPRIT.

Air n. 21, en *Si bémol*— Fa. 350.

LA SAGESSE.

Du bonheur on parle sans cesse :
Mais où se trouvent les heureux?
Les hommes prêchent la sagesse,
Mais la sagesse fuit loin d'eux.

Sûr du bonheur quand on est sage,
Je veux aussi le devenir :
Avoir la sagesse en partage
C'est aimer Dieu, c'est le servir.

LA SCIENCE.

Connaître Dieu, se bien connaître,
Voilà tout ce qu'il faut savoir ;
De ses penchants on devient maître,
On est esclave du devoir.
Ayons tous cette connaissance ;
Elle est pour nous le plus grand bien.
Quand on n'a pas cette science
En sachant tout on ne sait rien.

L'INTELLIGENCE.

Don précieux d'intelligence,
Accompagnez toujours ma foi ;
Je n'ai besoin d'autre science
Que de bien comprendre la loi ;
Cette loi si pure et si sainte,
Mille fois heureux qui la suit !
O loi ! que, dans mon cœur empreinte,
Je te médite jour et nuit.

LE CONSEIL.

Esprit saint, j'ignore la route
Qu'il faut suivre pour me sauver :
Souvent je balance et je doute,
Je marche, et ne puis arriver,
Sans cesse l'ennemi m'assiége ;
La crainte agite mon sommeil,
De tous côtés ce n'est que piége ;
Esprit saint, soyez mon conseil,

LA PIÉTÉ.

O piété ! quels sont tes charmes !
Tu remplis seule nos désirs;
Par toi nous sont douces les larmes,
Et nos devoirs font nos plaisirs.
C'est par ton pouvoir ineffable
Que la vertu nous sait charmer :
Puisque tu nous rends tout aimable,
Comment peut-on ne pas t'aimer ?

LA FORCE.

Divin Esprit, Esprit de force,
Je ne veux d'autre appui que toi :
Qu'il règne un éternel divorce
Entre tes ennemis et moi.
Des monstres cherchent à m'abattre,
Je veux pour toi les étouffer :
Le monde vient pour me combattre,
Par toi je veux en triompher.

LA CRAINTE.

Seigneur, votre volonté sainte
Est souvent pour nous sans appas;
Juste, vous inspirez la crainte,
Et souvent on ne vous craint pas.
On craint le monde, on est à plaindre :
Que peut-il pour ou contre nous ?
Grand Dieu ! que j'apprenne à vous craindre,
A ne craindre même que vous.

QUATRIÈME PARTIE.

SUR LA TRÈS SAINTE VIERGE.

POUR LA CONCEPTION IMMACULÉE DE LA TRÈS SAINTE VIERGE.

Air n. 67, en *La—Ut.* 232.

De tes enfants reçois l'hommage,
Prête l'oreille à leurs accents;
Seigneur, c'est ton plus noble ouvrage
Qu'ils vont célébrer dans leurs chants.
Ranimé par ta main puissante,
Plein d'un espoir consolateur,
David de sa tige mourante
Voit germer la plus belle fleur.   *Bis.*

Pleine de grâce, ô Vierge incomparable!
L'honneur, la gloire et l'appui d'Israel,
Jetez sur nous un regard favorable,
De cet exil conduisez-nous au ciel.

Des misères et des alarmes
Cette terre était le séjour;
Mais le ciel pour tarir nos larmes
Nous donne une mère en ce jour :

Chantons cette mère chérie,
Offrons-lui le don de nos cœurs,
Et que notre bouche publie
Et ses charmes et ses grandeurs. *Bis.*
Pleine de grâce, etc.

Oh! quand disparaîtront les ombres
Qui la couvrent de toutes parts!
Fuyez, fuyez, nuages sombres
Qui la voilez à nos regards.
Verse des torrents de lumière
Sur Sion et ses habitants,
Etoile bienfaisante!... éclaire
Et guide leurs pas chancelants. *Bis.*
Pleine de grâce, etc.

MÊME SUJET.

Air n. 13, en *Ré—La.* 239.

Enfin de son tonnerre
Dieu dépose les traits;
Et Marie à la terre
Vient annoncer la paix;
Ainsi quand sa vengeance
Eclata dans les airs
L'arc de son alliance
Rassura l'univers.

Quelle est touchante et pure!
Le lis qu'ont embelli
Les mains de la nature
Auprès d'elle est flétri;
Les rayons de l'aurore,
Les feux du plus beau jour
Sont bien moins purs encore
Que ceux de son amour.

En vain Satan murmure,
Et réclame ses droits ;
Sur cette créature
Dieu seul étend ses lois.
Rien dans ce sanctuaire
Ne blessera ses yeux,
Et le cœur de sa mère
Est plus pur que les cieux.

D'une tige flétrie
Trop heureux rejeton,
Tu trompes, ô Marie !
La fureur du démon.
Il faut, le ciel l'ordonne,
Que, malgré sa fierté,
Sa tête de ton trône
Soit le premier degré.

POUR LA NATIVITÉ DE LA TRÈS SAINTE VIERGE.

Air n. 21, en *Si bémol* —*Fa*. 235.

Quelle est cette aurore nouvelle
Dont le lever est si pompeux ?
Quelle est brillante, quelle est belle !
Est-il astre plus radieux ?
Repliant les voiles funèbres,
Trop longue nuit, rentre aux enfers,
Et de l'empire des ténèbres
Délivre enfin cet univers.

Je la vois ma libératrice
S'élever avec majesté,
Et, toute pure de justice,
Des cieux effacer la beauté.
Tandis qu'aux pieds de cette reine
J'entends frémir notre tyran,
Les anges de leur souveraine
Escortent le char triomphant.

Du péché la vapeur funeste
N'a jamais flétri ses appas ;
Jamais de ce flambeau céleste
La mort n'osa ternir l'éclat.
Chef-d'œuvre de la main divine,
Quel pinceau saisira tes traits ?
Et de ta sublime origine
Qui me dira tous les secrets ?

MÊME SUJET.

Air n. 70, en *Ut-Mi*. 239.

Mère de Dieu, quelle magnificence
Orne aujourd'hui ton aimable berceau !
Les anges saints veillent sur ton enfance.
Le ciel a-t-il un spectacle plus beau ?
  Tendre Marie,
   O mon bonheur !
  Toujours chérie,
  Tu vivras dans mon cœur.

Anges, soyez témoins de ma promesse,
Cieux, écoutez ce serment solennel !
« Oui, c'en est fait, mon cœur plein de tendresse
« Jure à Marie un amour éternel. »
  Tendre Marie, etc.

Si je devais, infidèle et volage,
Un seul moment cesser de te chérir,
Tranche mes jours à la fleur de mon âge ;
Je t'en conjure, ah ! laisse-moi mourir.
  Tendre Marie, etc.

POUR L'ANNONCIATION.

Voyez, page 114, le Dieu que nos soupirs appellent.

POUR LES FÊTES DE LA TRÈS SAINTE VIERGE.

Air n. 69, en *Mi bémol—Mi*. 242.

Triomphez, reine des cieux,
A vous bénir que tout s'empresse;
Triomphez, reine des cieux
Dans tous les temps, dans tous les lieux.
 Que l'amour nous prête
 En ce jour de fête,
 Que l'amour nous prête
 Ses plus doux accords,
Et que notre voix s'apprête
A seconder ses efforts.
Triomphez, etc.

Célébrons en ce saint jour
Les vertus de l'humble Marie;
Célébrons en ce saint jour
Et ses bienfaits et son amour.
 Sans cesse enrichie,
 Jeunesse chérie,
 Des plus heureux dons;
C'est de la main de Marie,
Enfants, que nous les tenons.
Triomphez, etc.

Qu'à jamais de ses faveurs
Nos chants rappellent la mémoire;
Qu'à jamais de ses faveurs
Le souvenir charme nos cœurs.

Le ciel et la terre,
Ravis de lui plaire,
Le ciel et la terre
Chantent ses appas.
Vos enfants, ô tendre mère !
Ne vous béniraient-ils pas ?
Triomphez, etc.

Achevez notre bonheur ;
Retracez en nous votre image ;
Achev z notre bonheur,
Et gravez-nous dans votre cœur.
Gui..ez de l'enfance
Par votre puissance,
Guidez de l'enfance
Les pas chancelants,
Et que l'aimable innocence
Couronne nos derniers ans.
Triomphez, etc.

GLOIRE DE LA MATERNITÉ DIVINE.

Air n. 71, en *Sol—Si.* 246.

A la reine des cieux offrons un tendre hommage ;
Réunissons pour elle et nos voix et nos cœurs ;
A chanter ses grandeurs
Consacrons la fleur de notre âge.
A la reine, etc.

Heureux celui qui dès l'enfance
Lui fait de soi-même le don,
Et met son innocence
A l'abri de son nom !
A la reine, etc.

Aux yeux du Tout-Puissant elle fut toujours pure.
Chantons sur le péché son triomphe éclatant :

Son cœur, même un instant,
Ne reçut jamais de souillure.
A la reine, etc.

Plus sainte que les chœurs des anges,
Des trônes et des chérubins,
Elle a droit aux louanges
Des mortels et des saints.
A la reine, etc.

Le Dieu de sainteté la choisit pour sa mère ;
Rendons, rendons hommage à sa maternité :
Par son humilité
A ses yeux purs elle sut plaire.
A la reine, etc.

Elle fut épouse et féconde
Sans nuire à sa virginité,
Et le Sauveur du monde
De ses flancs nous est né.
A la reine, etc.

Son saint nom aux enfers toujours fut redoutable ;
Chantons sur les démons son empire constant.
Sa main du noir serpent
Ecrasa la tête coupable.
A la reine, etc.

En vain de l'erreur renaissante
Les monstres se sont élevés ;
Sa force triomphante
Les a tous captivés.
A la reine, etc.

Tout retrace à nos yeux l'éclat de sa puissance ;
Sans cesse qu'à sa gloire on dresse des autels,
Sur elle les mortels
Fondent leur solide espérance,
A la reine, etc.

Auprès de Dieu, dans leurs disgrâces,
Elle est le salut des humains,
Et la source des grâces
Vient à nous par ses mains.
A la reine, etc.

Elle est et notre reine et notre tendre mère ;
Vivons sous son empire, annonçons ses bienfaits.
On n'est trompé jamais
Lorsqu'en sa bonté l'on espère.
A la reine, etc.

Toujours sa tendresse facile
Se rend sensible à nos malheurs ;
Elle est toujours l'asile
Et l'espoir des pécheurs.
A la reine, etc.

O Vierge toujours sainte! ô mère toujours tendre !
Soyez, soyez propice aux vœux de vos enfants.
Que sur nos jeunes ans
Vos faveurs viennent se répandre.
A la reine. etc

De votre bonté salutaire
Daignez nous prêter le secours ;
Montrez-vous notre mère
Dans l'enfance et toujours.
A la reine, etc.

LE BONHEUR DE SERVIR MARIE.

Air n. 19, en *Ut—Mi*. 249.

Heureux qui dès le premier âge,
Honorant la reine des cieux,
Fuit les dons qu'un monde volage
Etale avec pompe à ses yeux !

Qu'on est heureux sous son empire !
Qu'un cœur pur y trouve d'attraits !
Tout y ressent, tout y respire
L'amour, l'innocence et la paix. *Bis.*

Mondain, ta grandeur tout entière
S'anéantit dans le tombeau;
L'instant où finit sa carrière
Du juste est l'instant le plus beau.
La paix règne sur son visage;
Son cœur est embrasé d'amour;
Sa vie a coulé sans nuage,
Sa mort est le soir d'un beau jour. *Bis.*

Comme un rocher qui, d'âge en âge,
Battu par les flots agités,
Brave la fureur de l'orage
Et l'effort des vents irrités,
Le vrai serviteur de Marie,
Sûr à jamais de son appui,
Brave l'impuissante furie
De l'enfer armé contre lui. *Bis.*

Mais l'éclat d'un monde volage
Séduit-il nos faibles esprits,
Elle dédaigne notre hommage,
Et le repousse avec mépris.
Dès lors que notre âme est charmée
Des biens fragiles et mortels,
Notre encens n'est qu'une fumée
Qui déshonore ses autels. *Bis.*

MOTIFS DE CONFIANCE EN MARIE.

Air n. 74, en *Ré—Fa.* 350.

Nous qu'en ces lieux combla de ses bienfaits
Une mère auguste et chérie,

Enfants de Dieu, que nos chants à jamais
    Exaltent le nom de Marie. *Bis.*
Je vois monter tous les vœux des mortels
    Vers le trône de sa clémence ;
Tout à sa gloire élève des autels
    Des mains de la reconnaissance.
Nous qu'en ces lieux, etc.

Ici sa voix, puissante sur nos cœurs,
    A la vertu nous encourage ;
Sur le saint joug elle répand des fleurs ;
    Notre innocence est son ouvrage. *Bis.*
Si le lion rugit autour de nous
    Elle étend son bras tutélaire :
L'enfer frémit d'un impuissant courroux,
    Et le ciel sourit à la terre.
Nous qu'en ces lieux. etc.

Quand le chagrin de ses traits acérés
    Blesse nos cœurs et les déchire,
Sensible mère, elle est à nos côtés ;
    Avec nos cœurs le sien soupire. *Bis.*
Combien de fois sa prévoyante main
    De l'ennemi rompit la trame !
Nous la priions, et nous sentions soudain
    La paix descendre dans nos âmes.
Nous qu'en ces lieux, etc.

Battu des flots, vain jouet du trépas,
    La foudre grondant sur sa tête,
Le nautonnier se jette dans ses bras,
    L'invoque, et voit fuir la tempête. *Bis.*
Tel le chrétien sur ce monde orageux
    Vogue toujours près du naufrage ;
Mais à Marie adresse-t-il ses vœux,
    Il aborde en paix au rivage.
Nous qu'en ces lieux, etc.

Heureux celui qui dès ses premiers ans
   Se fit un bonheur de lui plaire !
Heureux ceux qu'elle adopta pour enfants !
   La reine des cieux est leur mère. *Bis.*
Oui, sa bonté se plaît à secourir
   Un cœur confiant qui la prie.
Siècles, parlez !... Vit-on jamais périr
   Un vrai serviteur de Marie ?
Nous qu'en ces lieux, etc.

Vos fronts, pécheurs, pâlissent abattus
   A l'aspect du souverain juge :
Ah ! si Marie est reine des vertus,
   Des pécheurs elle est le refuge. *Bis.*
Déposez donc en son sein maternel
   Votre repentir et vos larmes.
Elle priera... des mains de l'Eternel
   Bientôt s'échapperont les armes.
Nous qu'en ces lieux, etc.

Si vous avez dans toute sa fraîcheur
   Conservé la tendre innocence,
Ah ! votre mère en a sauvé la fleur ;
   Elle vous garda dès l'enfance. *Bis.*
A son autel venez, enfants chéris,
   Savourer de saintes délices.
Consacrez-lui vos cœurs et vos esprits ;
   Elle en mérite les prémices.
Nous qu'en ces lieux, etc.

Temple divin, ô asile béni !
   Faut-il donc quitter ton enceinte !
Faut-il aller de ce monde ennemi
   Braver la meurtrière atteinte ! *Bis.*
Tendre Marie, ah ! nous allons périr ;
   Le scandale inonde la terre !

Veillez sur nous, daignez nous secourir ;
  Montrez-vous toujours notre mère.
Nous qu'en ces lieux, etc.

MÊME SUJET.

Air n. 13, en *Si—Fa*. 255.

Sion, de ta mélodie
Cesse les divins accords ;
Laisse-nous près de Marie
Faire éclater nos transports :
La reine que tu révère,
Le digne objet de tes chants,
Apprends qu'elle est notre mère,
Et fais place à ses enfants.

Mais comment de cette enceinte
Percer les voûtes des cieux !
Descends plutôt, Vierge sainte,
Et viens régner en ces lieux.
Viens d'un exil trop sévère
Adoucir tes longs tourments :
Ta présence, auguste mère,
Sera chère à tes enfants.

Pour toi nous sentons nos âmes
Brûler en ce divin jour
Des plus innocentes flammes
Du plus généreux amour.
Ah ! puissions-nous à te plaire
Consacrer tous nos instants,
Et prouver à notre mère
Que nous sommes ses enfants !

Sur tes autels, ô Marie !
Tous, d'une commune voix,
Nous jurons toute la vie
D'être soumis à tes lois.

De notre hommage sincère
Puissent ces faibles garants
Flatter notre tendre mère !
C'est le vœu de ses enfants.

INVITATION DE REVENIR A MARIE.

Air n. 7, en *Sol—Sol*. 256.

Reine des cieux, ô divine Marie !
Qu'il nous est doux de chanter vos faveurs !
Heureux celui qui consacre sa vie
A vous bénir, à vous gagner des cœurs ! *Bis.*

Que de bienfaits, que de grâces touchantes
Vous répandez sur vos enfants chéris !
Tous sont aimés ; les âmes repentantes
Vous les nommez vos fidèles amis. *Bis.*

Juste, bénis ta bienfaisante mère,
Qui t'embellit de toutes les vertus,
Qui t'inspira le désir de lui plaire
Et te guida dans l'amour de Jésus ! *Bis.*

Oui, tu dois tout à cet amour si tendre
Qui garantit et sauva ton berceau :
Marie a su chaque jour te le rendre
Comme un présent, comme un bienfait nouveau.

Et toi, pécheur, trop coupable victime,
Hélas ! souillé de mille égarements !
Qui te retint sur le bord de l'abîme ?
Qui différa tes horribles tourments ? *Bis.*

Ingrat, peux-tu long-temps la méconnaître
La main d'où part un bienfait aussi doux ?
Marie osa de ton souverain maître
Jusqu'à ce jour suspendre le courroux. *Bis.*

Ah! vois pour toi ses yeux baignés de larmes,
Et de son cœur compte chaque soupir ;
Sa voix touchante et si pleine de charmes
De ton retour exprime le désir. *Bis.*

Vole en ses bras, elle est encor ta mère ;
Prête l'oreille à ses tristes accents :
«Fils bien-aimé, de ta douleur amère
«Viens dans mon sein calmer les mouvements.
«J'aurais donné tout le sang de mes veines
«Pour assurer à ton âme un Sauveur ;
«J'ai tant souffert! Ah! pour prix de mes peines
«Accorde-moi l'empire de ton cœur.» *Bis.*

RETOUR DU PÉCHEUR.

Tendre Marie, à cette âme rebelle
Quand vous montrez une telle bonté,
Qui peut encor demeurer infidèle ?
Ah! je reviens au Dieu que j'ai quitté. *Bis.*
Il en est temps, aimable protectrice,
Ouvrez pour moi ce cœur si plein d'amour ;
De votre Fils apaisez la justice ;
Je me consacre à Jésus sans retour. *Bis.*

CONSÉCRATION A LA TRÈS SAINTE VIERGE.

Air n. 73, en *Mi mineur—Si.* 257.

Je veux célébrer par mes louanges
La gloire de la reine des cieux,
Et m'unissant au concert des anges,
Je m'engage à la chanter comme eux. *Bis.*

Sur vos pas, ô divine Marie !
Plus heureux qu'à la suite des rois,
Dès ce jour, et pour toute ma vie,
Je m'engage à vivre sous vos lois. *Bis.*

Si, du monde écoutant le langage,
Du plaisir j'ai cherché les attraits,
A vous posséder seule en partage,
Je m'engage aujourd'hui pour jamais. *Bis.*

Admire ton bonheur, ô mon âme !
Le ciel même doit en être jaloux,
Puisqu'en suivant l'ardeur qui m'enflamme
Je m'engage aux devoirs les plus doux. *Bis.*

Par un culte constant et sincère,
Par un vif et généreux amour,
A servir, à chanter une mère
Je m'engage aujourd'hui sans retour. *Bis.*

Mais si je veux lui marquer mon zèle
Et participer à son bonheur,
Il faut qu'à suivre en tout ce modèle
Je m'engage et d'esprit et de cœur. *Bis.*

Mère sensible et compatissante,
Soutiens au milieu des combats
Les efforts d'une âme pénitente,
Qui s'engage à marcher sur tes pas. *Bis.*

Tu n'es plus qu'une terre étrangère
Pour moi, monde volage et trompeur :
Je ne veux que servir une mère
Qui s'engage à faire mon bonheur. *Bis.*

Unissez vos voix, peuple fidèle,
Aux accords des esprits bienheureux ;
Pour chanter une reine immortelle
Qui s'engage à combler tous nos vœux. *Bis.*

(219)

INVOCATION DU SALVE REGINA.

Air n. 7, en *Sol* —*Sol.* 259.

Je vous salue, auguste et sainte reine,
Dont la beauté ravit les immortels !
Mère de grâce, aimable souveraine,
Je me prosterne au pied de vos autels. *Bis.*

Je vous salue, ô divine Marie !
Vous méritez l'hommage de nos cœurs :
Après Jésus vous êtes et la vie,
Et le refuge, et l'espoir des pécheurs.

Fils malheureux d'une coupable mère,
Bannis du ciel, les yeux baignés de pleurs,
Nous vous faisons de ce lieu de misère
Par nos soupirs entendre nos douleurs.

Ecoutez-nous, puissante protectrice ;
Tournez sur nous vos yeux compatissants,
Et montrez-nous qu'à nos malheurs propice
Du haut des cieux vous aimez vos enfants.

O douce, ô tendre, ô pieuse Marie !
Vous dont Jésus, mon Dieu, reçut le jour,
Faites qu'après l'exil de cette vie
Nous le voyions dans l'éternel séjour.

EN L'HONNEUR DU SAINT COEUR DE MARIE.

Air n. 14, en *Sol.*—*Si* 259.

Cœur sacré de Marie,
Cœur tout brûlant d'amour,
Cœur que la terre envie
Au céleste séjour,
Communique à nos âmes
Un rayon de ce feu,
De ces divines flammes
Dont tu brûlas pour Dieu.

Sanctuaire ineffable
Où reposa Jésus,
O source intarissable
De toutes les vertus!
Percé sur le Calvaire
D'un glaive de douleurs,
Tu ne vois sur la terre
Que mépris, que froideurs.

Cœur tendre, cœur aimable,
Des pécheurs le secours,
Leur malice exécrable
Te perce tous les jours.
Ah! puissent nos hommages
Réparer aujourd'hui
Tant de sanglants outrages
Qu'on te fait à l'envi!

Montre-toi notre mère;
De tes enfants chéris
Reçois l'humble prière
Pour l'offrir à ton fils.
Conduis-nous sous ton aile
Jusqu'au cœur de Jésus :
Une mère peut-elle
Essuyer un refus?

A LA GLOIRE DU SAINT NOM DE MARIE.

Air n. 64, en *Mi bémol—Si*. 260.

Dans nos concerts
Bénissons le nom de Marie ;
Dans nos concerts
Consacrons-lui nos chants divers;
Que tout l'annonce et le publie,
Et que jamais on ne l'oublie
Dans nos concerts.

Qu'un nom si doux
Est consolant! qu'il est aimable!
Qu'un nom si doux
Doit avoir de charmes pour nous!
Après Jésus, nom adorable,
Fut-il rien de plus délectable
Qu'un nom si doux?

Ce nom sacré
Est digne de tout notre hommage;
Ce nom sacré
Doit être partout honoré.
Qu'il puisse toujours d'âge en âge
Être révéré davantage,
Ce nom sacré.

Nom glorieux,
Que tout respecte ta puissance,
Nom glorieux
Et sur la terre et dans les cieux!
De Dieu tu calmes la vengeance,
Tu nous assures sa clémence,
Nom glorieux.

Par ton secours
L'âme, à son Dieu toujours fidèle,
Par ton secours
Dans la vertu coule ses jours.
Sa ferveur, son amour, son zèle
Se nourrit et se renouvelle
Par ton secours.

GRANDEURS DU SAINT COEUR DE MARIE.
Air n. 19, en *Ut—Mi*. 230.

Heureux qui du cœur de Marie
Connaît, honore les grandeurs,
Et qui sans crainte se confie
En ses maternelles faveurs!

Après le cœur du divin maître,
A qui seul est dû tout encens,
Fut-il jamais et peut-il être ⎫ *Bis.*
Un cœur plus digne de nos chants ? ⎭

Les cieux se trouvent sans parure
Auprès des traits de sa beauté,
Et l'astre-roi de la nature
Près d'elle a perdu sa clarté ;
Cours au temple, ô fille chérie !
Offrir ton cœur à l'Eternel ;
Jamais plus agréable hostie ⎫ *Bis.*
Ne fut portée à son autel. ⎭

C'est là que ce cœur si docile,
Soumis aux éternels desseins,
Se forme à devenir l'asile
Et le séjour du Saint des saints.
Oh ! de quels charmes fut suivie,
De quels transports, de quelle ardeur,
L'union du cœur de Marie ⎫ *Bis.*
Avec celui du Dieu sauveur ! ⎭

Quand Jésus, né dans l'indigence,
Baigne pour nous ses yeux de pleurs,
Son cœur, avide de souffrance,
Aime à s'unir à ses douleurs ;
Quand, chargé de nos injustices,
Il veut de son sang innocent
Pour nous répandre les prémices, ⎫ *Bis.*
Le cœur de Marie y consent. ⎭

EN L'HONNEUR DE SAINT JOSEPH.

Air n. 1 en *Ré—La.* 268.

Puissant protecteur de l'enfance,
Trop heureux gardien de Jésus,
Obtenez-nous son innocence, ⎫ *Bis.*
Faites croître en nous ses vertus. ⎭

Chaste époux d'une vierge-mère,
Qui nous adopta pour enfants,
Soyez aussi pour nous un père;
Prenez pour nous ses sentiments.
Puissant protecteur, etc.

Qu'il est beau, qu'il est plein de grâce
Ce lis qui brille dans vos mains!
Sa céleste blancheur efface
La couronne de tous les saints.
Puissant protecteur, etc.

Ah! si quelque jour vers l'Égypte
Le malheur conduisait nos pas,
Veillez sur nous dans notre fuite,
Portez-nous aussi dans vos bras!
Puissant protecteur, etc.

Montrez-nous cet enfant de gloire
Qui renversa tous les faux dieux,
Et, soutenus par sa victoire,
Nous triompherons sous ses yeux.
Puissant protecteur, etc.

PRIÈRE AU SAINT ANGE GARDIEN.
Air n. 64, en *Mi bémol—Si.* 261.

 Ange de Dieu!
Ministre de sa providence;
 Ange de Dieu!
Qui daignez me suivre en tout lieu;
A l'ombre de votre présence
Garantissez mon innocence,
 Ange de Dieu!

 Dans cet exil
Soyez sensible à ma misère;
 Dans cet exil
Sauvez mes jours de tout péril.
Soyez ma force et ma lumière,
Mon maître, mon ami, mon père,
 Dans cet exil.

SUR SAINT LOUIS DE GONZAGUE.

Air ancien, en *La mineur—La.* 274.

Heureux enfants, accourez tous!
A Louis venez rendre hommage :
De vos amis c'est le plus doux.
Heureux enfants, accourez tous ;
A son culte consacrez-vous : } *Bis.*
Il est le patron de votre âge.

Astre brillant dès son matin,
Son lever n'a point eu d'aurore,
Et Dieu le conduit par la main.
Astre brillant dès le matin,
Bientôt il touche à son déclin, } *Bis.*
Plus grand, plus radieux encore.

Pour lui tout n'est que vanité :
Il foule aux pieds le diadème :
Jeunesse, esprit, talents, beauté,
Pour lui tout n'est que vanité ;
Son unique félicité } *Bis.*
Est de jouir du Dieu qu'il aime.

Il prend Dieu seul pour son appui :
De la foi vive qui l'anime
Où trouver l'exemple aujourd'hui ?
Il prend Dieu seul pour son appui,
Et de l'amour qui a pour lui } *Bis.*
Bientôt il devient la victime.

Montez au ciel, enfant d'amour,
Allez régner avec les anges :
Quittez ce terrestre séjour ;
Montez au ciel, enfant d'amour !
Que les mortels en ce beau jour } *Bis.*
Célèbrent partout vos louanges.

CINQUIÈME PARTIE.

CANTIQUES DIVERS.

POUR L'OUVERTURE DU CATÉCHISME.
Air n. 1, en Ré—La. 87.

Salut, aimable et cher asile,
Où Dieu même instruit ses enfants,
Où des beautés de l'Évangile } *Bis.*
Il charme les cœurs innocents.

Ici la foi de ses nuages
Semble à nos yeux se dégager;
Ici nos cœurs sont moins volages,
Et le saint joug est plus léger.
Salut, etc.

Ici par sa force secrète
L'exemple soutient nos travaux.
Tels résistent à la tempête
En s'unissant les arbrisseaux.
Salut, etc.

Dans ton sein, ô doux sanctuaire !
Pour moi le ciel a plus d'attraits :
Plus vive y monte ma prière,
Plus prompts descendent ses bienfaits.
Salut, etc.

AVANTAGES DU CATÉCHISME.
Air n. 19, en Ut—Mi. 87.

Que je me plais dans ton enceinte,
Lieu sacré, fortuné séjour,
Où Dieu m'instruit de sa loi sainte
Et grave en mon cœur son amour !

7*

Ecole où Jésus à l'enfance
Révèle ses plus hauts secrets ;
Saint asile où vient l'innocence
Braver le vice et ses attraits. *Bis.*
Ici je vois par quels miracles
Dieu jadis montra son pouvoir ;
Je médite ses saints oracles,
Ses préceptes et mon devoir.
Ici sous un joug salutaire
L'Église enchaîne mon orgueil,
Et d'une audace téméraire
M'apprend à fuir le triste écueil. *Bis.*
S'il faut que ma raison révère
Le nuage mystérieux
Qui me dérobe une lumière
Dont l'éclat blesserait mes yeux,
La foi, d'une main secourable
Me prêtant ici son flambeau,
Du sanctuaire impénétrable
Soulève pour moi le rideau. *Bis.*
Si ma juste reconnaissance
Présente à mon Dieu chaque jour
L'hommage de ma dépendance
Et le tribut de mon amour ;
A mes parents si plus docile
Sans murmurer j'entends leur voix,
C'est à tes leçons, cher asile,
A tes conseils que je le dois. *Bis.*
Monde, ne vante plus tes charmes ;
Tu m'enflammes pas mes désirs.
Je sais quels dégoûts, quelles larmes
Paient tes coupables plaisirs.
Ce n'est qu'ici que mon enfance
Des vrais biens goûte la douceur :
Les plaisirs purs de l'innocence
Peuvent seuls donner le bonheur. *Bis.*

SUR LES ENFANTS QUI ABANDONNENT LE CATÉCHISME APRÈS LA PREMIÈRE COMMUNION.

Air n. 36, en *Sol mineur—Ré.* 89.

Grand Dieu! tous ces enfants formés à ton école,
Qui naguère avec nous partageaient tes leçons,
Que tu daignas nourrir du pain de ta parole,
  Hélas! en vain nous les cherchons.   *Bis.*

Qu'a servi du pasteur la tendresse attentive!
Malheureux! il n'a pu les fixer sous ses lois :
Il les appelle en vain; leur troupe fugitive
  Ne veut plus entendre sa voix.   *Bis.*

Ingrats, souvenez-vous de ce jour mémorable
Qui nous vit tous ensemble, autour du saint autel,
A ce Dieu qui daignait nous admettre à sa table
  Promettre un amour éternel.   *Bis.*

Comme nous à ses pieds les yeux baignés de larmes,
Vous juriez que toujours vous seriez ses enfants,
Que ses leçons pour vous auraient toujours des charmes.
  Où sont vos pleurs et vos serments?   *Bis.*

Revenez parmi nous; vous ne pouvez attendre,
Dans ce monde où déjà se portent vos désirs,
Ni de bonheur plus pur, ni d'amitié plus tendre,
  Ni de plus innocents plaisirs.   *Bis.*

INVITATION AUX ENFANTS DE SE CONSACRER AU SEIGNEUR.

Air n. 24, en *Mi mineur—Si.* 207.

Age pur, aimable saison,
Douces prémices de la vie,
Où l'innocence et la raison
Offrent un sort digne d'envie,   *Bis.*
Heureux qui voit couler en paix
Vos heures, vos jours sans nuage,
Donnant au Dieu qui nous a faits
Tous les instants de ce bel âge!

Jeunes enfants, votre Sauveur
Vous a choisis par préférence;
Il chérit en vous la candeur
Et la pureté de l'enfance; *Bis.*
Puissiez-vous sentir ce bonheur
Et goûter pour lui sans partage
Tous les transports d'une ferveur
Qui croisse avec vous d'âge en âge !

Venez au pied du saint autel
A lui seul consacrer vos âmes;
A ce bienfaiteur immortel
Portez le tribut de vos flammes. *Bis.*
Oh! si vous êtes innocents,
Il vous tient ce tendre langage :
«Laissez approcher ces enfants;
«Mon royaume est fait pour cet âge.

Aimer le monde et ses plaisirs
C'est un désordre, une folie;
Suivre ses coupables désirs
C'est trop ressembler à l'impie : *Bis.*
Mais payer d'un juste retour
Un Dieu dont nous sommes l'image,
Et lui rendre amour pour amour,
C'est le triomphe de notre âge.

INVOCATION A LA TRÈS SAINTE VIERGE.

Vierge, patronne des enfants,
Notre amour et notre espérance,
Au milieu des maux renaissants
Nous réclamons votre puissance. *Bis.*
Préservez-nous de tout péril;
Loin de nous écartez l'orage;
De vos enfants dans cet exil
Montrez-vous la mère à tout âge.

MÊME SUJET.

Air n. 11, en *Sol mineur—Sol.* 209.

Le temps de la jeunesse
Passe comme une fleur;
Hâtez-vous, le temps presse,
Donnez-vous au Seigneur :
Tout se change en délices
Quand on veut le servir;
Les plus grands sacrifices
Font les plus grands plaisirs.

N'attendez pas cet âge
Où les hommes n'ont plus
Ni force ni courage
Pour les grandes vertus :
C'est faire un sacrifice
Qui vous a peu coûté
Que de quitter le vice
Lorsqu'il n'est plus goûté.

Prévenez la vieillesse,
Cette triste saison;
Le temps de la jeunesse
Est un temps de moisson :
Le Sauveur nous menace
D'une fatale nuit
Où, quoi que l'homme fasse,
Il travaille sans fruit.

Que de pleurs et de larmes
Il nous coûte au trépas,
Ce monde dont les charmes
Nous trompent ici-bas;

D'agréables promesses
Il nous flatte d'abord;
Par ses fausses caresses
Il nous donne la mort.

AVANTAGES DU SERVICE DE DIEU.

Air n. 83, en *La—Ut.* 354.

Heureux qui, dès son enfance
Soumis aux lois du Seigneur,
N'a pas avec l'innocence
Perdu la paix de son cœur !   *Bis*
Chéri de celui qu'il adore,
Son bonheur le suit en tout lieu.
Que peut-il désirer encore
Quand il se voit l'ami d'un Dieu?
    Heureux qui, etc.

En vain la fortune couronne
Du pécheur les moindres désirs:
Le remords cruel empoisonne
Les plus vantés de ses plaisirs.
    Heureux qui, etc.

Qui se laisse prendre à tes charmes,
Trop séduisante volupté,
Paiera bientôt de ses larmes
Le plaisir qu'il aura goûté.
    Heureux qui, etc.

Le moment d'une folle ivresse
Fait place à celui des regrets;
Ce bonheur qu'il poursuit sans cesse,
Le mondain ne l'aura jamais.
    Heureux qui, etc.

Seigneur, de ma tranquille vie
Rien ne saurait troubler le cours;
La paix ne peut être ravie
A qui veut vous aimer toujours.
    Heureux qui, etc.

Le monde étale sa richesse,
Et ses biens ne m'ont point tenté;
J'ai le trésor de la sagesse
Dans le sein de la pauvreté.
  Heureux qui, etc.

La croix où mon Jésus expire
Change mes peines en douceurs :
Si quelquefois mon cœur soupire
C'est que je songe à ses douleurs.
  Heureux qui, etc.

L'espoir d'une gloire immortelle
Et d'un bonheur toujours nouveau
Sème de fleurs pour le fidèle
Les bords si tristes du tombeau.
  Heureux qui, etc.

Mon Dieu, j'y descendrai sans crainte,
Espérant des bras de la mort
Voler vers ta demeure sainte
En chantant dans un doux transport :
  Heureux qui, etc.

BONHEUR DE CEUX QUI AIMENT DIEU.
    Air n. 76, en *Mi—Si*. 200.

Heureux qui goûte les doux charmes
De l'aimable et céleste amour!
Son cœur d'une paix sans alarmes
Devient le tranquille séjour.
Esprit saint, descends sur la terre,
Embrase-la d'un si beau feu;
Ah! s'il est doux d'aimer un père,
Comment ne pas aimer un Dieu!   *Bis.*

O vous que l'infortune afflige!
Ne craignez point votre douleur :
L'amour opère tout prodige,
Il change nos maux en bonheur.
  Esprit saint, etc.

Je le sens cet amour extrême,
Il me prévient de sa douceur;
Mais pour l'aimer, bonté suprême,
Non, ce n'est point assez d'un cœur.
Esprit saint, etc.

BONHEUR DE SERVIR DIEU.

Air n. 44, en *Ut—Sol.* 201.

O digne objet de mes chants!
Daigne écouter mes accents;
Donne-moi cet amour tendre
Qui seul se fait bien entendre;
Règne à jamais sur mon cœur :
T'aimer c'est tout mon bonheur.

Ah! Seigneur, à te servir
Que je trouve de plaisir!
Si mes yeux versent des larmes,
Mon cœur y trouve des charmes :
L'amour répand des douceurs
Sur l'amertume des pleurs.

Monde, tu donnes la loi
A ceux qui vivent pour toi;
Mais que peux-tu sur une âme
Que l'amour divin enflamme?
Va, je connais tes douleurs;
Que d'épines sous tes fleurs!

Le Seigneur est mon appui,
Mon espérance est en lui;
Oui, je connais sa tendresse,
Il me tiendra sa promesse;
Une couronne m'attend
Si je l'aime constamment.

AVANTAGES DE LA FERVEUR.

Air n. 10, en Fa — Ut. 202.

Goûtez, âmes ferventes,
Goûtez votre bonheur;
Mais demeurez constantes
Dans votre sainte ardeur.
Heureux le cœur fidèle
Où règne la ferveur!
On possède avec elle
Tous les dons du Seigneur. *Bis.*

Elle est le vrai partage
Et le sceau des élus;
Elle est l'appui, le gage
Et l'âme des vertus.
Heureux, etc.

Par elle la foi vive
S'allume dans les cœurs,
Et sa lumière active
Guide et règle nos mœurs.
Heureux, etc.

Par elle l'espérance
Ranime ses soupirs,
Et croit jouir d'avance
Des célestes plaisirs.
Heureux, etc.

Par elle dans les âmes
S'accroît de jour en jour
L'activité des flammes
Du pur et saint amour.
Heureux, etc,

C'est sa vertu puissante
Qui garantit nos sens
De l'amorce attrayante

Des plaisirs séduisants.
Heureux, etc.

C'est sous sa vigilance
Que l'esprit et le cœur
Gardent leur innocence,
Et sauvent leur pudeur.
Heureux, etc.

C'est elle qui de l'âme
Dévoile la grandeur,
Et le zèle s'enflamme
Par sa vive chaleur.
Heureux, etc.

De l'âme pénitente
Elle adoucit les pleurs,
Et de l'âme souffrante
Elle éteint les douleurs.
Heureux, etc.

SENTIMENTS DE RECONNAISSANCE ENVERS DIEU.

Air n. 76, en *Mi—Si*. 205.

Seigneur, dès ma première enfance
Tu me prévins de tes bienfaits;
Heureux si ma reconnaissance
Dans mon cœur les grave à jamais!
Le monde trompeur et volage
En vain m'offrirait sa faveur;
Je n'en veux point, tout mon partage } *Bis.*
Est de n'aimer que le Seigneur.

Dieu règne en père dans mon âme;
Il en remplit tous les désirs,
Et l'amour pur dont il m'enflamme
Vaut seul mieux que tous les plaisirs.
Le monde, etc.

Si je m'égare, il me rappelle;
Si je tombe, il me tend la main;
Il me protège sous son aile,
Il me renferme dans son sein.
Le monde, etc.

Si je suis constant et fidèle
A conserver son saint amour,
Une récompense éternelle
M'attend dans son divin séjour.
Le monde, etc.

Chrétiens, ne chérissons la vie
Que pour aimer et pour gémir.
Nos pleurs nous ouvrent la patrie :
Aimons jusqu'au dernier soupir.
Le monde, etc.

SUR LA PROVIDENCE DE DIEU.

Air n. 10, en *Fa—Ut.* 102.

O douce Providence,
Dont les divines mains
Sur nous en abondance
Répandent tant de biens!
Qui pourrait méconnaître
L'auteur de ces présents,
Et ne pas se remettre
Entre ses bras puissants? *Bis.*

O sagesse profonde!
Qui veille en même temps
Sur les maîtres du monde
Et sur la fleur des champs,
Quelle force invincible
Conduit tout à tes fins!
Quelle douceur paisible
Dispose les moyens! *Bis.*

Dans toute la nature
On voit briller ses dons,

Jusque sur la verdure
Et l'émail des gazons:
Il donne leur parure
Aux lis éblouissants,
Et fournit leur pâture
Même aux oiseaux naissants. *Bis.*
S'il verse ses richesses
Sur la fleur du printemps,
S'il étend ses largesses
Jusqu'à l'herbe des champs;
Que fera sa tendresse
Pour l'homme qu'il chérit,
Pour l'être où sa sagesse
Imprima son esprit!

ÉLÉVATION A DIEU A LA VUE DE SES CRÉATURES.

Air n. 25, en *Ré—La*. 96

Du roi des cieux tout célèbre la gloire,
Tout à mes yeux peint un Dieu créateur;
De ses bienfaits perdrais-je la mémoire?
Tout l'univers m'annonce son auteur.
L'astre du jour m'offre par sa lumière
Un faible trait de sa vive clarté;
Au bruit des flots, à l'éclat du tonnerre,
Je reconnais le Dieu de majesté. *Bis.*
Charmants oiseaux de ce riant bocage,
Chantez, chantez, redoublez vos concerts;
Par vos accents rendez un digne hommage
Au Dieu puissant qui régit l'univers :
Par vos doux sons, votre tendre ramage
Vous inspirez l'innocence et la paix,
Et vos plaisirs du moins ont l'avantage
Que les remords ne les suivent jamais. *Bis.*
Aimables fleurs qui parez ce rivage,
Et que l'aurore arrose de ses pleurs,
De la vertu vous me tracez l'image

Par l'éclat pur de vos vives couleurs :
Si vous séchez lorsqu'on vous voit éclore,
Et ne brillez souvent qu'un jour ou deux,
Votre parfum après vous dure encore,
De la vertu symbole précieux.   *Bis.*

Charmant ruisseau, qu'on voit dans la prairie
Fuir, serpenter, précipiter son cours,
Tel est, hélas ! le cours de notre vie :
Comme les eaux s'écoulent nos beaux jours;
Tu vas te perdre à la fin de ta course
Au sein des mers, d'où jamais rien ne sort;
Et tous nos pas ainsi dès notre source,
Toujours errants, nous mènent à la mort. *Bis.*

SUR LE TRIOMPHE DE LA RELIGION.

Air n. 51, en *Sol—Ré*. 160.

Pourquoi ces vains complots, ô princes de la terre?
    Pourquoi tant d'armements divers ?
Vous vous réunissez pour déclarer la guerre
    A l'arbitre de l'univers.
    Tremblez, ennemis de sa gloire !
    Tremblez, audacieux mortels !
    Il tient en ses mains la victoire :
    Tombez au pied de ses autels.
    La religion nous rappelle,
    Sachons vaincre, sachons périr ;
    Un chrétien doit vivre pour elle, } *Bis.*
    Pour elle un chrétien doit mourir

Depuis quatre mille ans, plongé dans les ténèbres,
    Assis à l'ombre de la mort,
L'univers, gémissant sous ses voiles funèbres,
    Soupirait pour un meilleur sort.
    Jésus paraît ; à sa lumière
    La nuit disparaît sans retour,
    Comme on voit une ombre légère

S'enfuir devant l'astre du jour.
La religion, etc.

Pour soumettre à ses lois tous les peuples du monde
Il ne veut que douze pêcheurs,
Et pour éterniser le royaume qu'il fonde
Il en fait ses ambassadeurs.
Nouveaux guerriers, prenez la foudre,
Allez conquérir l'univers ;
Frappez, brisez, mettez en poudre
L'idole d'un monde pervers.
La religion, etc.

Déjà de ces hérauts, du couchant à l'aurore,
La voix plus prompte que l'éclair
A foudroyé ces dieux que l'univers honore
D'un culte enfanté par l'enfer.
Ouvrant les yeux à la lumière
Rome détrompe les mortels,
Et foule aux pieds dans la poussière
Ses dieux, ses temples, ses autels.
La religion, etc.

OFFRANDE DE LA JOURNÉE A DIEU.

Air n. 14, en Sol—Si. 216.

O Dieu ! dont je tiens l'être,
Toi qui règles mon sort,
Seul arbitre, seul maître
De mes jours, de ma mort !
Je t'offre les prémices
Du jour qui luit sur moi ;
Et veux sous tes auspices
Ne les donner qu'à toi.

Daigne d'un œil propice
En voir tous les instants ;
Que ta main en bannisse
Tous les dangers pressants ;
Surtout, Dieu de clémence,

Qu'avec ton saint secours
Nul crime, nulle offense
N'ose en ternir le cours.

Que ta bonté facile,
Qui voit tous mes besoins,
Rende à tes yeux utile
Mon travail et mes soins;
Et que, suivant la trace
Que nous ouvrent les saints,
Nos jours soient par ta grâce
Des jours purs et sereins.

Je mets ma confiance,
Vierge, en votre secours;
Servez-moi de défense,
Prenez soin de mes jours;
Et quand ma dernière heure
Viendra fixer mon sort,
Obtenez que je meure
De la plus sainte mort.

CANTIQUE DU SOIR.

Air n. 4, en *La—Mi*. 219.

Le soleil vient de finir sa carrière,
Comme un instant ce jour s'est écoulé.
Jour après jour; ainsi la vie entière
S'écoule et passe avec rapidité.   *Bis.*

A chaque instant l'éternité s'avance;
Travaillons-nous à nous y préparer?
De nos péchés faisons-nous pénitence?
De la vertu suivons-nous le sentier?   *Bis.*

Si cette nuit le souverain arbitre
Nous appelait devant son tribunal,
A sa clémence avons-nous quelque titre?
Que lui repondre en cet instant fatal?   *Bis.*

Le cœur touché d'un repentir sincère,
Pleurons, chrétiens, les fautes de ce jour;
Du Dieu vengeur désarmons la colère;
Un cœur contrit regagne son amour.   *Bis.*

SUR LES VERTUS THÉOLOGALES.

Air n. 64, en *Mi bémol--Si.* 189.

Oui, je le crois
Ce que l'Église nous annonce;
Oui, je le crois,
Seigneur, et j'honore ses lois;
Toutes les fois qu'elle prononce
Par elle l'Esprit saint s'énonce;
Oui, je le crois.

J'espère en vous,
Dieu de bonté, Dieu de clémence,
J'espère en vous:
Tout autre espoir ne m'est point doux.
Vous seul comblez mon espérance,
Vous seul serez ma récompense:
J'espère en vous.

O Dieu sauveur!
Vous êtes le seul bien suprême;
O Dieu sauveur!
A vous seul je donne mon cœur.
Et pour l'amour de vous seul j'aime
Mon prochain autant que moi-même,
O Dieu sauveur!

SUR L'AMOUR DE DIEU.

Air n. 5, en *Ré--Ré.* 334.

Divin amour, oh! que sous ton empire
L'âme fidèle éprouve de douceurs!
Que sont les biens auxquels le monde aspire
Auprès des biens dont tu remplis les cœurs? *Bis.*

Par ton secours tout est doux et facile,
Et rien ne coûte à qui ressent tes feux ;
Tes vifs attraits rendent l'âme docile
Aux saints efforts, aux transports généreux.

J'aime avec toi mon malheur et mes larmes ;
Et la mort même, asservie à ta loi,
Est à mes yeux un objet plein de charmes.
Divin amour, à jamais règne en moi. *Bis.*

SENTIMENTS D'AMOUR ENVERS JÉSUS.
Air ancien, en *Sol—Ré.* 223.

Que Jésus est un bon maitre !
Et qu'il est doux de l'aimer !
Bienheureux qui sait connaître
Combien il peut nous charmer !
 Divin Sauveur !
 Beauté suprême !
 Oui, je vous aime,
 Divin Sauveur ?
Je vous aime, je vous aime
 De tout mon cœur,
 De tout mon cœur. *Fin.*

Mettons-nous sous son empire.
Soyons à lui pour jamais,
Et que notre âme n'aspire
Qu'à goûter ses saints attraits.
 Divin, etc.

Sans Jésus rien ne peut plaire,
Tout est dur, tout est amer ;
Tout est disgrâce, misère,
Désespoir, tourment, enfer.
 Divin, etc.

Avec lui tout est délices.
Tout est source de douceur,
Tout est avant-goût, prémices

De son éternel bonheur.
    Divin, etc.

Avec lui de l'indigence
L'on ne craint point les rigueurs ;
Avec lui de l'opulence
On dégaigne les faveurs.
    Divin, etc.

Lui seul il est ma richesse,
Et mon bien, et mon trésor ;
Et je prise sa tendresse
Plus que tout l'éclat de l'or.
    Divin, etc.

Aimer le monde est folie :
L'homme qui s'attache à lui
Tel qu'un faible roseau plie
Et tombe avec son appui.
    Divin, etc.

Mais le sage véritable,
Dont Jésus est le recours,
Fut toujours inébranlable
A l'abri de son secours.

CHARMES DE LA MODESTIE.

Air n. 7, en *Sol—Sol.* 279.

Descends des cieux, aimable modestie ;
Viens, viens régner par tes chastes attraits ;
Si Babylone et t'outrage et t'oublie,
Nos cœurs du moins ne t'oublieront jamais. *Bis.*

Sainte pudeur, comment peindre tes charmes?
L'âme innocente est en paix sous ta loi :
Le méchant cède à tes puissantes armes ;
La beauté même est plus belle avec toi. *Bis.*

Loin, loin d'ici, trop coupables parures ;
Nos anges saints fuiraient de toutes parts...

De Dieu sur nous, vertus des âmes pures,
Fixe toujours l'amour et les regards. *Bis.*

SUR LE BON EXEMPLE.
Air n. 4, en *La—Mi.* 281.

Faibles mortels, quel torrent vous entraîne !
D'un monde vain l'exemple vous séduit :
D'un faux respect brisez enfin la chaîne ;
Osez montrer que la foi vous conduit. *Bis.*

Craindriez-vous la noire calomnie ?
Le vrai chrétien peut défier ses traits :
Pour sa défense il fait parler sa vie !
Son Dieu le voit, et son cœur est en paix. *Bis.*

Qu'à nos discours la charité s'allie,
A nos devoirs une douce gaieté.
Fuyons l'orgueil, la sombre jalousie,
Et nous aurons vengé la piété. *Bis.*

Que tout en nous atteste la présence
Du Dieu caché qui vit en ses élus :
Assez, hélas ! on l'outrage, on l'offense ;
Contentons-le du moins par nos vertus. *Bis.*

SUR LE RESPECT HUMAIN.
Air n. 82, en *Fa—La.*

Bravons les enfers,
Brisons tous nos fers,
Sortons d'esclavage,
Unissons nos voix,
Rendons à la croix
Un sincère et public hommage.

Jurons haine au respect humain,
Brisons cette idole fragile :
Sur ses débris que notre main
Elève un trône à l'Evangile.
  Bravons, etc.

Partout flottent les étendards
Qu'arbore à nos yeux la licence ;
Faisons briller à ses regards
La bannière de l'innocence.

Tandis que sur le champ d'honneur
La valeur signale les braves,
On me verrait, lâche et sans cœur,
Traînant les chaînes des esclaves ?

Quoi ! vous rougissez, vils mortels,
Honteux d'être vus dans un temple
Adorant au pied des autels
Le grand Dieu que le ciel contemple !

Ne profanez pas ce saint lieu ;
Allez, chrétiens pusillanimes ;
Qui tremble trahira son Dieu :
La faiblesse est mère des crimes.

Seigneur, ton sang sera le mien ;
Tant qu'il coulera dans mes veines
Quelques gouttes du sang chrétien,
Monde, tes menaces sont vaines.

Divin roi, jusqu'à mon trépas
Mon cœur te restera fidèle ;
Puisse la croix, guidant mes pas,
Me voir tomber, mourir près d'elle.

PRIÈRE DE SAINTE MONIQUE
pour la conversion du jeune Augustin, par M. le comte de M***
Air n. 5, en *Ré—Ré*.

Depuis long-temps de Monique éplorée
Le ciel semblait mépriser les soupirs,
Et d'Augustin la jeunesse égarée
Suivait toujours de coupables désirs.

« Daignez, Seigneur, ah ! daignez, disait-elle,
« Prêter l'oreille au cri de mes douleurs :
« Vous pouvez seul enchaîner ce rebelle ;
« Vous seul, ô Dieu ! pouvez sécher mes pleurs.

« C'est pour mon fils que ma voix vous implore ;
« Ce fils, comblé de vos dons les plus doux,
« Vous méconnaît et vous offense encore :
« Son cœur sensible, hélas! est fait pour vous.
« Ce tendre objet des soupirs de sa mère
« En vain, Seigneur, contre vous se défend ;
« Pour le gagner c'est en vous que j'espère :
« Dieu de bonté, mon fils est votre enfant.
« Son cœur, séduit par de vains pensées,
« Cherche la paix dans l'oubli de son Dieu.
« En éteignant ses ardeurs insensées
« Que votre amour l'embrase de son feu. »
Mettez, Monique, un terme à vos alarmes ;
Dieu va parler, il va le conquérir ;
Rassurez-vous, l'enfant de tant de larmes
Peut s'égarer, mais il ne peut périr.

AVANT LA DISTRIBUTION DES GRAVURES OU DES PRIX.

Air n. 20, en *Fa—La*. 356.

Vers les collines éternelles
Portons nos regards, nos soupirs ;
Que les récompenses mortelles
Réveillent d'immortels désirs.
Que ce jour à notre mémoire
Rappelle ce jour des élus
Où Dieu couronne dans la gloire
Ses propres dons et leurs vertus.   *Bis.*

Quel spectacle rempli de charmes !
Qu'il est consolant pour nos cœurs !
Dieu lui-même essuyant les larmes
De ses fidèles serviteurs.
Chère Sion! ô cité sainte !
Que tes palais sont ravissants !
Ah! puisses-tu dans ton enceinte
Unir un jour tous tes enfants.   *Bis.*

Doux espoir ! ô brillante aurore,
Quand, fuyant la nuit du tombeau,
Nous verrons le bonheur éclore
Aux feux de ton divin flambeau !
Alors, mon Dieu, libres de chaînes,
Assis sur ces bords enchantés,
Nous boirons l'oubli de nos peines
Au torrent de tes voluptés. *Bis.*
Oui, mon Dieu, voilà ta promesse
Et le sort heureux qui m'attend ;
Mais je succombe à ma faiblesse
Sans l'appui de ton bras puissant.
Les vertus qui forment ton trône,
Je puis les chanter en ce jour ;
Mais ton amour seul nous les donne,
Et j'ose implorer ton amour. *Bis.*

PENDANT LA DISTRIBUTION.

Air n. 7, en *Sol—Sol.* 359.

Un jour charmant à nos yeux vient de luire :
Offrons nos prix à l'auteur de tous dons ;
Par ces prix même il daigne nous instruire ;
Ouvrons nos cœurs à ses douces leçons. *Bis.*
Il dit au faible : « Espère en ma puissance ;
« Juste affligé, sèche, sèche tes pleurs :
« Le temps s'enfuit, l'éternité s'avance ;
« Là pour jamais finiront les douleurs. *Bis.*
« Le cœur heureux d'un flatteur témoignage,
« Vous contemplez le prix de vos vertus ;
« Tels au grand jour des palmes du courage
« Seront chargés les bras de mes élus. *Bis.*
« Le bon pasteur, les yeux baignés de larmes,
« Vient de marquer ses plus chères brebis ;
« Ainsi mes saints à l'abri des alarmes
« Près de mon trône un jour seront assis. » *Bis.*
O bon pasteur ! sur un troupeau qui t'aime
Etends les mains, ce sont là nos désirs ;

Dieu des vertus, bénissez-le lui-même.
Ainsi des saints finissent les plaisirs. *Bis.*

MÊME SUJET POUR LES GARÇONS.

Air n. 80, en *Ré—La.*

On sur l'air : *Grâce ! grâce !* etc.

Loin de nous cet éclat dont le monde environne
D'illustres conquérants les exploits destructeurs!
Le triomphe plus doux que la vertu couronne
Est digne de nos chants; chantons, jeunes vainqueurs!

Il place entre nos mains le prix de la victoire,
Le ministre sacré qui bénit nos efforts ;
Il nous montre de loin une plus noble gloire :
Exaltons sa bonté dans nos joyeux transports.

Les lauriers recueillis dans des luttes cruelles
Demeurent sans honneur dans le siècle à venir:
Ici nous n'aspirons qu'aux palmes immortelles
Dont ces pieux succès raniment le désir.

Ainsi par cet espoir notre ardeur affermie
Va méditer encore un triomphe plus beau :
Un jour nous entrerons vainqueurs dans la patrie,
Du laurier des élus portant tous le rameau.

O toi qui du salut nous ouvris la carrière !
Mère du bel amour, tu peux nous rendre heureux.
De tes enfants chéris exauce la prière;
Toujours tu nous aimas, sois propice à nos vœux.

POUR LA DISTRIBUTION DES SOUVENIRS DE LA PREMIÈRE COMMUNION.

Air n. 36, en *Sol mineur—Ré.*

Du plus beau de mes jours chère et fidèle image,
Des bienfaits du Seigneur souvenirs précieux,
Rappelez à mon cœur jusqu'à mon dernier âge
Et mon bonheur et tous mes vœux, *Bis.*

O jour délicieux ! reviens toute ma vie,
Viens m'enchanter encor par ton doux souvenir:
Par là, Dieu de bonté, si mon âme t'oublie
　　　Tu pourras encor l'attendrir.　　　*Bis.*

Oui, voilà ce saint temple où nos douces louanges
Se mêlaient à nos pleurs, secondaient nos désirs;
Oui, voilà cet autel qu'environnaient les anges,
　　　Témoins de nos brûlants soupirs. 　*Bis.*

Quoi ! pourrais-je oublier sans me rendre coupable
Ces ministres zélés, ces amis généreux ?
O vous qui nous meniez à la divine table !
　　　Recevez nos plus tendres vœux. 　　*Bis.*

Précieux souvenir si nous sommes fidèles !
Puissé-je aimer Jésus jusqu'au dernier soupir !
Si j'oubliais un jour ses bontés immortelles
　　　Puissé-je ici plutôt mourir ! 　　　*Bis.*

INVOCATION AU SAINT-ESPRIT AVANT LES INSTRUCTIONS.

Air n. 17, en *Ut—Ut.* 159.

Toi dont la divine flamme
Triomphe de tous les cœurs,
Esprit saint, viens dans mon âme,
Viens lancer tes traits vainqueurs ;
Viens renouveler la terre,
Hâte-toi, du haut des cieux
Descends, souffle salutaire,
Unique objet de mes vœux.

Feu sacré, présent céleste,
Brille aux yeux de l'univers ;
Dissipe la nuit funeste
Dont nous couvrent les enfers.
Ah ! sauve-nous du naufrage,
Toi dont l'essence est l'amour ;
Après un si long orage
Fais luire enfin un beau jour.

CANTIQUE D'ACTIONS DE GRACES.

Air d'Adrien Lafasge, en *Fa—La*.

Bénissons à jamais
Le Seigneur dans ses bienfaits.   *Bis.*
   Bénissez-le, saints anges,
   Louez sa majesté,
   Rendez à sa bonté
Mille et mille louanges.   Bénissons, etc.
Oh! que c'est un bon père!
Qu'il a grand soin de nous!
Il nous supporte tous
   Malgré notre misère.   Bénissons, etc.
Comme un pasteur fidèle,
Sans craindre le travail,
Il ramène au bercail
Une brebis rebelle.   Bénissons, etc.
Il a guéri mon âme
Comme un bon médecin;
Comme un maître divin
Il m'éclaire et m'enflamme.   Bénissons, etc.
Sa bonté me supporte,
Sa lumière m'instruit,
Sa beauté me ravit,
Son amour me transporte.   Bénissons, etc.
Oui, sa douceur m'enchaîne,
Sa grâce me guérit,
Sa force m'affermit,
Sa charité m'entraîne.   Bénissons, etc.
Dieu seul est ma tendresse,
Dieu seul est mon soutien,
Dieu seul est tout mon bien,
Ma vie et ma richesse.   Bénissons, etc.

INVITATION A LA JEUNESSE CHRÉTIENNE DE CONSACRER SA VOIX AU SEIGNEUR.

Air n. 7, en *Sol—Sol*. 85.

Chère jeunesse, en qui pour l'harmonie
L'on voit fleurir le goût et les talents,
Que la sagesse, à vos accords unie,
Vous fasse fuir les profanes accents. *Bis*.

A qui doit-on consacrer le bel âge,
La douce voix, les sons mélodieux ?
C'est au Seigneur qu'en appartient l'usage ;
Il est l'auteur de ces dons précieux. *Bis*.

Loin, loin de vous les chants de la licence !
Prêter sa voix à de coupables airs
Serait du ciel provoquer la vengeance,
Et de l'impie imiter les concerts. *Bis*.

De la vertu chantez plutôt les charmes ;
Vos anges saints s'uniront à vos voix :
Et les pécheurs, les yeux remplis de larmes,
Viendront aussi se ranger sous ses lois. *Bis*.

Sainte pudeur, ornement de la vie,
Tous les mortels te doivent leurs accents :
Si Babylone et t'outrage et t'oublie,
Rien ne pourra te bannir de nos chants. *Bis*.

SUR LE CHANT DES LOUANGES DE DIEU.

Air n. 48, en *Fa—Mi*. 86.

Pécheurs, ne troublez plus les airs
Par une coupable harmonie :
Le Dieu puissant de l'univers,
Ce Dieu qui nous donne la vie,
Seul est digne de nos concerts.
    Sion, chante sa gloire ; *Bis*.
Que toujours ses bienfaits vivent dans ta mémoire.

Ciel! en quels transports enchanteurs
Me ravissent tes saints cantiques!
Mes yeux se remplissent de pleurs :
Séjour des saints, tours magnifiques,
Quand verrai-je enfin vos splendeurs.
   Sion, etc.

L'ange alors, l'ange à mes accords
Unira sa lyre immortelle.
Quoi! j'entendrai de mes transports
Retentir la voûte éternelle!...
Détruis, Seigneur, mon faible corps,
   Sion, etc.

Ah! préludons à ce beau jour;
Animons nos voix innocentes;
Brûlons, brûlons du pur amour;
Les saints de leur voix triomphantes
Nous répondront de leur séjour.
   Sion, etc.

Venez, justes, venez, pécheurs,
Bénir ce Dieu, la bonté même;
Epris de ses pures douceurs,
Dites qu'il mérite qu'on l'aime :
Tous enfin donnons-lui nos cœurs.
   Sion, etc.

ÉLOGE DES ENFANTS ASSIDUS AU CATECHISME.
Air n. 42, en Sol—Si. 89.

Heureux, bienheureux mille fois
  Un enfant que le Seigneur aime,
Que le Seigneur daigne instruire lui-même,
Qui de bonne heure est docile à sa voix!
  Il est orné dès sa naissance
  Des plus rares présents des cieux,
Et du méchant l'abord contagieux
  N'altère point son innocence

Tel que dans un secret vallon
Croît sur le bord d'une onde pure
Un jeune lis, l'amour de la nature,
Loin des fureurs du cruel aquilon :
Il est orné, etc.

AVANTAGES DE LA SCIENCE DE LA RELIGION.

Air n. 62, en *Si bémol—Ré.* 90.

De l'homme ici-bas la richesse
Est de s'attacher au Seigneur ;
Sa loi, source de la sagesse,
Seule nous mène au vrai bonheur.
 Tout dans la vie
 N'est que folie
Si son flambeau ne nous conduit ;
 Notre carrière
 Sans sa lumière
Ne serait qu'une affreuse nuit.   *Bis.*

Ce fut au bruit de son tonnerre
Que l'Eternel dicta ses lois ;
C'est un sauveur, un tendre père,
Dont j'entends aujourd'hui la voix :
 « Viens, me dit-elle,
 « Ame fidèle,
« Vivre sous une loi d'amour. »
 Jésus me presse ;
 A sa tendresse
Je m'abandonne sans retour.   *Bis.*

Viens, Esprit saint, en traits de flamme
Graver cette loi dans mon cœur ;
Viens faire éprouver à mon âme
Pour elle la plus vive ardeur.
 Fais que sans cesse
 Dans ma jeunesse
Elle éclaire et guide mes pas ;

(253)

  Que sa lumière,
  Dans ma carrière,
M'accompagne jusqu'au trépas. *Bis.*

Le monde étale en vain ses charmes,
Jamais il n'aura mon encens ;
Des regrets, d'éternelles larmes
Suivent ses perfides présents.
  Poison funeste,
  Je te déteste :
Loin de moi tes fausses douceurs ;
  Mon cœur docile
  De l'évangile
Embrasse les saintes rigueurs. *Bis.*

O loi sainte ! loi sans pareille !
L'or ne m'est rien auprès de toi,
Et le plus doux miel de l'abeille
A bien moins de douceur pour moi.
  Sous son empire
  L'on ne respire
Qu'une innocente volupté.
  Cher esclavage !
  Il est le gage
De l'heureuse immortalité. *Bis.*

  Air n. 19, en *Ut—Mi.* 92.

Le temps s'échappe comme un songe ;
Chacun de nos jours est compté,
Et l'homme, ardent pour le mensonge,
Se lasse à fuir la vérité.
Science, trompeuse lumière,
Non, vous ne m'éblouirez plus ;
Fuyez, fuyez, la loi m'éclaire ;
Je ne veux savoir que Jésus.

8

L'insensé dans ses longues veilles,
Seigneur, a mesuré les cieux :
Hélas ! un monde de merveilles
Ne te montre point à ses yeux.
Science, etc.

Pour une gloire fugitive
Du ciel il détache son cœur,
Mais tout à coup la mort arrive ;
Il s'éveille et voit son erreur.
Science, etc.

En vain la louange l'honore,
Sa poussière ne l'entend pas ;
Et dans l'enfer, qui le dévore,
Qui peut le soustraire à ton bras ?
Science, etc.

SUR LE ZÈLE POUR LA PAROLE DE DIEU.

Air n. 20, en *Fa—La*. 105.

Non, pécheurs, vos discours frivoles
Ne me séduisirent jamais.
Seigneur, dans vos saintes paroles
Mon âme trouve mille attraits ;
Elles dirigent ma conduite,
Je les garde comme un trésor ;
Le long du jour je les médite, } *Bis.*
La nuit je les répète encor.

Du ciel révélez les oracles,
Parlez nous, prêtres du Seigneur ;
Que ses bienfaits, que ses miracles
Se fassent entendre à mon cœur.
S'ils vivent dans notre mémoire,
Seigneur, vos exemples touchants,
On en reconnaîtra l'histoire } *Bis.*
Dans les vertus de vos enfants.

POUR LA RÉCEPTION D'UN ECCLÉSIASTIQUE QUI DOIT PRÉSIDER UNE FÊTE.

Air : *Célébrons la victoire.*

Entrée.

Quand Jésus sur la terre
Passait avec bonté,
Il rendait la lumière
A l'aveugle enchanté ;   *Bis.*
Il bénissait l'enfance,
Pardonnait au pécheur,
Et comblait l'innocence
De grâce et de bonheur.

De votre loi, Seigneur, que l'amour nous enflamme ;
Un de vos envoyés va nous parler de vous ;
Rendez-lui tous les biens qu'il annonce à notre âme,
Et long-temps avec lui demeurez parmi nous.

Sur la terre embrasée
Descendaient ses discours,
Comme on voit la rosée
Au matin des beaux jours.   *Bis.*
Les âmes languissantes
Renaissaient en vigueur,
Et les vertus croissantes
Bénissaient le Seigneur.

De votre loi, Seigneur, etc.

Départ.

Que votre loi divine
Est douce aux cœurs soumis !
Votre bonté devine
Les maux de vos amis.   *Bis.*
Des ronces de la vie

Par vous découle un miel,
Qui déjà nous convie
Aux délices du ciel.

De votre loi, Seigneur, la beauté nous enflamme ;
Un de vos envoyés nous a parlé de vous !
Rendez-lui tous les biens qu'il a faits à nos âmes,
Et s'il quitte ces lieux demeurez avec nous.

Vous envoyez vos anges
Autour de nos autels ;
Vous dictez vos louanges
A la voix des mortels. *Bis.*
Daignez bénir le zèle
Du ministre chrétien
Qui, suivant son modèle,
Passe en faisant du bien.
De votre loi, Seigneur, etc,

POUR LA NOMINATION OU L'INSTALLATION DES DIGNITAIRES.

Air : *Jésus paraît en sauveur.*

Avant la nomination.

Enfants, pour vous quel beau jour !
Le Sauveur tour à tour
Vous appelle avec amour.
Enfants, pour vous quel beau jour !
Du grand roi venez former la cour !
Autour de sa croix
Son auguste voix
Rassemble avec choix
Ceux qui chérissent ses lois,
Enfants, de sa croix
Ecoutons la voix
Et de son cœur bénissons le choix.

Après la nomination de l'intendant ou de l'intendante.

Soyez béni du Seigneur,
Enfant plein de candeur,
Les délices de son cœur.
Soyez béni du Seigneur,
Jeune agneau chéri du bon pasteur.
Souvent combattu
Jamais abattu,
D'honneur revêtu,
Croissez toujours en vertu ;
Toujours revêtu
D'honneur, de vertu,
Triomphez de l'orgueil abattu.

Après la nomination des assistants, des assistantes et des autres grands dignitaires.

Mortels, qui vous nommez grands,
Les soucis dévorants
Et la mort sont vos tyrans.
Mortels, qui vous nommez grands,
Combattez pour des noms et des rangs !
Ici sans courroux
Des titres plus doux
Nous unissent tous,
Loin du monde et loin de vous ;
Notre prince à tous
Est l'agneau si doux
Qui du ciel désarme le courroux.

Après la nomination des premiers ou des premières de bancs.

Nous travaillons pour les cieux :
Dans le royaume heureux
Tous les rangs sont glorieux :
Nous travaillons pour les cieux,

Comme au printemps un essaim joyeux.
    L'abeille à la fleur
    Ravit sa douceur,
    Tandis que sa sœur
Fait le miel avec lenteur.
    Des vertus en fleur
    Cueillons la douceur
Et prenons la sagesse pour sœur.

APRÈS LA PUBLICATION DE LA LISTE D'ADMISSION A LA PREMIÈRE COMMUNION.

Air : *Qu'ils sont aimés* 319.

Qu'on est heureux au printemps de son âge !
Jésus chérit et bénit les enfants ;
Jésus se plaît à leur simple langage,
Jésus se plaît à leurs vœux innocents.

Nous l'éprouvons, il ne peut plus attendre
A couronner les vœux que nous formons.
O le bon maître ! ô l'ami le plus tendre !
Dans peu de jours nous le posséderons.

Nos chers parents, secondez l'allégresse
Qui se répand en tous nos jeunes cœurs.
Ah ! bénissons de Jésus la tendresse,
Bénissons tous de Jésus les faveurs.

POUR LE MOIS DE MARIE.

Air n. 56, en *Sol—Ré*.

Dans ce beau mois, lorsqu'au nom de Marie
Un doux soleil sourit aux jeunes fleurs,
Mère si tendre et toujours plus chérie,
Souris toi-même aux désirs de nos cœurs !
    Vierge si chère
    Aux premiers ans,

Sois notre mère,
Et bénis tes enfants!

Voués à toi dès notre plus bel âge,
S'il faut connaître un monde criminel,
Près de Jésus, en dépit de l'orage,
Nous dormirons sur ton sein maternel.
  Conduis, éclaire
   Nos premiers ans;
   Sois notre mère,
  Et bénis tes enfants!

Le noir dragon, qui rôde avec furie,
Veut nous ravir le cœur, notre seul bien.
Oh! croyez-moi! donnons-nous à Marie;
L'enfer pour lui ne trouvera plus rien.
  Conduis, éclaire
   Nos premiers ans;
   Sois notre mère,
  Et bénis tes enfants!

D'un Dieu clément la tendresse éternelle
Nous donne au ciel sa mère pour appui.
Heureux enfants! en travaillant pour elle
Nous serons sûrs de travailler pour lui.
  Conduis, éclaire
   Nos premiers ans,
   Sois notre mère
  Et bénis tes enfants!

Ta volonté par nous sera suivie;
Oui, nous t'aimons et nous venons t'offrir
Tout notre cœur, nos désirs, notre vie
Et notre mort, puisqu'il faudra mourir.
  Vierge si chère
   Aux premiers ans,
   Sois notre mère,
  Et bénis tes enfants!

Air n. 72, en *Mi bémol—Mi*. 244.

Reine des cieux, de notre tendre hommage
    Nous vous offrons le faible encens ;
Que votre nom soit chanté d'âge en âge,
Qu'il soit toujours l'objet de mes accents. *Fin.*
    Les cieux l'admirent en silence :
Comment oser célébrer sa grandeur ?
    Mais oublions notre impuissance,
    Ne consultons que notre cœur.
Reine des cieux, etc.

De l'homme, hélas ! le crime est le partage ;
    Il naît coupable et corrompu :
Dieu le sauva de ce triste naufrage,
Rien n'altéra l'éclat de sa vertu.   *Fin.*
    Ainsi du lis dans nos prairies
Rien ne ternit la brillante couleur ;
    Entouré de tiges flétries,
    Il ne perd rien de sa blancheur.
De l'homme, hélas ! etc,

L'appât trompeur et séduisant des vices
    Ne corrompit jamais son cœur :
Plaire à son Dieu fit toujours ses délices,
Vivre pour lui fit toujours son bonheur. *Fin.*
    Bientôt son aimable innocence
Et ses vertus vont recevoir leur prix :
    Le jour paraît, l'instant s'avance...
    Le fils d'un Dieu devient son fils.
L'appât trompeur, etc.

AUTRE SUR LE MOIS DE MARIE.

Air n. 43, en *La—Mi.*

O mois heureux,
Que notre âme attendrie

Depuis long-temps appelait de ses vœux !
O mois des fleurs ! sois le mois de Marie :
Brille pour nous plus pur, plus radieux,
    O mois heureux !

    Coulez, beaux jours,
    Jours chers à l'innocence,
Jours où nos cœurs à Marie ont recours,
Jours qu'a choisis notre reconnaissance,
Jours dont Marie embellira le cours,
    Coulez, beaux jours.

    Petits oiseaux
    Que le printemps ramène,
Célébrez tous par des concerts nouveaux
De l'univers l'aimable souveraine,
Et choisissez de vos chants les plus beaux,
    Petits oiseaux !

    O mois heureux ! etc.

AUTRE SUR LE MOIS DE MARIE.

Air connu.

    Tendre Marie,
    Souveraine des cieux,
    Mère chérie,
    Patronne de ces lieux,
    Veillez sur notre enfance,
    Sauvez notre innocence,
Conservez-nous ce trésor précieux !

    Mère de vie,
    O doux présent des cieux,
    De Dieu choisie
    Pour combler tous nos vœux,
    Voyez notre misère ;
    Montrez-vous notre mère ;
Protégez-nous en ces jours orageux.

L'enfer s'élance :
Dans sa noire fureur
De notre enfance
Il veut ternir la fleur.
A peine à notre aurore,
Oui, nous vaincrons encore
Si votre amour nous promet sa faveur.

Dès le jeune âge
On peut être au Seigneur :
De notre hommage
Offrez-lui la ferveur.
Pour embraser nos âmes,
Ah ! prêtez-nous vos flammes,
Mère de Dieu, prêtez-nous votre cœur.

O bienfaitrice
De nos plus jeunes ans !
O protectrice
De nos derniers moments !
O douce, ô tendre mère,
Trop heureux de vous plaire,
Toujours, toujours nous serons vos enfants.

AUTRE SUR LE MOIS DE MARIE.

Air *nouveau*.

Reçois nos hommages
Dans ce mois des fleurs ;
Retiens les orages
Sous tes pieds vainqueurs.
Ah ! les douces fêtes
Calment les tempêtes
 Toujours !
Divine Marie,
O Vierge chérie,

Sois nos amours
Toujours, toujours !
La nature entière
Semble sous ta loi ;
Hormis le tonnerre
Tout parle de toi.
Le chant des campagnes
Redit aux montagnes :
  Toujours !
Divine Marie,
O Vierge chérie !
 Sois nos amours
 Toujours ! toujours !

Garder l'innocence
C'est t'aimer encor :
Mais si l'imprudence
Perd son doux trésor,
O Vierge céleste !
Ta bonté nous reste
  Toujours !
Divine Marie,
O Vierge chérie !
 Sois nos amours
 Toujours ! toujours !

Une âme infidèle
Peut bien t'offenser,
Te chasser loin d'elle,
Jamais te lasser.
Son malheur t'implore...
Tu reviens encore,
  Toujours !
Divine Marie,
O Vierge chérie !
 Sois nos amours
 Toujours ! toujours !

AUTRE SUR LE MOIS DE MARIE.

Air *connu*, en *Ré—Ré*. 241.

Triomphons, notre mère est au sein de la gloire,
Jusques aux cieux, où son trône est porté,
Le seul espoir dont son cœur est flatté
Est de voir ses enfants partager sa victoire.
Reine des cieux, de vos enfants
Reconnaissez, écoutez le langage ;
Ils osent de leur cœur vous présenter l'hommage,
Vous exprimer leurs sentiments.
Guidés par la reconnaissance,
Ils vous consacrent leur enfance.
Toujours vous plaire est leur désir. } *Bis.*
Vous aimer (*bis*) fait leur plaisir.
Triomphons, etc.

C'est dans son cœur que désormais
Pour être heureux j'ai fait choix d'un asile ;
Mes jours sont plus sereins, mon âme est plus
Et mon esprit goûte la paix. [tranquille,]
Dans cette aimable solitude
L'aimer est mon unique étude ;
Son tendre cœur fut mon berceau, } *Bis.*
Dans son cœur (*bis*) sera mon tombeau
Triomphons, etc.

Quand verrons-nous cet heureux jour
Où la vertu recevra sa couronne ?
Sa main nous la présente et son cœur nous la donne ;
C'est le triomphe de l'amour.
Dans cette attente je désire,
Je veux être heureux, je soupire :
Désir, hélas ! cher à mon cœur, } *Bis.*
Doux espoir (*bis*), soutiens mon ardeur.
Triomphons, etc,

POUR LES JOURS DE FÊTE LORSQU'IL Y A EU COMMUNION.

Air n. 68, en *La—Mi.* 330.

Célébrons ce grand jour par des chants d'allégresse;
Nos vœux sont enfin satisfaits;
Bénissons le Seigneur, publions sa tendresse;
Chantons, exaltons ses bienfaits.

Pour nous, tout pécheurs que nous sommes,
Il descend des cieux en ce jour :
C'est parmi les enfants des hommes
Qu'il aime à fixer son séjour.

Chantons sous cette voûte antique
Le Dieu qui règne sur nos cœurs;
Célébrons par un saint cantique
Et notre amour et ses faveurs. *Bis.*

Enfants chéris de Dieu, que cette auguste enceinte
Retentisse de nos concerts;
Ces lieux sont tout remplis de la majesté sainte
Du Dieu puissant de l'univers.

Bon père, à ses enfants qu'il aime
(Cieux admirez tant de bonté!)
Il donne en se donnant lui-même
Le pain de l'immortalité. Chantons, etc.

En ce jour solennel, nourris du pain des anges,
Bénissons-le, jeunes chrétiens;
Chantons-le tour à tour, répétons les louanges
Du Dieu qui nous comble de biens.

Bon pasteur, aux meilleurs herbages
Il conduit ses jeunes agneaux;
Il les mène aux plus frais ombrages,
Il les mène aux plus claires eaux. Chantons,

Oui, Seigneur, désormais rangés sous ton empire,
  Nous y voulons vivre et mourir;
Mais ce vœu que l'amour aujourd'hui nous inspire
  Pouvons-nous sans toi l'accomplir?
    C'est toi qui nous donnas la vie :
    Que ta grâce en règle le cours;
    Que ta loi constamment suivie
    Console enfin nos derniers jours. Chant., etc

POUR LES JOURS DE COMMUNION DU MOIS.

Air n. 20, en *Fa—La.* 336.

Toi dont la puissance infinie
Du néant a fait l'univers,
O toi qui règles l'harmonie
Des globes roulant dans les airs!
Du haut de ton trône immuable,
Seigneur, daigne écouter nos chants;
Prête une oreille favorable
Aux vœux de tes faibles enfants.

Gardiens des célestes portiques,
Chérubins, d'amour embrasés,
Pour vous unir à nos cantiques
Quittez la gloire où vous régnez.
A notre sainte et douce ivresse
Accourez mêler vos transports,
Votre amour à notre tendresse,
Et vos accords à nos accords.

Tel qu'un monarque débonnaire,
Fuyant le faste de sa cour,
Descend jusqu'à l'humble chaumière
Où le pauvre fait son séjour;
Tel, et plus généreux encore,
Des cieux abaissant la hauteur,

Le Dieu que l'univers adore
Est descendu dans notre cœur.

Quel torrent de pures délices
M'inonda près de vos autels !
Seigneur, j'y goûtai les prémices
Des plaisirs purs des immortels ;
Là, de joie et d'amour ravie,
Mon âme en ce jour fortuné
S'est paisiblement endormie
Sur le sein de son bien-aimé.

Air en *Fa—Ut*.

Je l'ai trouvé le seul objet que j'aime ;
Je l'ai trouvé, je ne le quitte plus :
Je le possède au milieu de moi-même ;
Oui, je le tiens ; mon cœur dit : c'est Jésus.

Oui, c'est Jésus, le trésor de la terre ;
Oui, c'est Jésus, la richesse des cieux ;
C'est notre Dieu, notre ami, notre frère,
Dont la beauté ravit les bienheureux.

O doux Jésus ! ô source souveraine
Des biens parfaits, des célestes faveurs !
Ah ! liez-moi d'une puissante chaîne,
Eternisez l'union de nos cœurs.

Oui, je le sens, Jésus est dans mon âme ;
Par sa présence il réjouit mon cœur ;
Il me console, il m'instruit, il m'enflamme,
Me fait goûter déjà le vrai bonheur.

Pour m'assurer cette joie ineffable
Je n'aimerai que Jésus, mon Sauveur ;
Je ne verrai hors de lui rien d'aimable :
Il aura seul mon esprit et mon cœur.

Air en *Sol— Si.*

Adorons ici notre Dieu ;
C'est lui, chrétiens, rendons-lui notre homma
Que la foi perce le nuage
Qui nous le cache en ce saint lieu.

Prosternons-nous tous à ses pieds,
Brisons nos cœurs, implorons sa clémence ;
Si grande que soit notre offense,
Son sang suffit pour l'expier.

Bénissez-nous, ô doux Jésus !
Jetez sur nous un regard salutaire,
Ce doux regard d'un tendre père,
Ce regard qui fait vos élus.

Gloire, honneur, bénédiction,
Gloire au Seigneur, au sauveur de nos âmes !
Que nos cœurs dans de saintes flammes
Brûlent d'amour pour son saint nom.

Air en *Ré—La.*

Aux chants de la victoire
Mêlons des chants d'amour
En ce jour ;
Dieu descend de sa gloire
En cet heureux séjour ;
Terre, frémis de crainte,
Voici le Dieu jaloux
Près de nous :
Sous sa majesté sainte,
O cieux ! abaissez-vous

Qu'un nuage obscurcisse
L'éclat de ce grand roi
Devant moi ;
Le soleil de justice
Luit toujours à ma foi.

Perçant les voiles sombres
Qui dérobent ses feux
    A mes yeux,
J'aperçois sous ces ombres
Le monarque des cieux.

En vain, foudres de guerre,
Vous semez sous vos pas
    Le trépas :
Jésus dompte la terre
Par de plus doux combats.

Son amour et ses charmes
Sont peints en traits de feux
    En tous lieux :
C'est par ces seules armes
Qu'il est victorieux.

Ce doux vainqueur s'avance ;
Offrez, tendres enfants,
    Vos présents ;
Offrez de l'innocence
Et les vœux et l'encens.

Partout sur son passage
S'il voit voler vos fleurs
    Et vos cœurs,
Il paiera votre hommage
Des plus riches faveurs.

Va, mondain trop volage,
Va t'égarer encor
    Loin du port :
Dans un triste naufrage
Tu trouveras la mort.

Mais vous qui sous ses ailes
Jouissez des bienfaits
    De la paix,
Que vos cœurs soient fidèles
Et l'aiment à jamais.

Air en *Ré—La*.

Je vois s'ouvrir l'auguste tabernable :
Sur cet autel paraît le roi des cieux ;
Heureux mortels ! ce temple est un cénacle,
L'esprit d'amour le remplit de ses feux. *Bis*.
Divin Jésus, mon âme s'abandonne
Aux saints transports qu'inspire ton amour :
O mon Sauveur ! tu m'offres ta couronne,
Et tu ne veux que mon cœur en retour. *Bis*
Je suis à toi; mais quelle est ma faiblesse !
Répands sur moi ta bénédiction ;
Soutiens mon cœur, daigne par ta tendresse
Eterniser cette heureuse union. *Bis*.

Air en *Ré—La*.

Il n'est pour moi qu'un seul bien sur la terre,
Et c'est Dieu seul; Dieu seul est mon trésor ;
Dieu seul, Dieu seul allège ma misère,
Et vers Dieu seul mon cœur prendra l'essor.
  Je bénis sa tendresse,
  Et répète sans cesse
Ce cri d'amour, cet élan d'un grand cœur :
Dieu seul, Dieu seul, voilà le vrai bonheur.

Dieu seul, Dieu seul guérit toute blessure ;
Dieu seul, Dieu seul est un puissant secours ;
Dieu seul suffit à l'âme droite et pure,
Et c'est Dieu seul qu'elle cherche toujours.
  Répétons, ô mon âme !
  Ce chant qui seul enflamme,
Ce cri d'amour, cet élan d'un grand cœur :
Dieu seul, Dieu seul, voilà le vrai bonheur !

Quel déplaisir pourra jamais atteindre
Cet heureux cœur que Dieu seul peut charmer
Grand Dieu ! quels maux ce cœur pourra-t-il craindre ?
Il n'en est point quand on sait vous aimer.

Aimer un si bon père
C'est commencer sur terre
Ce chant d'amour de la sainte cité :
Dieu seul, Dieu seul pour une éternité.

POUR LA FÊTE DES ASSOCIÉES.

Air en Si bémol—Fa.

Perçant les voiles de l'aurore,
Le jour apparaît dans les cieux:
Ainsi, Cœur sacré que j'adore,
Tout rayonnant d'amour tu viens frapper mes yeux.
 Séraphins, à ce roi suprême   *Bis.*
Souffrez que j'offre vos ardeurs :
Pour aimer Jésus comme il aime,
Faibles mortels, c'est trop peu de nos cœurs.

Toujours dans cet auguste asile
Jésus va régner en vainqueur;
Venez, peuple tendre et docile,
Au pied de ses autels rendre hommage à son cœur.
 Séraphins, etc.

Ce cœur généreux, magnanime
Du ciel irrité contre nous
Voulut devenir la victime,
Et nous mettre à l'abri des traits de son courroux.
 Séraphins, etc.

Des instruments de son supplice
Il dresse un trophée en ce jour :
Quel noble et touchant artifice
Pour captiver nos cœurs, les gagner sans retour!
 Séraphins, etc.

POUR LE TEMPS DE NOEL.

Air n. 38, en Ré—La. 313.

Amour, honneur, louange
Au Dieu sauveur dans son berceau;
Chantons avec les anges
Un cantique nouveau.   *Fin.*

Si cet enfant verse des pleurs
C'est pour attendrir les pécheurs,
Et mettre fin à nos malheurs :
   Chargé de notre offense,
Il calme le courroux des cieux ;
   La paix par sa naissance
   Va régner en tous lieux.   Amour, etc.

Si notre cœur est dans l'ennui
Nous ne devons chercher qu'en lui
Et notre force et notre appui.
   Loin de nous les alarmes,
Le trouble et les soucis fâcheux ;
   Un jour si plein de charmes
   Doit combler tous nos vœux. Amour, etc.

Quand il nous voit près de périr
Pour nous lui-même il veut s'offrir,
Et par sa mort vient nous guérir.
   À l'ardeur qui le presse
Joignons nos généreux efforts,
   Et que de sa tendresse
   Tout suive les transports. Amour, etc.

Ne craignons plus le noir séjour ;
Ce Dieu qui naît pour notre amour
Nous ouvre la céleste cour :
   Le démon plein de rage
A beau frémir dans les enfers:
   De son dur esclavage
   Nous briserons les fers.   Amour, etc.

    Air n. 40, en *Si mineur—Fa*. 116.

Silence, ciel! silence, terre!
Demeurez dans l'étonnement:
Un Dieu pour nous se fait enfant.
L'amour vainqueur en ce mystère

Le captive aujourd'hui
Tandis que toute la terre, *Bis.*
Que toute la terre est à lui.
Disparaissez, ombres, figures,
Faites place à la vérité;
Notre Dieu dans l'humanité
Vient accomplir les Ecritures :
　Il naît pauvre aujourd'hui, Tandis, etc.
A minuit une Vierge-mère
Produit cet astre lumineux :
A ce moment miraculeux
Nous appelons Dieu notre frère.
　Qui croirait aujourd'hui,
　Hélas! que toute la terre, etc.
Il a pour palais une étable,
Pour courtisans deux animaux,
Pour lit la paille et les roseaux;
Et c'est cet état lamentable
　Qu'il choisit aujourd'hui, Tandis, etc.
Quel spectacle, humaine sagesse!
La grandeur dans l'abaissement,
L'Eternel enfant d'un moment,
Un Dieu revêtu de faiblesse,
　Souffrant et sans appui, Tandis, etc.
Glaçons, frimas, saison cruelle,
Suspendez donc votre rigueur :
Vous faites souffrir votre auteur,
Qui veut de sa gloire éternelle
　Descendre en ce réduit, Tandis, etc.
Venez, pasteurs, en diligence
Adorer votre Dieu sauveur;
Il est jaloux de votre cœur;
Il vous aime par préférence;
　Il naît pauvre aujourd'hui, Tandis, etc.

Et nous aussi, pleins d'allégresse,
Volons au berceau de Jésus
Mettre à ses pieds tous les tributs
De l'amour et de la tendresse,
 Tous ensemble aujourd'hui, Tandis, etc.

POUR LA FÊTE DU PETIT CATÉCHISME DES FILLES.

Air n. 68, en *La—Mi.* 237.

Quel beau jour vient s'offrir à notre âme ravie,
 Nous inspirer des chants joyeux !
Les temps sont accomplis, Dieu prépare en Marie
 L'accord de la terre et des cieux.
 Cette terre ingrate et rebelle
 Du ciel provoquait le courroux,
 Vierge humble, modeste et fidèle,
 C'est toi qui vas nous sauver tous.
 Chantons cette fête chérie,
 Ce jour de grâce et de bonheur,
 Et que le doux nom de Marie
 Règne à jamais dans notre cœur.

Triomphez, ô mortels, et que l'enfer frémisse!
 Tous ses efforts sont impuissants :
Dieu, qui fait embrasser la paix et la justice,
 Va vous adopter pour enfants.
 Ah! puisqu'il devient notre frère
 Rien ne doit manquer à nos vœux;
 Il sait bien qu'il faut une mère
 A l'homme faible et malheureux. Chantons,

Voyez éclore un lis, et sa tige éclatante
 Exhaler la plus douce odeur ;
Telle est à son berceau votre reine naissante,
 Pleine de grâce et de douceur.
 L'amour, la candeur, l'innocence
 Accompagnent ses premiers pas.
 O l'heureuse, ô l'aimable enfance!
 Pourrions-nous ne l'imiter pas?,,Chanton

O divine Marie ! ô notre tendre mère !
　　Daignez nous bénir en ce jour ;
Songez que cet asile est votre sanctuaire,
　　Qu'il a des droits à votre amour :
　　À cette famille attendrie
　　Inspirez toujours la ferveur,
　　Et qu'au ciel, comme en cette vie,
　　Nous soyons tous en votre cœur. Chantons.

　　　　Air *de l'Amandier*, en *Ré—La*

Trop heureux enfants de Marie,
Venez entourer ses autels :
Venez d'une mère chérie
Chanter les bienfaits immortels.
Et vous, célestes chœurs des Anges,
Prêtez-nous vos divins accords.
Que tout célèbre ses louanges,
Que tout seconde nos transports.

Vierge, le plus parfait ouvrage
Sorti des mains du Créateur ;
Beauté pure, heureux assemblage
Et d'innocence et de grandeur,
Quel éclat pompeux t'environne
Au brillant séjour des élus !
Le Très-Haut lui-même y couronne
En toi la reine des vertus.

Contre la timide innocence
L'enfer, le monde conjurés
Veulent ravir à ta puissance
Des cœurs qui te sont consacrés.
Toujours menacé du naufrage,
Toujours rejeté loin du port,
Jouet des vents et de l'orage,
Quel sera donc enfin mon sort ?

Mais déjà le sombre nuage
S'éloigne : je le vois pâlir;
Je sens renaître mon courage....
Non, non, je ne saurais périr.
Du sein de la gloire éternelle
Ma Mère anime mon ardeur :
Si mon cœur lui reste fidèle
Par elle je serai vainqueur.

Doux appui de notre espérance,
O Mère de grâce et d'amour !
Heureux qui dès sa tendre enfance
A toi s'est voué sans retour ;
Ta main daigne essuyer ses larmes,
Tu le soutiens dans ses combats ;
Il voit le terme sans alarmes,
Et s'endort en paix dans tes bras.

CONSÉCRATION DES ENFANTS A MARIE.

Air en *Ut—Sol*.

Vous en êtes témoins, anges du sanctuaire,
De la Mère de Dieu nous sommes les enfants;
C'en est fait, et Marie a reçu nos serments! :
Honneur, respect, amour à notre auguste Mère!
Oui, nous l'avons juré, nous sommes ses enfants;
Nous faisons de nos cœurs le don le plus sincère;
Que la terre et les cieux redisent nos serments;
Guerre au monde, à Satan; amour à notre Mère.

De puissants ennemis nous déclarent la guerre;
Je sens mon cœur frémir à l'aspect des combats.
Soutiens-nous, ô Marie ! à nos débiles bras
Daigne ajouter l'appui de ton bras tutélaire.
Oui, nous l'avons juré, etc.

Si pour nous enchaîner des faux biens de la vie
Le monde offre à nos yeux les attraits imposteur
Disons-lui, repoussant ses funestes douceurs,

Mon cœur n'est plus à moi, mon cœur est à Marie.
Oui, nous l'avons juré, etc.

L'enfer peut de sa rage exciter la tempête,
Le dragon orgueilleux peut frémir de courroux;
L'invincible Marie a triomphé pour nous;
Pour nous du vieux serpent elle a brisé la tête.
Oui, nous l'avons juré, etc.

Ainsi toujours vainqueurs si son bras nous seconde,
Et chargés de lauriers dès nos plus tendres ans,
Toujours nous foulerons sous nos pieds triomphants
Les pompes de Satan, les vains plaisirs du monde.
Oui, nous l'avons juré, etc.

CONSÉCRATION DES ENFANTS A JÉSUS.

Air en *Ré—La.*

Que le Seigneur est bon, que son joug est aimable!
Heureux qui dès l'enfance en connaît la douceur!
Jeune peuple, courez à ce maître adorable:
Les biens les plus charmants n'ont rien de comparable
Aux torrents des plaisirs qu'il répand dans un cœur.

CHOEUR.

Que le Seigneur est bon! que son joug est aimable!
Heureux qui dès l'enfance en connaît la douceur!
 Il s'apaise, il pardonne;
 Du cœur ingrat qui l'abandonne
 Il attend le retour;
 Il excuse notre faiblesse;
 A nous chercher même il s'empresse.
 Pour l'enfant qu'elle a mis au jour
 Une mère a moins de tendresse.
Ah! qui peut avec lui partager son amour?

CHOEUR.

Que le Seigneur, etc.
Jeune peuple, courez, etc.

CHOEUR.

Que le Seigneur, etc.
Jeune peuple, courez, etc.

CHOEUR.

Que le Seigneur, etc.

Air en Ré—La.

 Pleins de ferveur,
 Brûlons sans cesse,
 Pleins de ferveur
 Pour le Seigneur.
A n'aimer que lui tout nous presse;
Lui seul mérite notre cœur.
 Pleins de ferveur,
 Brûlons sans cesse,
 Pleins de ferveur
 Pour le Seigneur.

 Lui seul est grand,
 Seul adorable;
 Lui seul est grand,
 Seul tout puissant.
Ah! qu'il est beau! qu'il est aimable!
En lui que tout est ravissant!
 Lui seul est grand, etc.

 Plein de bonté
 Pour un coupable,
 Plein de bonté,
 De charité,
Ce Dieu dans son sang adorable
A lavé mon iniquité.
 Plein de bonté, etc.

 Viens m'animer,
 Amour céleste,

Viens m'animer,
Viens m'enflammer!
Plein de dégoût pour tout le reste,
C'est Dieu seul que je veux aimer.
Viens m'animer, etc.

Ce n'est qu'à vous
Que je veux être.
Ce n'est qu'à vous,
O Dieu si doux!
Possédez seul, aimable Maître,
Un cœur dont vous êtes jaloux;
Ce n'est qu'à vous, etc.

POUR L'ACTE DE CONTRITION.

Air en *Ut mineur*—Sol. 81.

A tes pieds, Dieu que j'adore,
Ramené par mes malheurs,
Tu vois mon cœur qui déplore
Ses écarts et ses erreurs.
Seigneur! Seigneur!
Ah! reçois, reçois encore } *Bis.*
Mes soupirs et ma douleur.
Seigneur, etc.

Si mon crime, qui te blesse,
Sollicite ton courroux,
Ton indulgence te presse
De me sauver de tes coups.
Seigneur! Seigneur!
J'attends tout de ta tendresse; } *Bis.*
Désarme ton bras vengeur.
Seigneur, etc.

Je ne puis rien sans ta grâce,
Daigne donc me secourir;
Seul j'ai causé ma disgrâce,
Seul je ne puis revenir.

Seigneur! Seigneur!
L'espoir enfin a fait place
A ma trop juste frayeur. } *Bis.*
  Seigneur, etc.

Mes soupirs sont ton ouvrage;
Puisse mon cœur malheureux
Te venger de mon outrage
Et de mes coupables feux!
  Seigneur! Seigneur!
Que mon cœur long-temps volage
N'aime plus que sa douleur.
  Seigneur! Seigneur!
Que mon cœur long-temps volage
N'aime plus que sa douleur!

POUR L'ADORATION DE LA CROIX.

Air en *Fa—Ut.*

Mon doux Jésus, enfin voici le temps
De pardonner à nos cœurs pénitents;
Nous n'offenserons jamais plus
  Votre bonté suprême,
    O doux Jésus!
Puisqu'un pécheur vous a coûté si cher,
Faites-lui grâce; il ne veut plus pécher.
  Ah! ne perdez pas cette fois
    La conquête admirable
      De votre croix.
Enfin, mon Dieu, nous sommes à genoux
Pour vous prier de pardonner à tous;
  Pardonnez-nous, ô Dieu clément!
    Lavez-nous de nos crimes
      Dans votre sang.

RETOUR DE L'ENFANT PRODIGUE.

Air en *Fa—Ut.* 216.

Un fantôme brillant séduisit ma jeunesse;
Sous le nom du plaisir il égara mes pas;

Insensé que j'étais, je n'apercevais pas
L'abîme que des fleurs cachaient à ma faiblesse.

Mais enfin revenu de mes égarements,
Remettant mon salut à ta bonté chérie,
O mon Dieu! mon soutien! après mille tourments
Quand je reviens à toi je reviens à la vie.

Plaisirs où j'avais cru ne trouver que des charmes,
Ivresse de mes sens, trompeuse volupté,
Hélas! en vous cherchant que vous m'avez coûté
De craintes, de douleurs, de regrets et de larmes!
Mais enfin, etc.

Pardonne à ton enfant, à cet enfant coupable;
Hélas! cent fois puni d'oublier tes leçons,
Même au sein des plaisirs par des remords profanes
Il expiait déjà son crime impardonnable.
Mais enfin, etc.

Oui, mon Dieu, c'en est fait: touché de ta clémence,
Je quitte pour jamais le monde et ses appas.
Nouvel enfant prodigue, appelé dans tes bras,
Je retrouve à la fois mon père et l'innocence.
Car enfin revenu de mes égarements,
Remettant mon salut à ta bonté chérie,
O mon Dieu! mon soutien! après mille tourments
Quand je reviens à toi, je reviens à la vie.

Air n. 7, en Sol—Ut.

Amour divin, je me rends à tes charmes;
Les faux plaisirs avaient trompé mon cœur:
Je ne puis plus résister à tes armes;
Oui, pour toujours tu seras mon vainqueur.

D'un faux éclat en vain brille le monde;
Pour un instant les yeux en sont épris.
C'est un éclair; mais le tonnerre gronde,
La foudre éclate, on ne voit que débris.

Non, l'homme heureux c'est celui qui vous aime,
Divin Sauveur, objet de mes soupirs ;
Il ne craint rien ; il brave la mort même :
Votre amour seul a comblé ses désirs.

L'ÉGLISE MILITANTE TRIOMPHANT DE SES PERSÉCUTEURS.

Air n. 20, en *Fa—La.*

Princes illustres de l'Eglise,
Vos travaux enfin sont finis,
Et de votre sainte entreprise
Vous avez recueilli le prix.

Les dieux sont réduits en poussière,
Le Christ seul règne en ce jour ;
Rome soumit la terre entière,
Et Rome est soumise à son tour.

Le tyran contre vous s'élève ;
Mais les victimes ont vaincu ;
Et par la croix et par le glaive
On vit triompher leur vertu.

Leur sang fertilise le monde,
Et c'est de ces flots fortunés
Que vient la semence féconde
D'où les chrétiens partout sont nés.

En vain toute une ville impie
Vous rendait les divins honneurs,
Fiers Césars, de l'ignominie
Vos corps éprouvent les horreurs !

Rome se glorifie encore
Des cendres de ces deux vainqueurs ;
Sur ces collines on honore
La croix et ses adorateurs,

O ville, ô cité somptueuse
D'où sont sortis tant de héros!
Rome, que vous êtes heureuse
D'avoir ces fondateurs nouveaux!
Par leur sang vos fameux athlètes
Ont vaincu les peuples divers,
Et par la foi seule vous êtes
Maîtresse de tout l'univers.

L'ÉGLISE MILITANTE TROIMPHANT DES HÉRÉSIES.

Air n. 80, en *Re—La*.

Elle triomphera cette Eglise immortelle :
Dieu saura dissiper de perfides complots ;
Des méchants conjurés la ligue criminelle
De leur rage à ses pieds verra briser les flots.

Arbre faible en naissant et battu par l'orage,
Elle étend aujourd'hui sur cent peuples divers
De ses rameaux sacrés le salutaire ombrage,
Et sa gloire finit où finit l'univers.

Elle voit de l'enfer les fureurs déchaînées
De son tronc vénérable affermir la vigueur,
Tandis que sans honneur languissent desséchées
Les branches qu'infecta le poison de l'erreur.

Mais le Dieu qui toujours assure sa victoire
Toujours l'éprouve aussi par d'amères douleurs.
Ah! puisque nos efforts ne font rien pour sa gloire
A ses larmes du moins nous mêlerons nos pleurs.

AVEUGLEMENT DES IMPIES ET DES ENNEMIS DE L'ÉGLISE.

Air de Choron, en *Ut—Sol*. 192.

Paraissez, Roi des rois, venez, juge suprême,
　Faire éclater votre courroux
　Contre l'orgueil et le blasphème
De l'impie armé contre vous,

Le Dieu de l'univers est le Dieu des vengeances :
Le pouvoir et le droit de punir les offenses
    N'appartient qu'à ce Dieu jaloux.

Jusques à quand, Seigneur, souffrirez-vous l'ivresse
    De ces superbes criminels,
    De qui la malice transgresse
    Vos ordres les plus solennels,
Et dont l'impiété barbare et tyrannique
Au crime ajoute encor le mépris ironique
    De vos préceptes éternels ?

Mortels, ouvrez les yeux et laissez-vous conduire
    Aux divins rayons de sa foi.
    Heureux celui qu'il daigne instruire
    Dans la science de sa loi !
C'est l'asile du juste, et la simple innocence
Y trouve son repos tandis que la licence
    N'y trouve qu'un sujet d'effroi.

Toujours à vos élus l'envieuse malice
    Tendra ses filets captieux ;
    Mais toujours votre loi propice
    Confondra les audacieux,
Vous anéantirez ceux qui nous font la guerre,
Et si l'impiété nous juge sur la terre
    Vous la jugerez dans les cieux.

JÉSUS-CHRIST ASSURANT A SON ÉGLISE L'IMMORTALITÉ.

Air connu.

Vainqueur de l'enfer et du monde,
Pour nous Jésus sort du tombeau ;
Aux horreurs d'une nuit profonde
Succède le jour le plus beau.

En proie aux plus vives alarmes,
Nous gémissons sur nos malheurs ;

Nos yeux s'ouvraient sans cesse aux larmes,
Nous mangions un pain de douleurs.

La joie a fait fuir la tristesse ;
Peuple heureux, peuple racheté,
Qu'aujourd'hui ta sainte allégresse
Chante Jésus ressuscité.

Oh ! que renferme ce mystère
De dons, de grâces, de bienfaits !
Tout nous y peint le caractère
De la victoire et de la paix.

PLAINTES DE L'ÉGLISE MILITANTE.

Air *connu*. 163.

Permettras-tu que ton culte périsse,
O Dieu sauveur, ô Fils de l'Eternel !
Quoi ! désormais l'auguste sacrifice
N'aura donc plus de temple ni d'autel ! *Bis.*

L'Eglise en deuil, plaintive, désolée,
Ne cesse, hélas ! d'implorer son époux :
Par les méchants d'insultes accablée,
Doit-elle enfin succomber sous leurs coups ? *Bis.*

Des loups cruels, ô Dieu ! confonds la rage ;
Défends, Seigneur, tes fidèles brebis :
De ton troupeau, de ton faible héritage
Epargne au moins les malheureux débris. *Bis.*

Mais c'en est fait, je vois fuir la tempête ;
Je vois briller l'aurore d'un beau jour.
Sainte Sion, pour toi quel jour de fête !
De tes enfants célèbre le retour. *Bis.*

GLOIRE DE L'ÉGLISE TRIOMPHANTE.

Air *connu*.

Chantons les combats et la gloire
Des Saints, nos illustres aïeux :

Ils ont remporté la victoire,
Ils sont couronnés dans les cieux.
Il n'est plus pour eux de tristesse,
Plus de soupirs, plus de douleurs :
Ils moissonnent dans l'allégresse
Ce qu'ils ont semé dans les pleurs.

Objets des tendres complaisances
De l'Eternel, du Tout-Puissant,
Ses grandeurs sont leurs récompenses,
Son amour est leur aliment.
Ce divin soleil de justice
Toujours échauffe, toujours luit
Sans que jamais il s'obcurcisse ;
C'est dans le ciel un jour sans nuit.

Là d'une splendeur éternelle
Brillent les martyrs triomphants,
Et dans une gloire immortelle
Règnent les confesseurs constants :
Les vierges offrent leurs couronnes,
Les époux leur fidélité,
Le riche montre ses aumônes,
Et le pauvre sa piété.

Là d'une charité parfaite
Tous les bienheureux sont unis :
De cette paisible retraite
Tous les envieux sont bannis.
Il n'est plus de sollicitude
Qui trouble leur félicité,
Ils sont dans une quiétude
Qui remplira l'éternité.

Grands Saints, vous êtes nos modèles,
Nous serons vos imitateurs ;
Nous voulons vous être fidèles,
Daignez être nos protecteurs.

Puissions-nous, marchant sur vos traces,
Etre toujours à Dieu soumis !
Sollicitez pour nous ses grâces,
Puisque vous êtes ses amis.

Vous habitez votre patrie,
Et nous errons comme étrangers;
Votre sort est digne d'envie,
Et le nôtre plein de dangers.
Vous fûtes tout ce que nous sommes,
Au mal exposés comme nous;
Demandez au Sauveur des hommes
Qu'un jour nous régnions avec vous.

MÊME SUJET.

Air ancien. 262.

O vous que dans les cieux unit la même gloire,
Notre hommage en ce jour vous unit ici-bas ;
Dans de pieux transports nous chantons la victoire
    Dont Dieu couronne vos combats. *Bis.*

Pleins du céleste amour, au sein de la sagesse
Vous goûtez à longs traits les plus chastes plaisirs ;
Votre âme s'y repaît dans une sainte ivresse
    Du seul objet de vos désirs. *Bis.*

Elevé sur un trône où l'entourent des flammes,
L'Immense se complaît dans ses propres grandeurs.
Prodigue envers ses saints, il s'unit à leurs âmes,
    Et les remplit de ses faveurs. *Bis.*

Sur l'autel où Dieu brille armé de son tonnerre
L'Agneau paraît couvert de son sang précieux :
La victime, une fois offerte sur la terre,
    S'offre sans cesse dans les cieux. *Bis.*

Investis des rayons de sa gloire suprême,
Devant Dieu les vieillards sont toujours prosternés,

Et mettent à ses pieds l'auguste diadème
  Dont sa main les a couronnés.   *Bis.*

L'EGLISE MILITANTE ET L'EGLISE TRIOMPHANTE.

Air *ancien.* 266.

D. Du séjour de la gloire,
Bienheureux, dites-nous
Après votre victoire
Quels biens possédez-vous ?

R. Ces biens sont ineffables;
Le cœur n'a point compris
Quels trésors admirables
Dieu garde à ses amis.

D. Martyrs, dont le courage
Triompha des bourreaux,
Quel est votre partage
Après de si grands maux ?

R. Tous, la couronne en tête
Et la palme en nos mains,
Nous chantons la conquête
Du Sauveur des humains.

D. Docteurs, fameux oracles,
Interprètes des cieux,
Par quels nouveaux miracles
Dieu frappe-t-il vos yeux ?

R. Ah ! quel bonheur extrême
D'aller en sûreté
Dans le sein de Dieu même
Puiser la vérité.

ESPÉRANCE DE L'ÉGLISE MILITANTE.

Air *nouveau.*

O jour dont le bonheur remplit notre espérance !
Jésus d'entre les morts était ressuscité,

Encor teint de son sang, par sa propre puissance
Il s'élève au séjour de son éternité.

Nous tous pouvons cueillir les fruits de sa victoire
Si nous suivons les pas de ce chef glorieux :
Mais pour être avec lui rassemblés dans la gloire
Il faut qu'un même esprit nous anime en ces lieux

Il quitte ses enfants, et leur rend sa présence;
Sur son mystique corps il verse son esprit;
Il veille à nos besoins, et malgré son absence
Sa main guide nos pas et sa voix nous instruit

Il règne dans les cieux, où sa bonté propice
Prépare à ses enfants un glorieux séjour :
Que sa grâce ici-bas avec lui les unisse
Par les tendres liens de son divin amour.

SOUPIRS DE L'ÉGLISE MILITANTE.

Air n. 60, en *Sol—Si*. 185.

Sainte Sion, ravissante demeure,
Du vrai bonheur délicieux séjour;
    Quand viendra l'heure
    Et le beau jour
Où j'y verrai l'objet de mon amour?
Ah! que ne puis-je y voler tout à l'heure!

Hélas! sans toi, mon adorable maître,
Mon cœur gémit et souffre un long tourment.
    Qui sait connaître
    Ce Dieu charmant
Ne peut sans lui vivre heureux un moment;
Ah! quel mortel loin de toi pourrait l'être?

Je t'aperçois, magnifique héritage,
Chère patrie, ah! je vois tes attraits;
    Heureux partage!
    Oui, pour jamais

Mon bien-aimé, l'objet de mes souhaits,
De mon bonheur sera le tendre gage.

Du paradis les beautés ravissantes
Charment mon cœur, enchantent tous mes sen
  Voix si touchantes,
  Tendres accents !
Divins concerts, plaisirs toujours naissants,
Je vois partout fêtes attendrissantes.

Chrétiens, chantons ; quand te contemplerai-je
Dans ta maison, mon aimable Sauveur ?
  Quand t'y verrai-je
  Pour mon bonheur ?
Au paradis quand te louera mon cœur ?
Tendre Jésus, ah ! quand t'y bénirai-je ?

GÉMISSEMENTS DE L'ÉGLISE SOUFFRANTE.

Air en *Ut Mineur — Sol.* 277.

Au fond des brûlants abîmes
Nous gémissons, nous pleurons ;
Et pour expier nos crimes
Loin de Dieu nous y souffrons.
  Hélas ! hélas !
Feu vengeur, de tes victimes
Les pleurs ne t'éteignent pas.

A l'aspect de nos supplices,
Chrétiens, attendrissez-vous :
A nos maux soyez propices,
O nos frères ! sauvez-nous.
  Hélas ! hélas !
Le ciel sans vos sacrifices
Ne les abrégera pas.

De ces flammes dévorantes
Vous pouvez nous arracher :

Hâtez-vous, âmes ferventes;
Dieu se laissera toucher.
    Hélas! hélas!
De ces peines si cuisantes
La fin ne vient-elle pas?

Grand Dieu! de votre justice
Désarmez le bras vengeur :
Que notre malheur finisse
Par le sang d'un Dieu sauveur.
    Hélas! hélas!
Votre main libératrice
Ne s'étendra-t-elle pas?

RETRAITE DE LA QUINQUAGÉSIME.

CANTIQUE D'OUVERTURE DE LA RETRAITE.

Air n. 5, en Ré—Ré.

Voici les jours de la miséricorde
Depuis long-temps désirés de mon cœur,
Jours que le ciel dans sa bonté m'accorde;
Jours de salut, de paix et de bonheur.

Jours de bonheur pour une âme innocente;
Elle y reçoit les célestes faveurs;
Jours de bonheur pour l'âme pénitente,
Car il est doux de pleurer ses erreurs.

Ouvre-moi donc ton enceinte tranquille,
Douce retraite, asile de la paix ;
Là le Seigneur se montre plus facile;
C'est là qu'il aime à verser ses bienfaits.

Lui-même a dit : Au sein de la retraite
Je conduirai l'insensible pécheur;

Par les plaisirs son âme est trop distraite:
Là je pourrai lui parler cœur à cœur.

Voici, Seigneur, cet être si volage
Que votre amour poursuivit si long-temps;
Dans la retraite achevez votre ouvrage,
Fixez enfin ses désirs inconstants.

Dans le secret de cette solitude
  eveux enfin me donner au Seigneur :
Il oubliera ma longue ingratitude,
Et son amour comblera mon bonheur.

BRIÈVETÉ DE LA VIE.

Air n. 33, en *Ré mineur—Ré.* 174.

Nous passons comme une ombre vaine,
Nous ne naissons que pour mourir.
Quand la mort doit-elle venir ?
  L'heure en est incertaine.

La mort à tout âge est à craindre;
Chaque pas conduit au tombeau:
Tous nos jours ne sont qu'un flambeau
  Qu'un souffle peut éteindre.

Je vois un torrent en furie
Disparaître après un moment;
Hélas! aussi rapidement
  S'écoule notre vie.

Dans nos jardins la fleur nouvelle
Ne dure souvent qu'un matin;
Tel est, mortels, votre destin :
  Vous passerez comme elle.

RETOUR A JÉSUS.

Air n. 45, en *Mi mineur* —*Si.* 299.

Hélas ! j'ai vécu sans t'aimer;
Insensible à ta voix si tendre,
Toujours je tardais à me rendre
Au Dieu qui seul dut me charmer.
Le voici cet enfant rebelle
A tes pieds pleurant son erreur;
Oublieras-tu qu'à son Sauveur
Si long-temps il fut infidèle ? *Bis*.

Ah ! laisse-moi seul m'en punir;
Je satisferai ta justice :
Mon cœur va m'offrir pour supplice
De soupirer et de gémir.
Dieu ! quelle est ta bonté touchante !
Quoi ! dès l'instant de mon retour
Déjà je ressens ton amour !
Qu'heureuse est l'âme pénitente ! *Bis*.

Désormais soumis à ta loi,
Je vais vivre pour te complaire;
Je n'ai plus qu'à bénir un père
Dans mon juge et souverain roi.
Ah ! je célébrerai sans cesse
Les bienfaits du Dieu de Sion.
Pécheur, chéris un Dieu si bon,
Ne méconnais plus sa tendresse. *Bis*.

Qu'il est doux de vivre en t'aimant !
Qu'il est doux de mourir de même !
Jésus, pour ta beauté suprême
D'ardeur que j'expire à l'instant !
Mais tu prolonges mon martyre;
Ah ! du moins double mon amour,
Et que jusqu'à mon dernier jour
Pour toi sans cesse je soupire.

LE PÉCHEUR DANS LA SOLITUDE.

Air n. 5, en *Ré—Ré*. 288.

Tout me confond dans ce charmant asile,
Et chaque objet irrite ma douleur.
Jamais, Seigneur, un pécheur n'est tranquille
Si vous n'avez l'empire de son cœur.

Tout suit ici le cours de la nature,
Tout obéit à votre aimable voix :
Je suis, hélas! la seule créature
Qui ne suit point vos adorables lois.

Le clair ruisseau, dont l'onde coule et passe,
Suit le chemin que le ciel a tracé;
Mais le chemin que votre main me trace
N'est que trop tôt de mon cœur effacé.

Tel jusqu'au bout qu'il fut dès sa naissance
Un lis charmant conserve sa blancheur;
Et je perdis, hélas! mon innocence
Dès que je fus le maître de mon cœur.

Le papillon, ami du badinage,
Sans s'arrêter voltige autour des fleurs;
Je fus jadis du moins aussi volage,
Et mon erreur est plus digne de pleurs.

DOULEUR D'UNE AME SUR L'INGRATITUDE DES HOMMES ENVERS JÉSUS-CHRIST.

Air en *Sol—Ré*. 221.

Jésus est la bonté même,
Il a mille doux appas :
Cependant aucun ne l'aime,
On n'y pense presque pas :
Pendant que la créature
Nous embrase de ses feux

Pour Dieu seul notre âme est dure;
Ah! pleurez, pleurez, mes yeux.

Dieu se rend un Dieu sensible,
Afin de mieux nous charmer;
Mais en se rendant visible
A-t-il pu se faire aimer?
Lorsqu'un tendre amour le presse
De prévenir tous nos vœux,
Quel retour? Nulle tendresse.
Ah! pleurez, pleurez, mes yeux.

D'un enfant il prend les charmes
Pour attendrir les humains;
Pour cela de douces larmes
Coulent de ses yeux divins !
Notre âme est-elle attendrie
Par tous ces cris amoureux ?
Elle est toujours endurcie.
Ah! pleurez, pleurez, mes yeux.

ZÈLE POUR LA RELIGION.

Air n. 4, en *La—Mi*.

De tes bienfaits Juda n'a plus mémoire;
Dieu d'Israel, ton culte est oublié.
Permets enfin que nous vengions ta gloire,
Et que par nous ton nom soit publié.   *Bis.*

Dieu tout puissant, tu sais rendre éloquente
Quand il te plait la langue des enfants.
Au fond des cœurs par ta grâce touchante
Fais pénétrer nos timides accents.   *Bis.*

Venez, venez, enfants de la promesse!
Pour bénir Dieu mêlons nos faibles voix;
Venez apprendre à goûter sa sagesse,
Et le bonheur de vivre sous ses lois.   *Bis.*

Pour abuser votre crédule enfance
De faux amis vous promettront la paix :
Du juste seul elle est la récompense;
Dieu seul la donne, et ne trompe jamais. *Bis*.

MARIE AU PIED DE LA CROIX.

Air connu.

Viens, pécheur, et vois le martyre
De la mère du Roi des rois;
Au moment où Jésus expire
Vois Marie au pied de la croix;
Et si d'une mère chérie
Ta main ne peut sécher les pleurs,
Ah! du moins pleure avec Marie,
O toi qui causes ses douleurs.

Oui, c'est toi qui perces mon âme
D'un glaive à jamais douloureux;
C'est toi qui sur un bois infâme
Fais mourir mon fils sous mes yeux.
Pour laver tes excès, tes crimes,
Tu vois couler son sang, mes pleurs.
Aux tourments de ces deux victimes
Craindrais-tu d'unir tes douleurs?

O Marie! ô ma tendre mère!
Que de pleurs je vous ai causés!
J'ai péché!.... mais pourtant j'espère,
J'espère encore en vos bontés.
C'est moi seul qui suis le coupable,
Et Jésus souffre les douleurs;
Au sang de ce maître adorable
Puissé-je enfin mêler mes pleurs!

Puissent les clous et les épines
Qui blessèrent mon doux Jésus,

Imprimés par vos mains divines,
Dans mon cœur graver ses vertus !
J'ai causé vos longues souffrances,
Mère d'amour et de douleurs;
Puissé-je, expiant mes offenses,
Tarir la source de vos pleurs !

HOMMAGE DU COEUR A DIEU.

Air n. 19, en *Ut—Mi*. 211.

Puisque mon cœur sensible et tendre
A l'amour ne peut résister,
Loin de vouloir le lui défendre,
Je veux chercher à l'augmenter.
Mais ce n'est qu'à l'Etre suprême
Que je consacre mon ardeur :
Aimer mon Dieu plus que moi-même,
Voilà ma gloire et mon bonheur. *Bis.*

Disparaissez, cendre et poussière ;
Vains objets, je m'arrache à vous :
Dieu veut mon âme tout entière,
Il a droit d'en être jaloux.
C'est à régner qu'il me destine :
Il est mon père, il est mon roi ;
Fier d'une aussi noble origine,
Je vois tout au dessous de moi. *Bis.*

O ciel ! ô terre ! ô mer féconde !
Astres, fleurs, plantes, animaux,
Qui faites l'ornement du monde,
Nos êtres sont bien inégaux !
Vous existez tous sans connaître
La main de votre Créateur ;
L'homme seul, adorant son maître,
L'honore en lui donnant son cœur. *Bis.*

SENTIMENTS D'UNE AME QUI A TROUVÉ JÉSUS.

Air n. 7, en *Sol—Si*. 298.

C'en est donc fait; adieu, plaisirs volages,
Qui n'avez pu jamais me rendre heureux :
Vous n'aurez plus mon cœur et mes hommages
Vous n'aurez plus le tribut de mes vœux.

Je l'ai trouvé ce Dieu si plein de charmes,
Ce Dieu qui seul peut conduire au bonheur :
Il tarira la source de mes larmes,
Il saura bien consoler ma douleur.

Que pouvais-tu me présenter d'aimable
Près de l'unique et divine beauté ?
Que pouvais-tu, monde si méprisable,
Que pouvais-tu pour ma félicité ?

De toi, mon père, ô père le plus tendre,
De toi, Jésus, le plus doux des amis,
De toi je veux maintenant tout attendre !
Je sais, mon Dieu, ce que tu m'as promis.

Que tu me fis de flatteuses promesses,
Ami perfide, ô monde séducteur !
Dans ce moment je prise tes largesses :
Qu'as-tu donné ? tu corrompis mon cœur.

O mon Sauveur ! cher objet de ma flamme !
Tu t'es montré mon aimable vainqueur ;
Des plus doux feux tu pénètres mon âme,
Tu viens à moi comme un libérateur.

Trois fois heureux celui qui peut te plaire !
Il goûte alors le plaisir le plus doux.
Oh ! quel bonheur d'aimer un si bon père !
C'est notre Dieu, notre ami, notre époux.

Vive Jésus, notre unique espérance !
Consacrons-lui nos plus chers sentiments.
Dans son amour soyons pleins d'assurance,
Brûlons pour lui des feux les plus ardents.

JÉSUS SEUL DONNE LE BONHEUR.

Air n. 66, en *Ré—La*. 357.

Le monde par mille artifices
Cherche à captiver votre cœur ;
Jésus pour faire son bonheur
Vous en demande les prémices.
A qui votre cœur en ce jour
Donnera-t-il la préférence ?

TOUS.

A Jésus seul tout mon amour :
Il veut être ma récompense.

Le fidèle verse des larmes,
Que compte un ami généreux ;
Il fuit des plaisirs dangereux,
Source d'éternelles alarmes.
Mais dans son cœur, sans nul retour,
Habitent la paix, l'espérance.
A Jésus seul, etc.

De roses couronnant sa tête,
Le mondain, libre en ses désirs,
Compte ses jours par ses plaisirs,
Se promène de fête en fête ;
Mais dans l'éclat du plus beau jour
Le remords le ronge en silence.
A Jésus seul, etc.

Le chrétien sans cesse captive
Une chair rebelle à l'esprit ;
Il s'immole avec Jésus-Christ,

Se fait la guerre la plus vive ;
Sa fin est le soir d'un beau jour
Et l'heure de sa délivrance.
A Jésus seul, etc.

Contemplez l'impie en délire
Disputant son âme à son Dieu,
Le corps glacé, mais l'œil en feu :
Le blasphème en sa bouche expire.
L'horreur de l'infernal séjour
Dans son cœur habite d'avance.
A Jésus seul, etc.

Voilà donc les biens que tu donnes,
O monde ! voilà donc ta paix !
La mort change en tristes cyprès
Les myrtes dont tu nous couronnes.
Ah ! reprends ton bonheur d'un jour,
Rends-moi l'immortelle espérance.
A Jésus seul, etc.

Il viendra ce jour de victoire
Où paraîtront tous les élus
Autour du trône de Jésus,
Couronnés d'amour et de gloire.
Heureux moment ! terrible jour !
Sois ma crainte et mon espérance.
A Jésus seul, etc.

Il se lève. Oh ! quelle lumière
Luit sur le front des bienheureux !
Ciel ! dans quel état glorieux
Renaît une vile poussière !
La croix enfin brille à son tour,
La croix, mon unique espérance !
A Jésus seul, etc.

La douleur, même la plus vive,
A peine un moment a blessé :

Le monde et sa gloire ont passé
Ainsi qu'une ombre fugitive;
Tout a fini dans un seul jour,
Le plaisir comme la souffrance.
A Jésus seul, etc.

Dieu puissant, pour prix de son zèle,
Fais alors que le bon pasteur
Dans les plaines du vrai bonheur
Entre avec son troupeau fidèle.
Là tous rediront tour à tour,
Transportés de reconnaissance :
A Jésus seul tout mon amour;
Il veut être ma récompense.

FIDÉLITÉ AUX PROMESSES DU BAPTÊME.

Air n. 73, en *Mi mineur* — *Si* 285.

J'engageai ma promesse au baptême,
Mais pour moi d'autres firent serment :
Dans ce jour je vais parler moi-même,
Je m'engage aujourd'hui librement.
Je m'engage, etc.

Je crois donc en un Dieu trois personnes ;
De mon sang je signerais ma foi.
Faible esprit, vainement tu raisonnes ;
Je m'engage à le croire, et je crois.
Je m'engage, etc.

A la foi de ce premier mystère
Je joindrai la loi d'un Dieu sauveur;
Sous les lois de l'Eglise, ma mère,
Je m'engage et d'esprit et de cœur.
Je m'engage, etc.

Sur les fonts, dans cette eau salutaire,
Pour enfant Dieu daigna m'adopter ;

Si j'en ai souillé le caractère,
Je m'engage à le mieux respecter.
Je m'engage, etc.

Je renonce aux pompes de ce monde,
A la chair, à tous ses vains attraits :
Loin de moi, Satan, esprit immonde !
Je m'engage à te fuir pour jamais.
Je m'engage, etc.

FIDÉLITÉ A L'ESPRIT SAINT.

Air *Connu*, en *La—Ut.* 345.

Dieu d'amour,
En ce jour
Viens et descends dans mon âme ;
Oui, viens : mon âme est à toi sans retour.
Dieu d'amour, etc.

Mon cœur qui te réclame
Abjure ses erreurs,
Et désire, esprit de flamme,
Brûler de tes saintes ardeurs.
Mon cœur, etc.

Ah ! pourquoi
Loin de toi
Cherché-je un bonheur frivole ?
On ne peut être heureux que sous ta loi.
Ah ! pourquoi, etc.

C'est elle qui console
Les vrais adorateurs ;
Appuyés sur ta parole,
Ils sont au dessus des malheurs.
C'est elle, etc.

Il est temps,
Je me rends !

Seigneur, ta bonté m'enchante :
Mon cœur se livre aux plus doux sentiments.
Il est temps, etc.

Sous ta loi bienfaisante
Si tu veux, ô mon Dieu !
Fixer mon âme inconstante
Viens l'y graver en traits de feu.
Sous ta loi, etc.

PARAPHRASE DU CANTIQUE *Nunc dimittis.*

Air n. 14, en *Sol—Si.* 128.

La mort peut de son ombre
Me couvrir désormais ;
Grand Dieu ! dans la nuit sombre
Mes jours iront en paix.
Mon âme est trop contente :
Je vois dans ce saint lieu
L'objet de mon attente,
Mon Sauveur et mon Dieu.

A l'éclat ineffable
Qui sort de ses attraits
De ton Verbe adorable
Je connais tous les traits :
C'est lui, c'est le Messie
Qui nous était promis ;
Ta parole est remplie,
Nous possédons ton Fils.

Tu l'as mis en spectacle
Sous les yeux des humains
Pour être un jour l'oracle
Et l'amour de tes Saints.
Quel beau jour nous éclaire !
Dieu donne en même temps

Aux peuples la lumière,
La gloire à ses enfants.

FÊTE DE LA PETITE OEUVRE

et pendant les quêtes.

Air n. 7, en *Sol—Sol*.

Par vos enfants des enfants adoptées
Viennent, Seigneur, vous bénir avec nous;
Timides fleurs dès l'aurore agitées,
Et que l'orage allait briser sans vous!

Faites-les croître à l'ombre de Marie,
Loin des sentiers que le vice a battus :
Par les vertus leur enfance est nourrie;
Que leurs parfums soient le prix des vertus.

Aux vains trésors que donne la naissance
Elles ont droit, puisqu'elles sont nos sœurs;
Mais dans nos cœurs versez la bienfaisance,
Et leur fortune est au fond de nos cœurs.

Du ciel par vous les grâces descendues
Chez l'infortune ont toujours habité;
Et de vos mains sur la croix étendues
Coule à jamais l'ardente charité.

Répandez-la sur ce troupeau docile !
Aux malheureux faites-nous compatir;
De l'orphelin votre cœur est l'asile;
Si nous l'aimons il viendra nous ouvrir.

Oui, de nos cœurs l'indigence est chérie,
Et ces enfants les auront désormais :
Aurions-nous droit à l'amour de Marie
Si nous pouvions les oublier jamais?

PENDANT LA SAINTE MESSE.

Air n. 62, en *Si bémol—Ré*. 215.

Allons parer le sanctuaire,
Ornons à l'envi nos autels;
Jésus du sein de sa lumière
Descend au milieu des mortels.
    Plus il s'abaisse,
    Plus sa tendresse
Mérite un généreux retour.
    A nos louanges,
    O chœur des anges!
Mêlez vos cantiques d'amour.   *Bis.*

Baignons de pleurs l'auguste table
Où son sang coule encor pour nous.
Au pied de ce calvaire aimable,
Enfants de Dieu, prosternez-vous.
    De la justice
    Ce sacrifice
Arrête le bras irrité;
    Et sur le juste
    Sa voix auguste
Du ciel appelle la bonté.   *Bis.*

Accourons tous à l'arche sainte;
Riches, ornez-la de présents:
Nous, saisis d'amour et de crainte,
Portons-y des cœurs innocents.
    L'or, la poussière,
    Dieu de lumière,
Devant toi sont d'un même prix;
    Un cœur qui t'aime,
    Beauté suprême,
Voilà les dons que tu chéris.   *Bis.*

AVANT OU APRÈS LE SERMON.

Air *connu*.

A l'envi, sur les pas des Mages,
Allons aux pieds du roi des rois
De nos cœurs, nos biens et nos voix
Lui porter les faibles hommages.
Jésus reçoit dans ses enfants
Nos offrandes et nos présents.

Si de notre part il désire
Des prémices, de doux tributs,
Il préfère d'humbles vertus
A l'or, à l'encens, à la myrrhe.
Jésus reçoit, etc.

Jésus! ô nom incomparable!
O le plus doux de tous les noms!
Il est la terreur des démons;
Mais à nos cœurs qu'il est aimable!
Jésus reçoit, etc.

Qu'à ce nom les genoux fléchissent
Dans les airs, les cieux, les enfers!
Jusqu'aux bornes de l'univers
Que tous les lieux en retentissent!
Jésus reçoit, etc.

LES ENFANTS DE L'OEUVRE ET MARIE.

Air *connu*.

LES ENFANTS.

L'oiseau qu'aux fraîcheurs du matin
Exposa sa plume nouvelle,
Tombé du nid, regrette en vain
L'ombre et la chaleur maternelle.

Faibles, nous tombons à genoux ;
Ah ! soulagez notre misère !
Reine du ciel, venez à nous ;
Nous avons perdu notre mère. *Bis.*

Ah ! daignez nous tendre la main,
Vous que notre faiblesse implore ;
Car sur les piéges du chemin
Le jour ne brille pas encore.
Dans l'ombre au loin hurlent les loups,
Sous nos pieds glisse la vipère.
Reine du ciel, venez à nous ;
Nous ne perdrons plus notre mère. *Bis.*

MARIE.

Venez, enfants chéris du ciel,
Dans la paix de mon saint asile
Goûter les délices du miel
Et du lait pur de l'Evangile.
Venez sous l'aile de la foi
Réchauffer votre faible enfance.
Petits enfants, venez à moi,
Et vous vivrez en assurance. *Bis.*

INVITATION AUX ENFANTS DE L'OEUVRE.

Air n. 7, en *Sol—Sol.* 206.

Tendres enfants, aux délices perfides,
Aux faux plaisirs n'ouvrez point votre cœur.
C'est en Dieu seul que sont les biens solides ;
Sans son amour il n'est point de bonheur. *Bis.*

Par quels attraits le crime et par quels charmes
Peut-il, hélas ! pervertir tant de cœurs ?
Les noirs remords, les mortelles alarmes
Suivent toujours les traces des pécheurs. *Bis.*

Le sort du juste est bien plus désirable :
De son bonheur rien n'arrête le cours ;
Sa joie est pure et sa paix véritable ;
Ses jours pour lui ne sont que d'heureux jours. *Bis.*

Chéri de Dieu, toujours à Dieu fidèle,
Des saints trésors qu'il gagne chaque jour
Il enrichit la couronne immortelle
Que le Seigneur réserve à son amour. *Bis.*

Pour les pécheurs la mort si redoutable
S'offre à ses yeux sous des traits de douceur ;
Il meurt tranquille, et d'un sommeil aimable
Il passe au sein de Dieu, son créateur. *Bis.*

Enfants dont l'âme est innocente et pure,
Ah ! si jamais même un seul de vos jours
Doit du péché connaître la souillure
Qu'une mort prompte en abrège le cours. *Bis.*

SUR LA PRÉSENTATION.

FÊTE DES ENFANTS DE L'ŒUVRE.

Air : *O douce Providence.*

O divine Marie !
Encore tendre enfant,
Vous offrez votre vie
Au Seigneur tout puissant.
Toujours pure et sans tache,
Toujours brûlant d'ardeur,
Votre cœur ne s'attache
Qu'à votre Créateur.

De vous bien différente,
Et loin d'un si beau feu,
Notre âme fut trop lente
A se donner à Dieu.

Hélas! elle confesse
Et pleure sa lenteur :
Un saint désir la presse
D'être à son Rédempteur.

A l'ombre de vos ailes
Nous osons aujourd'hui,
Devenus plus fidèles,
Nous consacrer à lui.
Offrez-nous, tendre mère;
Présentés de vos mains
Nous ne saurions déplaire
A ses regards divins.

O doux Sauveur! vrai père
Des pécheurs pénitents,
De votre auguste Mère
Recevez les enfants.
Dans votre heureux service
Nous voulons expirer;
Que jamais rien ne puisse
De vous nous séparer.

NAISSANCE DE JÉSUS.

Pour les petits catéchismes.

Air connu.

Il est né le divin Enfant,
Jouez, hautbois, résonnez, musettes :
Il est né le divin Enfant;
Chantons tous son avénement.

Depuis plus de quatre mille ans
Nous le promettaient les prophètes;
Depuis plus de quatre mille ans
Nous attendions cet heureux temps.
Il est né, etc.

Ah! qu'il est beau! qu'il est charmant!
Ah! que ses grâces sont parfaites!
Ah! qu'il est beau! qu'il est charmant!
Qu'il est doux, ce divin Enfant!
Il est né, etc.

Une étable est son logement,
Un peu de paille est sa couchette;
Une étable est son logement;
Pour un Dieu quel abaissement!
Il est né, etc.

Partez, ô rois de l'Orient!
Venez vous unir à nos fêtes;
Partez, ô rois de l'Orient!
Venez adorer cet Enfant.
Il est né, etc.

O Jésus! ô roi tout puissant!
Tout petit enfant que vous êtes;
O Jésus! ô roi tout puissant!
Régnez sur nous entièrement.
Il est né, etc.

POUR LA FÊTE DU GRAND CATÉCHISME DES GARÇONS.

Air n. 23, en *Mi bémol—Si.* 272.

Fortunés habitants des cieux,
Quittez un moment vos portiques;
A nos accents harmonieux
Mêlez un instant vos cantiques;
Unissons nos sacrés accords
Au saint patron de la jeunesse;
Consacrons les pieux transports
D'une vive et douce allégresse. *Bis.*

Chantons Louis en ce beau jour;
De la vertu, de l'innocence

Son nom seul inspire l'amour,
Et les fait chérir de l'enfance.
Foulant aux pieds les biens du temps,
Louis fut pur comme les anges :
Il n'est que des cœurs innocents
Qui puissent chanter ses louanges. *Bis.*

Encor dans le sein maternel
Il reçoit l'onde salutaire;
Il semble naître pour le ciel
Avant de naître pour la terre.
Ravis d'un spectacle si beau,
Anges saints, avec complaisance
Entourez son sacré berceau,
Veillez sur sa fragile enfance. *Bis.*

Croissez, enfant chéri des cieux,
Croissez sous l'aile tutélaire
De celle qu'un prodige heureux
En naissant vous donna pour mère.
Quand la mort menaçait vos jours
Elle protégea votre vie,
Et vous en finirez le cours
Sous les auspices de Marie. *Bis.*

SUR L'ASSOMPTION.

Air n°. 80, en *Ré—La.* 243.

Anges, applaudissez et chantez la victoire
De la mère d'un Dieu qui triomphe en ce jour ;
Après un doux trépas elle vole à la gloire,
Où la main de son fils couronne son amour. *Bis.*

Tels les premiers rayons de la naissante aurore
Annoncent du soleil l'agréable retour ;
O Vierge! ta splendeur, mais plus brillante encore,
A chassé la nuit sombre et ramené le jour. *Bis.*

La lune sous tes pieds, courant dans sa carrière,
Voit près de toi ternir sa superbe clarté ;
Et le soleil, t'ornant de sa propre lumière,
A l'aspect de tes traits se trouve sans beauté. *Bis.*

Pour te rendre au séjour où t'attend ta couronne
Avec un saint transport tu quittes ces bas lieux ;
Des anges à l'envi la troupe t'environne,
Et t'élève en triomphe à la gloire des cieux. *Bis.*

O Vierge ! que ton fils t'accorde de puissance !
Que par toi sur la terre il verse de faveurs !
Seule au dessus des saints, quelle prééminence !
Au dessous de Dieu seul, quel rang ! que de grandeur.

CANTIQUE SUR L'ANGÉLUS.

Air : *Salut aimable et cher asile.*

Un ange apparaît à Marie,
Le ciel nous donne un Rédempteur ;
De nos pleurs la source est tarie ;
La terre enfante son Sauveur.

« Du Tout-Puissant humble servante,
« Je me soumets à ses desseins. »
Soudain la Vierge obéissante
Devient mère du Saint des Saints.

Le mystère alors se consomme ;
Dieu laisse fléchir son courroux :
Son fils unique se fait homme,
Et vient habiter parmi nous.

FIN.

PRIÈRES DIVERSES

ET

OFFICES PROPRES DES CATÉCHISMES.

PRIÈRE POUR IMPLORER LA MISÉRICORDE DE DIEU.

Domine, non secundum, etc.

Seigneur, n'agissez pas avec nous selon les péchés que nous avons commis, et ne nous traitez pas selon nos iniquités.

Seigneur, ne vous souvenez pas de nos iniquités passées; hâtez-vous de nous prévenir par vos miséricordes, parceque nous sommes réduits à une extrême misère.

Aidez-nous, ô Dieu, notre Sauveur! délivrez-nous pour la gloire de votre nom, et pour l'amour de ce nom si saint pardonnez-nous, nos péchés.

℣. Seigneur, répandez sur nous votre miséricorde.

℟. Et accordez-nous votre assistance salutaire.

Prions.

O Dieu! qui par une bonté qui vous est propre êtes toujours prêt à faire grâce et à pardonner, recevez favorablement notre prière, et faites, s'il vous plaît, que les chaînes du péché, qui lient nos âmes et celles de tous vos autres serviteurs, soient enfin rompues par la puissance de votre miséricorde infinie: c'est ce que nous vous demandons par Jésus-Christ notre Seigneur. Ainsi soit-il.

PSAUME DE PÉNITENCE.

1. Miserere mei, Deus, secundùm magnam misericordiam tuam.

2. Et secundùm multitudinem miserationum tuarum dele iniquitatem meam.

3. Ampliùs lava me ab iniquitate meâ, et à peccato meo munda me.

4. Quoniam iniquitatem meam ego cognosco, et peccatum meum contra me est semper.

5. Tibi soli peccavi, et malum coram te feci, ut justificeris in sermonibus tuis, et vincas cùm judicaris.

6. Ecce enim in iniquitatibus conceptus sum; et in peccatis concepit me mater mea.

7. Ecce enim veritatem dilexisti: incerta et occulta sapientiæ tuæ manifestasti mihi.

8. Asperges me hyssopo, et mundabor: lavabis me, et super nivem dealbabor.

1. Ayez pitié de moi, mon Dieu, selon toute l'étendue de votre miséricorde.

2. Et effacez tous mes crimes selon la grandeur et la multitude de vos bontés.

3. Lavez-moi de plus en plus de toutes les taches de mes péchés, et purifiez-moi de mes offenses.

4. Car je reconnais mon iniquité, et mon péché est toujours présent devant moi.

5. J'ai péché contre vous seul, et j'ai commis le mal devant vos yeux; pardonnez-moi, afin que vous soyez reconnu fidèle dans vos promesses et irréprochable dans vos jugements.

6. Vous voyez que j'ai été engendré dans l'iniquité, et que ma mère m'a conçu dans le péché.

7. Je n'ignorais pas que vous vouliez que l'on fût à vous et du fond du cœur; et vous m'aviez même inspiré en secret la connaissance de votre sagesse.

8. Purifiez-moi donc avec l'hysope, et alors je serai pur; lavez-moi, et je deviendrai plus blanc que la neige.

9. Auditui meo dabis gaudium et lætitiam, et exsultabunt ossa humiliata.

10. Averte faciem tuam à peccatis meis, et omnes iniquitates meas dele.

11. Cor mundum crea in me, Deus, et spiritum rectum innova in visceribus meis.

12. Ne projicias me à facie tuâ, et Spiritum sanctum tuum ne auferas à me.

13. Redde mihi lætitiam salutaris tui, et spiritu principali confirma me.

14. Docebo iniquos vias tuas, et impii ad te convertentur.

15. Libera me de sanguinibus, Deus, Deus salutis meæ; et exsultabit lingua mea justitiam tuam.

16. Domine, labia mea aperies, et os meum annuntiabit laudem tuam.

17. Quoniam si voluisses sacrificium dedissem utique : holocaustis non delectaberis.

18. Sacrificium Deo, spi-

9. Faites-moi entendre une parole de consolation et de joie; et mon âme, que vous avez humiliée, tressaillera d'allégresse.

10. Détournez vos yeux pour ne point voir mes offenses, et effacez tous mes péchés.

11. Mon Dieu, créez en moi un cœur pur, et renouvelez l'esprit de justice et de vertu au fond de mon âme.

12. Ne me rejetez pas de devant votre présence, et ne retirez pas de moi votre saint Esprit.

13. Rendez-moi la joie de votre assistance salutaire, et fortifiez-moi par un esprit qui me fasse faire le bien d'une volonté pleine et parfaite.

14. J'apprendrai aux pécheurs vos voies et votre conduite; afin qu'ils se convertissent et qu'ils reviennent à vous.

15. O Dieu! ô Dieu mon Sauveur! délivrez-moi de la peine que méritent mes actions criminelles; et ma langue publiera hautement votre clémence.

16. Seigneur, vous ouvrirez mes lèvres, et ma bouche annoncera vos louanges.

17. Si vous aimiez les sacrifices je vous en offrirais ; mais les holocaustes ne vous sont pas agréables.

18. Le sacrifice que vous

ritus contribulatus : cor contritum et humiliatum, Deus, non despicies.

demandez, mon Dieu, c'est un esprit pénétré de douleur : vous ne rejetterez pas un cœur contrit et humilié.

19. Benignè fac, Domine, in bonâ voluntate tuâ Sion, ut ædificentur muri Jerusalem.

19. Seigneur, répandez vos bénédictions et vos grâces sur Sion; bâtissez les murs de Jérusalem (1).

20. Tunc acceptabis sacrificium justitiæ, oblationes et holocausta : tunc imponent super altare tuum vitulos.

20. Vous aimerez alors les sacrifices de justice, les offrandes et les holocaustes : alors on vous offrira des victimes sur votre autel.

PRIÈRE POUR OBTENIR LA GRACE DE BIEN FAIRE SA PREMIÈRE COMMUNION.

O Jésus ! mon divin Sauveur, c'est vous-même que je me prépare à recevoir dans ma première communion.... Il approche ce grand jour où pour la première fois il me sera donné de prendre place à votre table sainte.... Serais-je assez malheureux que de vous y faire endurer de nouveaux outrages et de vous donner encore une fois la mort par une communion indigne !.... Ah ! détournez de moi cet affreux malheur ; je vous en conjure par ce sang que je dois bientôt recevoir, et que vous avez daigné répandre pour moi : préparez vous-même dans mon cœur une demeure digne de vous ; purifiez mon âme de ses moindres souillures ; apprenez-moi à détester mes péchés passés, et que mes yeux répandent au moins quelques larmes sur la perte que j'ai faite de votre grâce

---

(1) Sion ou Jérusalem qu'il faut rebâtir est la figure d'une âme que le démon a comme ravagée par le péché mortel, et qu'il faut rétablir dans son premier état par la pénitence.

et de mon innocence. Venez, ô le bien-aimé de mon âme! venez disposer ce cœur en l'embrasant du feu de votre saint amour.

O Marie! vous qui avez pleuré sur les souffrances de votre divin Fils, et qui avez reçu son dernier soupir sur la croix, ne souffrez pas que je renouvelle sa passion et que je le crucifie de nouveau dans mon cœur : montrez que vous êtes ma mère, et obtenez-moi de Jésus les saintes dispositions dont vous étiez animée lorsque vous aviez le bonheur de le presser sur votre sein, afin que par une sainte première communion je mérite la grâce de le posséder éternellement avec vous dans le ciel. Ainsi soit-il.

PRIÈRES POUR SANCTIFIER LES ACTIONS DE LA JOURNÉE.

Avant chaque action.

Mon Dieu, je vous offre, par notre Seigneur Jésus-Christ, cette action, que je désire faire pour votre plus grande gloire ; assistez-moi du secours de votre grâce pour la faire saintement.

En sortant de la maison.

Mon Dieu, soyez avec moi. Vierge sainte, ma gardienne et ma mère, préservez-moi du péché et de tout mal, maintenant et à l'heure de ma mort. Ainsi soit-il.

Avant le travail.

Seigneur Jésus, qui dès l'enfance avez daigné vous assujettir au travail et nous avez montré par votre exemple l'usage que nous devions faire du temps, accordez-moi la grâce de ne pas me laisser aller à l'oisiveté, et bénissez le travail que je vais commencer pour votre amour, au nom de Père, du Fils et du Saint-Esprit.

Quand on entend sonner l'heure.

Cœur sacré de Jésus, brûlant d'amour pour moi, embrasez mon cœur, et qu'il brûle à jamais pour vous!

Ou bien:

Que la sainte et immaculée conception de Marie soit bénie à jamais!

Ou encore:

Vive Jésus dans mon cœur!

Lorsqu'on passe devant une église.

Loué soit, aimé et adoré à jamais Jésus-Christ dans le très saint Sacrement de l'autel.

Lorsqu'on se met à genoux dans l'église.

Mon Dieu, je crois fermement que vous êtes présent dans le sacrement de votre amour, et je vous y adore avec le plus profond respect dont je suis capable.

Les prières avant et après le repas, et celles qu'on peut faire en se levant et en se couchant, sont à la page 3.

PRIÈRE D'UN ENFANT POUR SON PÈRE ET POUR SA MÈRE.

O Dieu! qui m'avez fait un commandement d'honorer mon père et ma mère, recevez favorablement la prière que je vous adresse pour eux : daignez leur accorder de longs jours sur la terre, et leur conserver la santé de l'âme et du corps. Bénissez leurs travaux et leurs entreprises ; rendez-leur au centuple tous les sacrifices qu'ils ont faits pour moi. Inspirez-leur la pensée de m'élever chrétiennement, afin qu'un jour je sois leur soutien et leur consolation : inspirez-leur aussi l'amour et la pratique de votre sainte loi, et faites, Seigneur, qu'après avoir joui de leur affection sur la terre j'aie encore le bonheur de vivre éternellement avec eux dans le ciel. Ainsi soit-il.

PRIÈRES POUR LES AMES DU PURGATOIRE.

Les âmes qui souffrent dans les flammes du purgatoire réclament le secours de nos prières, et nous disent avec douleur : *Ayez pitié de nous au moins, vous qui êtes nos amis, parceque la main du Seigneur s'est appesantie sur nous.* Leur refuseriez-vous l'assistance qu'elles réclament ? Plusieurs vous étaient unies par les liens du sang et de la parenté. C'est un père, une mère, qui ne souffrent peut-être dans ces lieux de tourments que pour vous avoir trop aimé, que pour vous avoir trop flatté. C'est un frère, une sœur, un parent, un ami, que vous aurez peut-être porté à commettre des fautes pour lesquelles ils souffrent dans le purgatoire. Ce sont enfin vos maîtres, vos bienfaiteurs vos pasteurs, qui peut-être n'y sont que par les impatiences que vous leur avez causées.

Prières

O Dieu de toute consolation, auteur du salut des âmes ! ayez pitié de celles qui souffrent dans le purgatoire ; laissez-vous toucher, Seigneur, par la considération du sacrifice de Jésus-Christ, votre fils, et oubliez les fautes que la fragilité de notre nature leur a fait commettre ; tirez-les de ce lieu de supplice et de ténèbres pour les introduire dans un lieu de lumière et de repos. Ecoutez, ô mon Dieu ! l'humble prière que je vous en fais, et accordez surtout cette grâce à celles pour lesquelles je dois particulièrement prier. Je vous en conjure par le nom et les mérites de Jésus-Christ, qui s'est chargé de satisfaire pour nous tous, et qui vit et règne avec vous dans les siècles des siècles. Ainsi-soit-il.

1. De profundis clamavi ad te, Domine: * Domine, exaudi vocem meam.

2. Fiant aures tuæ intendentes * in vocem deprecationis meæ.

3. Si iniquitates observaveris, Domine, * Domine, quis sustinebit?

4. Quia apud te propitiatio est * et propter legem tuam sustinui te, Domine.

5. Sustinuit anima mea in verbo ejus; * speravit anima mea in Domino.

6. A custodia matutina usquè ad noctem * speret Israel in Domino.

7. Quia apud Dominum misericordia, * et copiosa apud eum redemptio.

8. Et ipse redimet Israel * ex omnibus iniquitatibus ejus.

1. Des profondeurs de l'abime j'ai crié vers vous, Seigneur : Seigneur, écoutez ma voix.

2. Que vos oreilles soient attentives à la voix de ma prière.

3. Si vous vous souvenez des iniquités, Seigneur, Seigneur, qui subsistera devant vous?

4. Mais parceque vous êtes plein de miséricorde, et à cause de votre loi, j'ai espéré en vous, Seigneur.

5. Dans son accablement mon âme s'est soutenue par votre parole ; mon âme a espéré dans le Seigneur.

6. Qu'Israel espère donc au Seigneur depuis la veille du matin jusqu'à la nuit.

7. Parceque dans le Seigneur est la miséricorde, et une miséricorde immense.

8. Et à cause de cette grande miséricorde lui-même rachetera Israel de toutes ses iniquités.

LE CHAPELET.

Le chapelet est un exercice de piété en l'honneur de la très sainte Vierge. S. François de Sales le récitait tous les jours pour attirer sur lui la bénédiction de la mère de Dieu; Louis XIV en usait de même. Il se compose des plus belles prières de l'Eglise : le symbole des Apôtres, *Je crois en Dieu*; l'oraison dominicale, *Notre Père*; la salutation angélique, *Je vous salue, Marie*. Voici la manière de le dire :

En tenant la croix du chapelet on récite *Je crois en Dieu*; puis sur le premier grain *Notre Père*, et sur les trois suivants trois fois *Je vous salue, Marie*. Ensuite on dit *Gloire au Père, au Fils et au Saint-Esprit, ainsi qu'il était au commencement, maintenant et toujours, et dans tous les siècles des siècles. Ainsi soit-il.*

On récite ensuite les cinq dizaines en disant sur le premier grain *Notre Père*, et sur chacun des dix autres *Je vous salue, Marie*. A la fin de chaque dizaine on repète *Gloire au Père*, etc. Quand on a fini les cinq dizaines on peut réciter le *De profundis* ou la prière des morts, pag. 319, et terminer le tout par la prière à la sainte Vierge. *Nous nous réfugions sous votre sauvegarde*, *p.* 8, ou en latin, *Sub tuum.*

On peut réciter chaque jour une ou plusieurs dizaines selon sa dévotion.

Pour éviter les distractions pendant le chapelet, on peut s'occuper de deux manières.

La première est de demander à Dieu une

vertu ou une grâce particulière à chaque dizaine ; par exemple, pendant qu'on récite la première dizaine, on peut demander la vertu d'obéissance ; pendant la seconde, *la fidélité à faire sa prière du matin et du soir ;* pendant la troisième, *la grâce de se corriger de son défaut dominant,* etc., etc. Chacun demande la grâce ou la vertu dont il a le plus besoin.

La seconde manière est de penser pendant chaque dizaine à un mystère de la vie de la sainte Vierge ou de notre Seigneur Jésus-Christ. On divise ces mystères en trois classes.

1° *Les joyeux.* L'Annonciation, la Visitation, la Naissance de notre Seigneur, la Présentation au Temple, l'Enfant Jésus trouvé parmi les docteurs.

2° *Les douloureux.* Jésus agonisant au jardin des Olives, Jésus flagellé, Jésus couronné d'épines, Jésus portant sa croix, Jésus crucifié en présence de sa sainte Mère.

3° *Les glorieux.* La Résurrection de notre Seigneur ; son Ascension, la Descente du Saint-Esprit, l'Assomption de la sainte Vierge ; son couronnement dans le ciel.

(*Il faut réciter le chapelet avec respect et dévotion, et se proposer de gagner les indulgences qui y sont attachées.*)

PRIÈRES POUR RÉPONDRE A LA SAINTE MESSE.

In nomine Patris, et Filii, et Spiritûs Sancti. Amen.

Le Prêtre.
Introïbo ad altare Dei.

R. Ad Deum qui lætificat juventutem meam.

Le P. Judica me, Deus, et discerne causam meam de gente non sanctâ : ab homine iniquo et doloso erue me.

R. Quia tu es, Deus, fortitudo mea : quare me repulisti, et quare tristis incedo dùm affligit me inimicus ?

Le P. Emitte lucem tuam et veritatem tuam : ipsa me deduxerunt, et adduxerunt in montem sanctum tuum et in tabernacula tua.

R. Et introïbo ad altare Dei, ad Deum qui lætificat juventutem meam.

Le P. Confitebor tibi in cithará, Deus, Deus meus : quare tristis es, anima mea, et quare conturbas me ?

R. Spera in Deo, quoniam adhuc confitebor illi; salutare vultûs mei et Deus meus.

Le P. Gloria Patri, et Filio, et Spiritui Sancto.

R. Sicut erat in principio, et nunc, et semper et in sæcula sæculorum. Amen.

Le P. Introïbo ad altare Dei.

R. Ad Deum qui lætificat juventutem meam.

Le P. Adjutorium nostrum in nomine Domini.

R. Qui fecit cœlum et terram.

Le P. Confiteor, etc.

R. Misereatur tui omnipotens Deus, et, dimissis peccatis tuis, perducat te ad vitam æternam.

Le P. Amen.

R. Confiteor Deo omnipotenti, beatæ Mariæ semper Virgini, beato Michaeli Archangelo, beato Joanni Baptistæ, sanctis Apostolis Petro et Paulo, omnibus Sanctis, et tibi, Pater, quia peccavi nimis cogitatione, verbo et opere : meâ culpâ, meâ culpâ, meâ maximâ culpâ. Ideò precor beatam Mariam, semper Virginem, beatum Michaelem Archangelum, beatum Joannem Baptistam, sanctos Apostolos Petrum et Paulum, omnes Sanctos, et te, Pater, orare pro me ad Dominum Deum nostrum.

Le P. Misereatur vestri omnipotens Deus, et, dimissis peccatis vestris, perducat vos ad vitam æternam.

R. Amen.

Le P. Indulgentiam, absolutionem et remissionem peccatorum nostrorum tribuat nobis omnipotens et misericors Dominus.

R. Amen.

Le P. Deus, tu conversus vivificabis nos.

R. Et plebs tua lætabitur in te.

Le P. Ostende nobis, Domine, misericordiam tuam.

R. Et salutare tuum da nobis.

Le P. Domine, exaudi orationem meam.

R. Et clamor meus ad te veniat.

Le P. Dominus vobiscum.

R. Et cum spiritu tuo.

Oremus.

Le P. Kyrie, eleïson.
R. Kyrie, eleison.
Le P. Kyrie, eleïson.
R. Christe, eleïson.
Le P. Christe, eleïson.
R. Christe, eleïson.
Le P. Kyrie, eleïson.
R. Kyrie, eleïson.
Le P. Kyrie, eleïson.

GLORIA IN EXCELSIS.

Gloria in excelsis Deo, et in terrâ pax hominibus bonæ voluntatis. Laudamus te. Benedicimus te. Adoramus te. Glorificamus te. Gratias agimus tibi propter magnam gloriam tuam. Domine Deus, Rex cœlestis, Deus pater omnipotens; Domine, Fili unigenite, Jesu Christe; Domine Deus, Agnus Dei, Filius Patris. Qui tollis peccata mundi, miserere nobis. Qui tollis peccata mundi, suscipe deprecationem nostram. Qui sedes ad dexteram Patris, miserere nobis. Quoniam tu solus sanctus, tu solus Dominus, tu solus Altissimus, Jesu Christe, cum Sancto Spiritu, in gloriâ Dei Patris.

Le P. Dominus vobiscum.

R. Et cum spiritu tuo.
Lecture du saint Evangile.

Le P. Dominus vobiscum.

R. Et cum spiritu tuo.

Le P. Sequentia, *vel* initium sancti Evangelii secundùm N.

R. Gloria tibi, Domine. Laus tibi, Christe.

SYMBOLE DE NICÉE.

Credo in unum Deum, Patrem omnipotentem, factorem cœli et terræ, visibilium omnium et invisibilium.

Et in unum Dominum Jesum Christum, Filium Dei unigenitum, et ex Patre natum ante omnia sæcula.

Deum de Deo, lumen de lumine, Deum verum de Deo vero.

Genitum, non factum, consubstantialem Patri, per quem omnia facta sunt.

Qui propter nos homines et propter nostram salutem descendit de cœlis.

Et incarnatus est de Spiritu Sancto, ex Mariâ Virgine, ET HOMO FACTUS EST

Crucifixus etiam pro nobis sub Pontio Pilato, passus et sepultus est.

Et resurrexit tertiâ die, secundùm Scripturas.

Et ascendit in cœlum, sedet ad dexteram Patris.

Et iterùm venturus est cum gloriâ judicare vivos et mortuos, cujus regni non erit finis.

Et in Spiritum Sanctum Dominum et vivificantem, qui ex Patre Filioque procedit.

Qui cum Patre et Filio simul adoratur et conglorificatur, qui locutus est per Prophetas.

Et unam sanctam, catholicam et apostolicam Ecclesiam.

Confiteor unum Baptisma in remissionem peccatorum.

Et exspecto resurrectionem mortuorum, et vitam venturi sæculi. Amen.

Le P. Dominus vobiscum.

R. Et cum spiritu tuo.

L'Offertoire.

ORKMUS.

Le P. Orate, fratres, ut meum ac vestrum Sacrificium acceptabile fiat apud Deum Patrem omnipotentem.

R. Suscipiat Dominus sacrificium de manibus tuis ad laudem et gloriam nominis sui, ad utilitatem quoque nostram totiusque Ecclesiæ suæ sanctæ.

Le Prêtre dit ici la Secrète, et élève la voix à ces dernières paroles.

Le P. Per omnia sæcula sæculorum.

R. Amen.

Le P. Dominus vobiscum.

R. Et cum spiritu tuo.

Le P. Sursùm corda.

R. Habemus ad Dominum.

Le P. Gratias agamus Domino Deo nostro.

R. Dignum et justum est.

Le P. Per omnia sæcula sæculorum.

Le P. Oremus: Præceptis salutaribus, etc.... et ne nos inducas in tentationem.

R. Sed libera nos à malo.

Le P. Agnus Dei.

Le P. Dominus vobiscum.

R. Et cum spiritu tuo.

Après l'Oraison appelée Postcommunion le Prêtre dit :

Dominus vobiscum.

R. Et cum spiritu tuo.

Le P. Ite, Missa est.

Aux Messes où on ne dit point le Gloria in excelsis *il dit:*

Benedicamus Domino.
R. Deo gratias.

Aux Messes des Morts.
Requiescant in pace.
R. Amen.
Le P. Benedicat vos omnipotens Deus, Pater, et Filius, et Spiritus Sanctus.
R. Amen.

Le Prêtre lit l'Évangile de S. Jean.

Le P. Dominus vobiscum.
R. Et cum spiritu tuo.
Le P. Initium sancti Evangelii secundùm Joannem.
R. Gloria tibi, Domine.
Le P. In principio erat Verbum.
R. Deo gratias.

COMPLAINTE A LA TRÈS SAINTE VIERGE AU PIED DE LA CROIX.

Stabat Mater dolorosa,
Juxta crucem lacrymosa,
Dùm pendebat Filius.
   Cujus animam gementem,
Contristatam et dolentem
Pertransivit gladius.
   Oh! quàm tristis et afflicta
Fuit illa benedicta
Mater Unigeniti!
   Quæ mœrebat, et dolebat,
Et tremebat, cùm videbat
Nati pœnas inclyti!
   Quis est homo qui non fleret
Christi matrem si videret
In tanto supplicio!
   Quis posset non contristari,
Piam Matrem contemplari
Dolentem cum Filio!
   Pro peccatis suæ gentis
Vidit Jesum in tormentis
Et flagellis subditum.
   Vidit suum dulcem Natum
Morientem, desolatum
Dùm emisit spiritum.
   Eia, Mater, fons amoris,
Me sentire vim doloris
Fac ut tecum lugeam.
   Fac ut ardeat cor meum
In amando Christum Deum,
Ut illi complaceam.
   Sancta Mater, istud agas,
Crucifixi fige plagas
Cordi meo validè.
   Tui Nati vulnerati,
Tam dignati pro me pati,
Pœnas mecum divide.
   Fac me piè tecum flere,
Crucifixo condolere
Donec ego vixero.
   Juxta crucem tecum stare,
Et me tibi sociare
In planctu desidero.
   Virgo virginum præclara,
Mihi jam non sis amara;
Fac me tecum plangere.

Fac ut portem Christi mortem,
Passionis fac consortem
Et plagas recolere.
Fac me plagis vulnerari,
Cruce hâc inebriari
Ob amorem Filii.
Ne flammis urar succensus,
Per te, Virgo, sim defensus
In die judicii.
Fac me cruce custodiri,
Morte Christi præmuniri,
Confoveri gratiâ.
Quandò corpus morietur
Fac ut anima donetur
Paradisi gloriâ. Amen.

VÊPRES

DE LA CONCEPTION IMMACULÉE DE MARIE.

Dixit, etc., p. 35.

Laudate, pueri, Dominum, p. 37

Lauda Jerusalem, Dominum ;* lauda Deum tuum, Sion.

Quoniam confortavit seras portarum tuarum :* benedixit filiis tuis in te.

Qui posuit fines tuos pacem : * et adipe frumenti satiat te.

Qui emittit eloquium suum terræ :* velociter currit sermo ejus.

Qui dat nivem sicut lanam : * nebulam sicut cinerem spargit.

Mittit crystallum suam sicut buccellas :* ante faciem frigoris ejus quis sustinebit ?

Emittet verbum suum, et liquefaciet ea : * flabit spiritus ejus, et fluent aquæ.

Qui annuntiat verbum suum Jacob : * justitias et judicia sua Israel.

Non fecit taliter omni nationi : ᵏ et júdicia sua non manifestavit eis.

Gloria Patri, etc.

CAPITULE.

Dominus tuus (Maria) in medio tui fortis, ipse salvabit : gaudebit super te in lætitia, silebit in dilectione, et exsultabit super te in laude. ℞. Deo gratias.

HYMNE.

Ave, maris stella,
Dei Mater alma,
Atque semper Virgo,
Felix cœli porta.

Sumens illud ave
Gabrielis ore,
Funda nos in pace,
Mutans Evæ nomen.

Solve vincla reis,
Profer lumen cæcis,
Mala nostra pelle,
Bona cuncta posce.

Monstra te esse matrem,
Sumat per te preces

Qui, pro nobis natus,
Tulit esse tuus.

Virgo singularis,
Inter omnes mitis,
Nos culpis solutos
Mites fac et castos.

Vitam præsta puram,
Iter para tutum,
Ut videntes Jesum
Semper collætemur.

Sit laus Deo Patri,
Summum Christo decus,
Spiritui compar :
Tribus honor unus.

OREMUS.

Defende, quæsumus, Domine, beatâ Mariâ semper virgine intercedente, istam ab omni adversitate familiam ; et toto corde tibi prostratam ab omnibus tuere propitius clementer insidiis; per Dominum.

℣. Maria, populi confitebuntur tibi in æternum.

℞. Memores erunt nominis tui.

Magnificat, p. 39.

VÊPRES

POUR LA FÊTE DU GRAND CATÉCHISME

DES GARÇONS.

SAINT LOUIS DE GONZAGUE.

Psaumes des dimanches, p. 35.

CAPITULE. (Sap. 8.)

Sapientiam amavi et exquisivi à juventute meâ ; habebo propter hanc claritatem ad turbas, et memoriam his qui post me futuri sunt relinquam.

℞. Deo gratias.

HYMNE.

Chant. Ut queant laxis.
Cœlitum sanctæ socium cohortes
Dùm triumphali comitant honore,
Voce festivà celebret patronum
　Læta juventus.

Quanta primævis pietas ab annis !
Qualis effulget sine labe candor !
Angelis certat novus æmulator,
　Auspice Christo.

Candidum flatu violenta florem
Invido nunquàm temerabit æstas ;
Verè demessus, moriens nitescet
　Veris honore.

Sat diù nostris, timidus procellæ,
Florçit terris: Deus hunc supernis,
Undè tempestas procul atra cedit,
  Inserit hortis.

Summa laus summæ Triadi per ævum,
Alma quæ miris dedit ut triumphis
Angelum cœlo pareret stupenti
  Æmula tellus. Amen.

℣. Consummatus in brevi,
℟. Explevit tempora multa.

Magnificat, p. 39.

ORÉMUS.

Cœlestium donorum distributor Deus, qui in angelico juvene Aloysio miram vitæ innocentiam pari cum pœnitentiâ sociasti, ejus meritis et precibus concede ut, innocentem non seculi, pœnitentem imitemur; per Dominum, etc.

℣. Dominus vobiscum.
℟. Et cum spiritu tuo.
℣. Benedicamus Domino.
℟. Deo dicamus gratias.

Après la bénédiction.

Adoremus in æternum sanctissimum Sacramentum.

Laudáte Dominum, omnes gentes; laudate eum, omnes populi.

Adoremus, etc.

Quoniam confirmata est super nos misericordia ejus, et veritas Domini manet in æternum.

Adoremus, etc.

Gloria Patri, gloria Filio, gloria Spiritui Sancto.

Adoremus, etc.

Sicut erat in principio, et nunc et semper, et in sæcula sæculorum. Amen.

Adoremus, etc.

MESSE

POUR L'ASSOCIATION ET LA PETITE OEUVRE.

On la dit ordinairement dans la semaine qui précède la communion générale.

INTROITUS.

Venite, benedicti Patris mei; possidete paratum vobis regnum : sitivi enim, et dedisti mihi bibere; hospes eram, et collegisti me; nudus, et cooperuisti me; infirmus, et visitasti me. (*Matt.* 25.)

(*Tempore paschali.* Alleluia, alleluia.)
Beatus qui intelligit super egenum et pauperem; in die mala liberabit eum Dominus. (*Ps.* 40) Gloria, etc. Venite, etc.

INTROIT.

Venez, les bénis de mon Père; possédez le royaume qui vous a été préparé : car j'ai eu soif, et vous m'avez donné à boire; j'ai eu besoin de logement, et vous m'avez recueilli; j'étais nu, et vous m'avez revêtu; j'étais malade, et vous m'avez visité.(*S. Matthieu*, chap. 25)

(*Temps pascal.* Louez Dieu! louez Dieu!)
Heureux celui qui prend soin du pauvre et de l'indigent! Au jour mauvais le Seigneur le délivrera. (*Psaume* 40.) Gloire au Père, etc. Venez, etc.

COLLECTA.

Oremus. Domine Jesu, qui opera misericordiæ in

COLLECTE.

Prions. Seigneur Jésus, qui daignez regarder

parvulos tuos erogata tibi facta habere dignaris, præsta famulabus tuis in ea sese ita impendere ut benedictionem et regnum à te promissum consequi mereantur; qui vivis, etc.

comme fait à vous-même ce qu'on fait pour soulager le moindre de vos enfants, faites que vos servantes vaquent de telle sorte aux œuvres de miséricorde qu'elles méritent d'être bénies de votre Père et de posséder le royaume éternel; vous qui vivez, etc.

EPISTOLA.

EPITRE.

Lectio Actuum Apostolorum. (Cap. 9.)

Leçon des Actes des Apôtres.

In Joppe fuit quædam discipula, nomine Tabitha, quæ interpretata dicitur Dorcas. Hæc erat plena operibus bonis et eleemosynis quas faciebat. Factum est autem in diebus illis ut infirmata moreretur; quam cùm lavissent possuerunt eam in cœnaculo. Cùm autem propè esset Lydda ad Joppen, discipuli audientes quia Petrus esset in eâ, miserunt duos viros ad eum rogantes : Ne pigriteris venire usque ad nos. Exsurgens autem Petrus venit cum illis. Et cùm advenisset, duxerunt illum in cœnaculum, et circumsteterunt illum omnes viduæ flentes et ostendentes ei tunicas et vestes, quas faciebat illis Dorcas. Ejectis autem omnibus forâs, Petrus ponens genua oravit, et conversus ad corpus dixit : Tabitha, surge. At illa aperuit oculos suos, et viso Petro resedit. Dans autem illi manum, erexit eam;

Il y avait à Joppé entre les disciples une femme nommée Tabithe ou autrement Dorcas, remplie de bonnes œuvres, et qui faisait d'abondantes aumônes. Or il arriva qu'étant tombée malade elle mourut, et, selon l'usage, on la mit dans une chambre haute. Cependant les disciples de *Joppé* ayant appris que Pierre était à Lydde, près de leur ville, ils lui envoyèrent deux hommes pour le prier de venir promptement jusque chez eux. Pierre partit sur-le-champ. Lorsqu'il fut arrivé, ils le menèrent dans la chambre *où était le corps de Tabithe, et alors* toutes les veuves *qui y étaient assemblées* se mirent autour de lui en pleurant, et en lui montrant les robes et les habits que Dorcas leur faisait. Pierre, *ému à ce touchant spectacle,* fit sortir tout le monde, se mit à genoux, et pria; puis se tournant vers le

et cùm vocasset sanctos et viduas, assignavit eam vivam. Notum autem factum est per universam Joppen; et crediderunt multi in Domino.

corps il dit : Tabithe, levez-vous. Tabithe ouvrit aussitôt les yeux, et, ayant regardé S. Pierre, elle se mit sur son séant. Il lui donna la main, la leva; et ayant rappelé les saints et les veuves, *qu'il avait fait sortir*, il la leur rendit vivante. Ce miracle fut connu de toute la ville de Joppé, et plusieurs crurent au Seigneur.

GRADUEL.

Eleemosyna à morte liberat, et ipsa est quæ purgat peccata, et facit invenire misericordiam et vitam æternam. ℣. Et qui ad justitiam erudiunt multos fulgebunt quasi stellæ in perpetuas æternitates. (*Tob.* 12; *Dan.* 12.)

GRADIEL.

L'aumône délivre de la mort; c'est elle qui purifie des péchés, et procure la miséricorde et la vie éternelle. ℣. Et ceux qui enseignent la justice aux autres brilleront comme des étoiles durant l'éternité. (*Tobie, ch.* 12; *Daniel, ch.* 12.)

Alleluia, alleluia. ℣. Deus, docuisti me à juventute mea : et usque nunc pronuntiabo mirabilia tua, et usque in senectam et senium, Deus, ne derelinquas me. (*Ps.* 70.)

Louez Dieu, louez Dieu. ℣. Mon Dieu, vous m'avez instruit dès mon enfance, et jusqu'à ce jour j'ai annoncé vos merveilles. Mon Dieu, ne m'abandonnez pas dans ma vieillesse et dans l'extrémité de ma vie. (*Psaume* 70.)

(*Tempore paschali.*)Alleluia, alleluia. Qui fecerit et docuerit sic homines hic magnus vocabitur in regno cœlorum. Alleluia.

(*Temps pascal.*) Louez Dieu, louez Dieu! Celui qui aura pratiqué la loi de Dieu, et l'aura enseignée aux hommes dans la pureté, celui-là sera grand dans le royaume des cieux. Louez Dieu. (*S. Matthieu, chap.* 5.)

Post Septuagesimam.

(*Après la Septuagésime.*)

TRACTUS.

Benedictus es, Domine:

TRAIT.

Vous êtes digne, Sei-

doce me justificationes tuas. In labiis meis pronuntiavi omnia judicia oris tui. In via testimoniorum tuorum delectatus sum, sicut in omnibus divitiis. (*Ps.* 118.)

gneur, de toute bénédiction : enseignez-moi votre loi ; mes lèvres ont prononcé les oracles de votre parole. J'ai trouvé mes délices dans l'accomplissement de vos préceptes ; c'est un trésor plus précieux pour moi que toutes les richesses. (*Psaume* 118.)

EVANGELIUM.

Sequentia sancti Evangelii secundùm Marcum. (Cap x, v. 13.)

In illo tempore offerebant Jesu parvulos, ut tangeret illos. Discipuli autem comminabantur offerentibus. Quos cùm videret Jesus, indignè tulit, et ait illis : Sinite parvulos venire ad me, et ne prohibueritis eos : talium enim est regnum Dei. Amen dico vobis : quisquis non receperit regnum Dei velut parvulus non intrabit in illud. Et complexans eos et imponens manus super illos, benedicebat eis.

EVANGILE.

Suite du saint Évangile selon S. Marc. (*Chap.* 10.)

En ce temps-là on présentait à Jésus de petits enfants, afin qu'il *les bénît* en leur imposant les mains ; mais ses disciples repoussaient avec des paroles rudes ceux qui les présentaient. Or Jésus, les voyant agir de la sorte, ne put le souffrir, et leur dit : laissez venir à moi les petits enfants, et ne les en empêchez pas, car le royaume des cieux est le partage de ceux qui leur ressemblent. Je vous dis en vérité que quiconque ne recevra pas le royaume de Dieu avec la simplicité d'un enfant n'y entrera point. Alors, les embrassant et leur imposant les mains, il les bénissait.

OFFERTORIUM.

Amen dico vobis, qui susceperit unum parvulum talem in nomine meo me suscipit. (*Tempore paschali.* Alleluia.)

OFFERTOIRE.

En vérité je vous le dis : quiconque recevra en mon nom un petit enfant me recevra moi-même. (*Temps pascal.* Louez Dieu !)

SECRETA.

Oremus. Custodiens parvulos, Domine, munera nostra suscipe propitius, atque famulas tuas paternâ pietate custodi, ut à te sanctificatæ puellas sibi commissas in veritate sanctificare valeant; per Dominum, etc.

SECRÈTE.

Prions. Seigneur, gardien des enfants, recevez favorablement nos offrandes, et par votre bonté paternelle gardez aussi vos servantes, afin que, sanctifiées elles-mêmes par vous, elles puissent sanctifier véritablement les enfants qui leur sont confiés. Nous vous en prions par Jésus-Christ, etc.

COMMUNIO.

Si quis sitit, veniat ad me, et bibat. Qui credit in me, flumina de ventre ejus fluent aquæ vivæ. (*Tempore paschali.* Alleluia.)
(Joan. 7.)

COMMUNION.

Si quelqu'un a soif, qu'il vienne à moi, et qu'il boive. Celui qui croit en moi, son cœur sera semblable à des sources d'eau vive qui se répandent *sur les autres.* (*Temps pascal.* Louez Dieu!)

POSTCOMMUNIO.

Oremus. Bone pastor, qui oves tuas in hoc sacramento mirabiliter recreas, pabulum gregis ipse effectus, da erudientibus in fide parvulas sic tuæ caritatis ubertate repleri ut, omnibus omnia factæ, omnes faciant salvas; qui vivis et regnas, etc.

POSTCOMMUNION.

Prions. O bon pasteur, qui dans ce mystère nourissez si admirablement vos brebis, vous étant fait la nourriture même du troupeau, accordez à celles qui enseignent la foi aux enfants ignorantes d'être si abondamment remplies de votre charité que, se faisant tout à toutes, elles les conduisent toutes au salut; vous qui, etc.

VÊPRES

POUR LA FÊTE DE L'ASSOCIATION.

Dixit Dominus, p. 35.

Confitebor tibi, Domine, in toto corde meo,* in concilio justorum et congregatione.

Magna opera Domini,* exquisita in omnes voluntates ejus.

Confessio et magnificentia opus ejus,* et justitia ejus manet in sæculum sæculi.

Memoriam fecit mirabilium suorum misericors et miserator Dominus ; * escam dedit timentibus se.

Memor erit in sæculum testamenti sui;* virtutem operum suorum annuntiabit populo suo.

Ut det illis hæreditatem gentium;* opera manuum ejus veritas et judicium.

Fidelia omnia mandata ejus confirmata in sæculum sæculi;* facta in veritate et æquitate.

Redemptionem misit populo suo;* mandavit in æternum testamentum suum.

Sanctum et terribile nomen ejus;* initium sapientiæ timor Domini.

Intellectus bonus omnibus facientibus eum;* laudatio ejus manet in sæculum sæculi.

Gloria Patri, etc.

Credidi propter quod locutus sum : * ego autem humiliatus sum nimis.

Ego dixi in excessu meo ;* Omnis homo mendax.

Quid retribuam Domino * pro omnibus quæ retribuit mihi?

Calicem salutaris accipiam, * et nomen Domini invocabo.

Vota mea Domino reddam coram omni popu'o ejus :* pretiosa in conspectu Domini mors Sanctorum ejus.

O Domine, quia ego servus tuus :* ego servus tuus et filius ancillæ tuæ.

Dirupisti vincula mea :* tibi sacrificabo hostiam laudis, et nomen Domini invocabo.

Vota mea Domino reddam in conspectu omnis populi ejus :* in atriis domûs Domini, in medio tui, Jerusalem.

Gloria Patri, etc.

CAPITULE.

Caro mea verè est cibus, et sanguis meus verè est potus : qui manducat meam carnem et bibit meum sanguinem in me manet et ego in illo.
℟. Deo gratias.

HYMNE.

Pange, lingua, etc., p. 42.

Tantum ergo, etc., p. 42.

Genitori, etc., p. 43.

℣. Memoriam fecit Dominus mirabilium suorum.

℟. Escam dedit timentibus se.

OREMUS.

Deus, qui nobis, etc., p. 49.

CÉRÉMONIAL DE RÉCEPTION

DES ASSOCIÉS ET DES ASPIRANTS.

Aussitôt après les Vêpres on proclame pour la dernière fois les nouveaux Dignitaires de l'Association avec les futurs Aspirants et Associés. Ces derniers, que le Président a dû conduire à la sacristie, viennent se ranger autour de la balustrade dès que la proclamation est achevée. Si c'est M. le curé de Saint-Sulpice qui vient présider à la cérémonie, ou M. le Directeur des catéchismes, on chante le psaume *Laudate Dominum*, p. 38, au moment de leur entrée.

Lorsque l'Officiant est arrivé au pied de l'autel, tout le monde étant à genoux, il entonne l'hymne au Saint-Esprit, p. 43.

L'Oraison étant achevée, on expose le très saint Sacrement sur l'autel, et en même temps on chante les prières ordinaires du salut, p. 49.

L'Officiant monte alors à l'autel, et, debout au coin de l'Évangile, il adresse une courte exhortation aux futurs Associés, qui durant ce temps sont assis, ainsi que les enfants du catéchisme. Lorsque l'Officiant a cessé de parler les nouveaux Associés se mettent à genoux, et l'un d'eux récite au nom des autres un acte de consécration.

Après que les nouveaux associés ont prononcé leur consécration le Secrétaire leur présente la plume avec le registre, et leur fait signer l'acte de leur réception, qui doit avoir été dressé d'avance. L'Officiant, descendant alors de l'autel, s'approche des Associés, et leur remet un cachet encadré en disant à chacun d'eux : *Recevez ce gage des engagements que vous venez de contracter avec Jésus-Christ au très saint Sacrement de l'autel.* Il remet ensuite aux Aspirants leurs cachets d'admission, et leur dit ces paroles : *A Jésus-Christ et pour toujours.* Ensuite l'Officiant remonte au coin de l'Évangile, où il se tient debout, tourné vers les enfants du catéchisme pendant que le président qui sort de charge prononce un acte au nom de tous les Associés.

Après la rénovation des promesses l'Officiant adresse encore quelques mots à toute l'Association pour l'animer à se renouveler dans l'esprit de sa vocation, et à en remplir fidèlement tous les devoirs; ensuite il donne la bénédiction du très saint Sacrement.

Après la bénédiction l'Officiant descend au pied de l'autel, où il entonne le *Te Deum* s'il a reçu un ou plusieurs Associés; et pendant ce temps on reporte le très saint Sacrement à la chapelle de la sainte Vierge.

Après la distribution de gravures, si l'Officiant est un évêque, il donne avant de se retirer sa bénédiction au catéchisme. Pendant le départ on chante un cantique d'actions de grâces

---

VISITES AU TRÈS SAINT SACREMENT.

Quelle dévotion ne devez-vous pas avoir pour Jésus-Christ présent dans l'auguste sacrement de l'autel!

C'est par amour pour vous qu'il y demeure nuit et jour, offrant sans cesse à Dieu, son père, ses prières et ses vœux pour votre salut. Vous n'avez point d'ami plus tendre : il est votre Dieu, votre Sauveur, votre père; et vous le traiteriez comme s'il vous était étranger ! vous ne le visiteriez jamais ! vous n'iriez pas lui témoigner votre amour, le consoler dans la solitude où ses enfants ingrats le laissent ! Allez donc le visiter si vos occupations vous le permettent ; et lorsque vous serez privé de cette faveur adorez-le quelquefois en esprit, et dites ces paroles dans le sentiment de la foi la plus vive :

O Jésus, caché pour nous dans le très saint Sacrement, je vous adore et vous donne mon cœur; soyez ma défense durant ma vie et à l'heure de ma mort. Ainsi soit-il.

Loué soit, aimé et adoré à jamais Jésus-Christ dans le très saint Sacrement.

PRIÈRES QU'ON PEUT FAIRE EN VISITANT LE TRÈS SAINT SACREMENT.

Je crois, ô mon Sauveur, que vous êtes ici présent ; je m'unis aux saints Anges prosternés autour de votre tabernacle, et vous rends avec eux mes hommages et mes adorations. Oh ! si je pouvais vous offrir les cœurs de tous les hommes ! si je pouvais réparer tous les outrages que vous recevez ici de l'incrédulité des hérétiques, des irrévérences des mauvais chrétiens, de l'insensibilité des fidèles, puisque c'est par amour pour nous que vous les souffrez ! Si je pouvais fixer ici mon séjour comme les Anges sans jamais interrompre mes adorations ! Ah ! du moins mes délices seront de vous y tenir compagnie, comme vous faites les vôtres de demeurer parmi nous. J'y viendrai souvent vous rendre mes respects et mes actions de grâces, et j'y laisserai mon cœur devant vos autels quand votre volonté m'appellera ailleurs. O Jésus, mon sauveur et mon modèle! faites-moi la grâce de pratiquer les éminentes vertus dont vous nous donnez l'exemple dans la divine Eucharistie : votre respect et votre religion envers votre Père, puisque c'est pour honorer sa grandeur que vous vous anéantissez ainsi; votre douceur et votre charité envers tout le monde, puisque vous êtes toujours prêt à nous recevoir, à nous pardonner, à nous combler de vos grâces; votre humilité profonde, qui vous fait cacher toutes vos grandeurs lorsque vous pourriez vous montrer à nos yeux dans l'éclat de votre gloire ; et unissant mes adorations à celles des saints Anges je ferai retentir dans mon cœur ces aimables paroles : Loué soit, aimé et adoré à jamais Jésus-Christ dans le très saint Sacrement de l'autel. Divin Jésus, aimable Sauveur, accordez-moi la grâce de les prononcer avec toute la foi, tout le respect et tout l'amour dont je suis capable.

Lorsqu'on visite le saint Sacrement, on peut réciter les prières suivantes:

1. *Pour adorer notre Seigneur dans la sainte Eucharistie et le remercier.*

Dieu du ciel et de la terre, p. 83.
Adorable majesté, p. 87.
Verbe incarné, p. 28.
Pange, lingua, en latin ou en français, p. 42.
Ave, verum, en latin ou en français, p. 49.

Adoro te.—Lauda Sion.—Sacris solemniis, p. 109 et suiv.

2. Pour faire amende honorable à Jésus-Christ outragé dans la sainte Eucharistie.

Doux Jésus, p. 51.
Adorable Jésus, p. 108.

Miserere meî, Deus, en latin ou en français, p. 314.
Me voici à vos pieds, p. 347.
Esprit saint, Amour éternel, p. 103.

PSAUMES DES VÊPRES.

Dixit, etc., p. 35.

Confitebor, etc., p. 336.

Beatus vir qui timet Dominum;* in mandatis ejus volet nimis.

Potens in terrâ semen ejus;* generatio rectorum benedicetur.

Gloria et divitiæ in domo ejus;* et justitia ejus manet in sæculum sæculi.

Exortum est in tenebris lumen rectis;* misericors, et miserator, et justus.

Jucundus homo qui miseretur et commodat, disponet sermones suos in judicio;* quia in æternum non commovebitur.

In memoriâ æternâ erit justus;* ab auditione malâ non timebit.

Paratum cor ejus sperare in Domino, confirmatum est cor ejus;* non commovebitur donec despiciat inimicos suos.

Dispersit, dedit pauperibus;* justitia ejus manet in sæculum sæculi; cornu ejus exaltabitur in gloriâ.

Peccator videbit et irascetur, dentibus suis fremet et tabescet;* desiderium peccatorum peribit.

Gloria Patri, etc.

Laudate, pueri, Dominum, p. 37.

In exitu Israel de Ægypto,* domus Jacob de populo barbaro.

Facta est Judæa sanctificatio ejus,* Israel potestas ejus.

Mare vidit et fugit :* Jordanis conversus est retrorsùm.

Montes exsultaverunt ut arietes,* et colles sicut agni ovium.

Quid est tibi, mare, quod fugisti?* et tu, Jordanis, quia conversus es retrorsùm?

Montes, exsultastis sicut arietes,* et colles, sicut agni ovium?

A facie Domini mota est terra,* à facie Dei Jacob.

Qui convertit petram in stagna aquarum,* et rupem in fontes aquarum.

Non nobis, Domine, non nobis,* sed nomini tuo da gloriam super misericordiâ tuâ et veritate tuâ.

Nequandò dicant gentes:* Ubi est Deus eorum?

Deus autem noster in cœlo,* omnia quæcumque voluit fecit.

Simulacra gentium argentum et aurum,* opera manuum hominum.

Os habent, et non loquentur;* oculos habent, et non videbunt.

Aures habent, et non audient;* nares habent, et non adorabunt.

Manus habent, et non palpabunt;* pedes habent, et non ambulabunt; non clamabunt in gutture suo.

Similes illis fiant qui faciunt ea,* et omnes qui confidunt in eis.

Domus Israel speravit in Domino;* adjutor eorum et protector eorum est.

Qui timent Dominum speraverunt in Domino,* adjutor eorum et protector eorum est.

Dominus memor fuit nostri;* et benedixit nobis.

Benedixit domui Israel;* benedixit domui Aaron.

Benedixit omnibus qui timent Dominum,* pusillis cum majoribus.

Adjiciat Dominus super vos,* super vos et super filios vestros.

Benedicti vos à Domino,* qui fecit cœlum et terram.

Cœlum cœli Domino;* terram autem dedit filiis hominum.

Non mortui laudabunt te, Domine,* neque omnes qui descendunt in infernum.

Sed nos qui vivimus, benedicimus Domino,* ex hoc nunc et usque in sæculum.

Gloria Patri, etc.

Magnificat, p. 39.

COMPLIES.

Converte nos, Deus salutaris noster.
℟. Et averte iram tuam à nobis.
Deus, in adjutorium, etc. Gloria Patri, etc.
Cùm invocarem exaudivit me Deus justitiæ meæ;* in tribulatione dilatasti mihi.

Miserere mei,* et exaudi orationem meam.

Filii hominum, usquequò gravi corde,* utquid diligitis vanitatem et quæritis mendacium?

Et scitote quoniam mirificavit Dominus sanctum suum : * Dominus exaudiet me cùm clamavero ad eum.

Irascimini, et nolite peccare,* quæ dicitis in cordibus vestris, in cubilibus vestris compungimini.

Sacrificate sacrificium justitiæ, et sperate in Domino :* multi dicunt : Quis ostendit nobis bona ?

Signatum est super nos lumen vultus tui, Domine :* dedisti lætitiam in corde meo.

A fructu frumenti, vini et olei sui,* multiplicati sunt.

In pace in idipsum dormiam* et requiescam.

Quoniam tu, Domine,* singulariter in spe constituisti me. (1)

Gloria Patri, etc.

---

(1) A Rome In te, Domine, speravi, non confundar in æternum : in justitiâ tuâ libera me.
Inclina ad me aurem tuam : accelera ut eruas me.
Esto mihi in Deum protectorem et in domum refugii, ut salvum me facias.
Quoniam fortitudo mea et refugium meum es tu : et propter nomen tuum deduces me et enutries me.

Qui habitat in adjutorio Altissimi,* in protectione Dei cœli commorabitur.

Dicet Domino: Susceptor meus es tu, et refugium meum :* Deus meus, sperabo in eum.

Quoniam ipse liberavit me de laqueo venantium,* et à verbo aspero.

Scapulis suis obumbrabit tibi :* et sub pennis ejus sperabis.

Scuto circumdabit te veritas ejus :* non timebis à timore nocturno.

A sagittâ volante in die, à negotio perambulante in tenebris,* ab incursu et dæmonio meridiano.

Cadent à latere tuo mille, et decem millia à dextris tuis,* ad te autem non appropinquabit.

Verumtamen oculis tuis considerabis :* et retributionem peccatorum videbis.

Quoniam tu es, Domine, spes mea :* Altissimum posuisti refugium tuum :

Non accedet ad te malum :* et flagellum non appropinquabit tabernaculo tuo.

Quoniam Angelis suis mandavit de te,* ut custodiant te in omnibus viis tuis.

In manibus portabunt te,* ne forte offendas ad lapidem pedem tuum.

Super aspidem et basiliscum ambulabis,* et conculcabis leonem et draconem.

Quoniam in me speravit, liberabo eum :* protegam eum, quoniam cognovit nomen meum.

Educes me de laqueo hoc, quem absconderunt mihi, quoniam tu es protector meus.

In manus tuas commendo spiritum meum, redemisti me, Domine, Deus veritatis.

Clamabit ad me,* et ego exaudiam eum.

Cum ipso sum in tribulatione :* eripiam eum, et glorificabo eum.

Longitudine dierum replebo eum, * et ostendam illi salutare meum. Gloria Patri, etc.

Ecce nunc benedicite Dominum,* omnes servi domini.

Qui statis in domo Domini,* in atriis domûs Dei nostri.

In noctibus extollite manus vestras in sancta,* et benedicite Dominum.

Benedicat tibi Dominus ex Sion,* qui fecit cœlum et terram. Gloria Patri, etc.

CANTIQUE DE S. SIMÉON.

Nunc dimittis servum tuum, Domine,* secundùm verbum tuum, in pace.

Quia viderunt oculi mei * salutare tuum.

Quod parasti * ante faciem omnium populorum.

Lumen ad revelationem gentium,* et gloriam plebis tuæ Israel. Gloria Patri, etc.

ACTE DE RENOUVELLEMENT DES VOEUX DU BAPTÊME.

Me voici à vos pieds, ô mon Dieu ! pour vous témoigner ma juste reconnaissance et vous remercier de la grâce de mon baptême. J'étais né enfant de colère, esclave du démon ; dans cet état je ne pouvais avoir part au bonheur des Saints. C'est vous seul, ô mon Dieu !

qui m'avez fait naître dans le sein de l'Église catholique; à vous seul je dois la grâce du saint baptême. Au même instant que je l'ai reçu vous m'avez rendu tous mes droits à l'héritage céleste. Marqué du sceau des enfants de Dieu, ayant Jésus-Christ pour frère et pour chef, je ne devais jamais rentrer sous l'esclavage honteux du démon. Pourquoi faut-il que j'aie contristé l'Esprit saint, que je l'aie chassé de mon cœur? Qu'est devenue la robe de mon innocence? Que sont devenus ces engagements solennels que prirent pour moi des parents chrétiens? Ah! Seigneur, je les ai violés. La robe de mon innocence, je l'aï traînée dans la fange du péché. Mais, ô mon Dieu! vous l'avez purifiée aujourd'hui dans votre sang, et elle est devenue plus blanche que la neige. Ces promesses que j'ai violées je les renouvelle aujourd'hui moi-même librement et dans toute la sincérité de mon cœur. Oui, je crois, et ma foi sera la règle de ma conduite. Parures mondaines, plaisirs perfides, assemblées profanes, vous ne serez rien dans mon cœur. Évangile saint, vous ferez mes délices. Temple sacré, vous serez ma demeure. Justes de la terre, je viendrai chanter au millieu de vous les louanges du Seigneur; et lorsque ma dernière heure sera venue les Anges me recevront avec vous dans les tabernacles éternels, où nous posséderons, sans crainte de le perdre, le Dieu qui nous a visités.

PRIÈRES DU SOIR.

Au nom du Père, etc.

Mettez-vous en la présence de Dieu, adorez-le.

Je vous adore, ô mon Dieu ! avec la soumission que m'inspire la présence de votre souveraine grandeur. Je crois en vous, parceque vous êtes la vérité même. J'espère en vous parceque vous êtes infiniment bon. Je vous aime de tout mon cœur, parceque vous êtes souverainement aimable, et j'aime le prochain comme moi-même pour l'amour de vous.

Remerciez Dieu des grâces qu'il vous a faites.

Quelles actions de grâces vous rendrai-je, ô mon Dieu ! pour tous les biens que j'ai reçus de vous? Vous avez songé à moi de toute éternité; vous m'avez tiré du néant; vous avez donné votre vie pour me racheter, et vous me comblez encore tous les jours d'une infinité de faveurs. Hélas! Seigneur, que puis-je faire en reconnaissance de tant de bontés? Joignez-vous à moi, esprits bienheureux, pour louer le Dieu des miséricordes, qui ne cesse de faire du bien à la plus indigne et la plus ingrate de ses créatures.

Demandez à Dieu de connaître vos péchés.

Source éternelle de lumières, Esprit saint, dissipez les ténèbres qui me cachent la laideur et la malice du péché. Faites-m'en concevoir une si grande horreur, ô mon Dieu! que je le haïsse, s'il se peut, autant que vous le haïssez vous-même, et que je ne craigne rien tant que de le commettre à l'avenir.

Examinez-vous sur le mal commis, envers Dieu : *Omission ou négligence de vos devoirs de piété, irrévérence à l'Eglise, distractions volontaires dans vos prières, défaut d'attention, résistance à la grâce, jurements, murmures, manque de confiance et de résignation.*

Envers le prochain : *Jugements téméraires, mépris, haine, désir de vengeance, querelles, emportements, imprécations, injures, médisances, railleries, faux rapports, dommages aux biens et à la réputation, mauvais exemple, scandale, manque de respect, d'obéissance, de charité, de zèle, de fidélité.*

Envers vous-même : *Vanité, respect humain, mensonges, pensées, désirs, discours et actions contraires à la pureté, intempérance, colère, impatience, vie inutile et sensuelle, paresse à remplir les devoirs de votre état.*

Me voici, Seigneur, tout couvert de confusion et pénétré de douleur à la vue de mes fautes ; je viens les détester devant vous avec un vrai déplaisir d'avoir offensé un Dieu si bon, si aimable et si digne d'être aimé. Etait-ce donc là, ô mon Dieu ! ce que vous deviez attendre de ma reconnaissance après m'avoir aimé jusqu'à répandre votre sang pour moi ? Oui, Seigneur, j'ai poussé trop loin ma malice et mon ingratitude. Je vous en demande très humblement pardon, et je vous conjure, ô mon Dieu ! par cette même bonté dont j'ai ressenti tant de fois les effets, de m'accorder la grâce d'en faire dès aujourd'hui et jusqu'à la mort une sincère pénitence.

Faites un ferme propos de ne plus pécher.

Que je souhaiterais, ô mon Dieu ! ne vous avoir jamais offensé ! Mais puisque j'ai été assez malheureux que de vous déplaire je vais vous marquer la douleur que j'en ai par une conduite tout opposée à celle que j'ai gardée jusqu'ici. Je renonce dès à présent au péché et à l'occasion du péché, surtout de celui où j'ai la faiblesse de retomber si souvent ; et si vous daignez m'accorder votre grâce, ainsi que je la demande et que je l'espère, je tâcherai de remplir fidèlement mes devoirs, et rien ne sera capable de m'arrêter quand il s'agira de vous servir. Ainsi soit-il.

Notre Père, qui êtes aux cieux, que votre nom soit sanctifié, que votre règne nous arrive, que votre volonté soit faite en la terre comme au ciel. Donnez-nous aujourd'hui notre pain quotidien, et nous pardonnez nos offenses comme nous pardonnons à ceux qui nous ont offensés ; et ne nous induisez point en tentation, mais délivrez-nous du mal. Ainsi soit-il.

Je vous salue, Marie, pleine de grâce ; le Seigneur est avec vous, vous êtes bénie entre les femmes, et Jésus, le fruit de vos entrailles, est béni. Sainte Marie, mère de Dieu, priez pour nous, pauvres pécheurs, maintenant et à l'heure de notre mort. Ainsi soit-il.

Je crois en Dieu le Père tout puissant, créateur du ciel et de la terre, et en Jésus-Christ, son fils unique, notre Seigneur, qui a été conçu du Saint-Esprit, qui est né de la Vierge Marie, qui a souffert sous Ponce Pilate; qui a été crucifié, qui est mort, et qui a été enseveli; qui est descendu aux enfers, et le troisième jour est ressuscité des morts; qui est monté aux cieux, qui est assis à la droite de Dieu, le Père tout puissant, et qui de là viendra juger les vivants et les morts. Je crois au Saint-Esprit, la sainte Eglise catholique, la communion des Saints, la rémission des péchés, la résurrection de la chair, la vie éternelle. Ainsi soit-il.

Je me confesse à Dieu tout puissant, à la bienheureuse Marie toujours vierge, à S. Michel archange, à S. Jean-Baptiste, aux saints apôtres Pierre et Paul, à tous les Saints, et à vous, mon père, de tous les péchés que j'ai commis en pensées, paroles et œuvres, par ma faute, par ma propre faute, par ma très grande faute : c'est pourquoi je prie la bienheureuse Marie, toujours vierge, S. Michel archange, S. Jean-Baptiste, les saints apôtres Pierre et Paul, tous les Saints, et vous, mon père, de prier pour moi le Seigneur notre Dieu.

Que le Dieu tout puissant nous fasse miséricorde, qu'il nous pardonne nos péchés, et nous conduise à la vie éternelle. Ainsi soit-il.

Que le Seigneur tout puissant et miséricordieux nous donne indulgence, absolution et rémission de tous nos péchés. Ainsi soit-il.

Recommandez-vous à Dieu, à la sainte Vierge et aux Saints.

Bénissez, ô mon Dieu ! le repos que je vais

prendre pour réparer mes forces, afin de vous mieux servir. Vierge sainte, mère de mon Dieu et après lui mon unique espérance ; mon bon ange, mon saint patron, intercédez pour moi, protégez-moi pendant cette nuit, tout le temps de ma vie et à l'heure de ma mort. Ainsi soit-il.

Priez pour les vivants et pour les fidèles trépassés.

Répandez, Seigneur, vos bénédictions sur mes parents, mes bienfaiteurs, mes amis et mes ennemis. Protégez tous ceux que vous m'avez donnés pour maîtres, tant spirituels que temporels. Secourez les pauvres, les prisonniers, les affligés, les voyageurs, les malades et les agonisants. Convertissez les hérétiques, et éclairez les infidèles.

Dieu de bonté et de miséricorde, ayez aussi pitié des âmes des fidèles qui sont dans le purgatoire. Mettez fin à leurs peines, et donnez à celles pour lesquelles je suis obligé de prier le repos et la lumière éternelle. Ainsi soit-il.

Les dimanches, mardis, jeudis et samedis on dit les litanies de la très sainte Vierge, p. 92.

Les lundis, mercredis et vendredis on dit celles du saint nom de Jésus.

LITANIES DU SAINT NOM DE JÉSUS.

Kyrie, eleison.	Seigneur, ayez pitié de nous.
Christe, eleison.	Christ, ayez pitié de nous.
Kyrie, eleison.	Seigneur, ayez pitié de nous.
Jesu, audi nos.	Jésus, écoutez-nous.
Jesu, exaudi nos.	Jésus, exaucez-nous.
Pater de cœlis, Deus, miserere nobis.	Père céleste, qui êtes Dieu, ayez pitié de nous.

Fili, Redemptor mundi, Deus, miserere nobis,	Fils, Rédempteur du monde, qui êtes Dieu, ayez pitié de nous.
Spiritus Sancte, Deus, miserere nobis.	Esprit saint, qui êtes Dieu, ayez pitié de nous.
Sancta Trinitas, unus Deus, miserere nobis.	Trinité sainte, qui êtes un seul Dieu, ayez pitié de nous.

Jesu, Fili Dei vivi, ora pro nobis.	Jésus, fils du Dieu vivant, priez pour nous,
Jesu, splendor Patris,	Jésus, splendeur du Père,
Jesu, candor lucis æternæ,	Jésus, pureté de la lumière éternelle,
Jesu, rex gloriæ,	Jésus, roi de gloire,
Jesu, sol justitiæ,	Jésus, soleil de justice,
Jesu, fili Mariæ Virginis,	Jésus, fils de la Vierge Marie,
Jesu amabilis,	Jésus aimable,
Jesu admirabilis,	Jésus admirable,
Jesu, Deus fortis,	Jésus, Dieu fort,
Jesu, pater futuri sæculi,	Jésus, père du siècle à venir,
Jesu, magni consilii angele,	Jésus, ange du grand conseil,
Jesu potentissime,	Jésus très puissant,
Jesu patientissime,	Jésus très patient,
Jesu obedientissime,	Jésus très obéissant,
Jesu mitis et humilis corde,	Jésus doux et humble de cœur.
Jesu, amator castitatis,	Jésus, amateur de la chasteté,
Jesu, amator noster,	Jésus, qui nous honorez de votre amour,
Jesu, Deus pacis,	Jésus, Dieu de paix,
Jesu, auctor vitæ,	Jésus, auteur de la vie,
Jesu, exemplar virtutum,	Jésus, exemple des vertus,
Jesu, zelator animarum,	Jésus, zélateur des âmes,
Jesu, Deus noster,	Jésus, notre Dieu,
Jesu, refugium nostrum,	Jésus, notre refuge,
Jesu, pater pauperum,	Jésus, père des pauvres,
Jesu, thesaurus fidelium,	Jésus, trésor des fidèles,
Jesu, bone pastor,	Jésus, bon pasteur,
Jesu, lux vera,	Jésus, vraie lumière,
Jesu, sapientia æterna,	Jésus, sagesse éternelle,
Jesu, bonitas infinita,	Jésus, bonté infinie,
Jesu, via et vita nostra,	Jésus, notre voie et notre vie,

Ora pro nobis. / *Priez pour nous.*

Jesu, gaudium Angelorum,	Jésus, joie des Anges,
Jesu, rex Patriarcharum,	Jésus, roi des patriarches,
Jesu, magister Apostolorum,	Jésus, maître des Apôtres,
Jesu, doctor Evangelistarum,	Jésus, docteur des Evangélistes,
Jesu, fortitudo Martyrum	Jésus, force des Martyrs,
Jesu, lumen Confessorum	Jésus, lumière des Confesseurs,
Jesu, puritas Virginum,	Jésus, pureté des Vierges,
Jesu, corona Sanctorum omnium,	Jésus, couronne de tous les Saints.

Ora pro nobis. — Priez pour nous.

Propitius esto, parce nobis, Jesu. — Soyez-nous propice, Jésus, pardonnez-nous

Propitius esto, exaudi nos, Jesu. — Soyez-nous propice, Jésus, exaucez nos prières

Ab omni peccato libera nos, Jesu. — De tout péché, délivrez-nous, Jésus.

Ab ira tua, libera. — De votre colère, délivrez.

Ab insidiis diaboli, libera. — Des embûches du démon, d.

A spiritu fornicationis, lib. — De l'esprit de fornication d.

A morte perpetuâ, libera. — De la mort éternelle, déliv.

A neglectu inspirationum tuarum libera nos, Jesu. — Du mépris de vos divines inspirations, délivrez.

Per mysterium sanctæ incarnationis tuæ, libera — Par le mystère de votre sainte incarnation, dél.

Per nativitatem tuam, lib. — Par votre naissance, déliv.

Per infantiam tuam, libera. — Par votre enfance, déliv.

Per divinissimam vitam tuam, libera. — Par votre vie toute divine, délivrez-nous

Per labores tuos, libera. — Par vos travaux, déliv.

Per agoniam et passionem tuam, libera. — Par votre agonie et par votre passion, délivrez.

Per crucem et derelictionem tuam, libera. — Par votre croix et par votre abandonnement, dél.

Per labores tuos, libera. — Par vos souffrances, déliv.

Per mortem et sepulturam tuam, libera. — Par votre mort et par votre sépulture, délivrez.

Per resurrectionem tuam, — Par votre résurrection, dél.

Per ascensionem tuam, lib. — Par votre ascension, dél.

Per gaudia tua, libera. — Par vos joies, délivrez.

Per gloriam tuam, libera. — Par votre gloire, déliv.

Agnus Dei, qui tollis peccata mundi, parce nobis, Jesu. — Agneau de Dieu, qui effacez les péchés du monde, pardonnez-nous, Jésus.

Agnus Dei, qui tollis peccata mundi, exaudi nos, Jesu.

Agnus Dei, qui tollis peccata mundi, miserere nobis, Jesu.

Jesu, audi nos.
Jesu, exaudi nos.

Agneau de Dieu, qui effacez les péchés du monde, exaucez-nous, Jésus.

Agneau de Dieu, qui effacez les péchés du monde, faites-nous miséricorde, Jésus.

Jésus, écoutez-nous,
Jésus, exaucez-nous.

OREMUS.

Domine Jesu Christe, qui dixisti : Petite et accipietis; quærite, et invenietis; pulsate, et aperietur vobis ; quæsumus, da nobis petentibus divinissimi tui amoris affectum, ut te toto corde, ore et opere diligamus, et à tuâ nunquàm laude cessemus; qui vivis et regnas in sæcula sæculorum. Amen.

PRIONS.

Seigneur Jésus-Christ, qui avez dit : Demandez, et vous recevrez; cherchez, et vous trouverez; frappez, et il vous sera ouvert; nous vous supplions d'allumer en nous le feu de votre amour, afin que nous vous servions de tout notre cœur, et que jamais nous ne cessions de vous louer : vous qui vivez et régnez dans tous les siècles des siècles. Ainsi soit-il.

ORAISON.

Nous vous supplions, Seigneur, de visiter cette demeure, et d'en éloigner toutes sortes d'embûches de l'ennemi : que vos saints anges y habitent afin de nous conserver en paix, et que votre bénédiction soit toujours sur nous; par notre Seigneur Jésus-Christ. Ainsi soit-il.

PRIÈRE A TOUS LES SAINTS.

Ames très heureuses, qui avez eu la grâce de parvenir à la gloire, obtenez-moi deux choses de celui qui est notre commun Dieu et père : que je ne l'offense jamais mortellement, et qu'il ôte de moi tout ce qui lui déplaît. Ainsi soit-il.

RÉGLEMENT DE VIE

APRÈS LA PREMIÈRE COMMUNION.

RÉSOLUTION GÉNÉRALE.

Je ferai tous mes efforts pour me maintenir toujours en état de grâce. Plutôt mourir que de jamais commettre un seul péché véniel de propos délibéré !

RÉSOLUTIONS POUR LA JOURNÉE.

I. *Lever.* Je me leverai tous les jours à une heure réglée autant qu'il me sera possible. Ma première action sera le signe de la croix, ma première parole les saints noms de Jésus et de Marie, ma première pensée sera l'offrande de mon cœur à Dieu, afin que je puisse le bien servir pendant cette journée. Je me leverai de suite ; je m'habillerai avec promptitude et modestie, ne souffrant jamais que le commencement de ma journée soit pour le démon de la paresse.

II. *Prière du matin.* Aussitôt que je serai habillé je me mettrai à genoux au pied de mon crucifix ou de quelque sainte image, et je réciterai avec attention, respect et dévotion, comme parlant à Dieu, la prière du matin qui se trouve dans mon *Cantique* ou dans la *Journée du Chrétien*. Je joindrai toujours à ma prière du matin les actes de foi, d'espérance et de charité, que tout chrétien doit produire fréquemment.

III. *Lecture méditée.* Toute la terre, dit un prophète, est dans une extrême désolation, parcequ'il n'y a personne qui réfléchisse et qui rentre en lui-même. Je veux éviter ce malheur, et pour cela prendre la bonne habitude, 1o de faire tous les jours avec recueillement et réflexion une lecture méditée après ma prière; par exemple une de celles qui se trouvent dans la *Journée du Chrétien* pour chaque jour du mois; 2o de faire en même temps des retours sur ma conduite pour voir si elle est conforme aux maximes chétiennes que j'aurai sous les yeux; 3o de terminer ma méditation en prenant pour la journée de bonnes résolutions que je mettrai sous la protection de la sainte Vierge.

IV. *Travail.* Je travaillerai selon mon état, et je ne resterai jamais sans rien faire, me souvenant que l'*oisiveté est mère de tous les vices*. Avant de me mettre au travail je l'offrirai au bon Dieu, le commençant par lui demander sa bénédiction. Je renouvellerai de temps en temps cette offrande, par exemple quand j'entendrai sonner l'heure.

V. *Repas.* Pour sanctifier mes repas je dirai toujours le *benedicite* avant et les *grâces* après, et je prendrai garde de me laisser aller aux excès et à la gourmandise.

VI. *Récréations.* Lorsque je prendrai quelque

recréation je l'offrirai au bon Dieu; je lui demanderai la grâce de ne l'y pas offenser. Je la prendrai avec gaieté, mais avec modération, et sans y passer trop de temps. J'éviterai toute récréation, tout divertissement défendu par la religion ou qui puisse m'exposer au danger de pécher.

VII. *Lecture de piété.* Je ferai tous les jours si je puis, ou au moins de temps en temps, dans l'après-dînée une petite lecture dans un bon livre, comme serait la *Vie des Saints*, ou dans quelque autre livre que mon confesseur m'aura indiqué.

VIII. *Dévotion à la très sainte Vierge.* Tous les jours de ma vie j'honorerai la très sainte Vierge d'une manière toute particulière. Pourrais-je jamais assez honorer celle que le fils de Dieu a daigné choisir pour sa mère en se faisant homme, et qu'il a élevée par là au-dessus de toute créature? Je l'aimerai de tout mon cœur comme ma mère et comme la meilleure des mères, qui m'a adopté pour son enfant au milieu des douleurs qu'elle endurait sur le Calvaire au pied de la croix. J'aurai recours à elle avec la confiance d'un enfant pour sa mère dans toutes mes peines, dans mes tentations et surtout dans les tentations de découragement. Enfin je me propose de ne laisser passer aucun jour sans lui adresser au moins quelque petite prière, comme une dizaine du chapelet, la prière *Souvenez-vous*, etc.

IX. *Dévotion aux Saints.* J'aurai aussi une dévotion particulière pour S. Joseph, père nourricier de Jésus, pour mon bon Ange, mes saints patrons; je les invoquerai souvent, et je tâcherai surtout de mériter leur protection par l'imitation de leurs vertus.

X. *Prière du soir, examen.* Je finirai la journée comme je l'aurai commencée, c'est à dire par la prière; je réciterai la prière du soir qui se trouve dans le *Cantique* ou dans la *Journée du Chrétien.* J'y ferai soigneusement l'examen de conscience sur toutes les actions de la journée. Je demanderai pardon au bon Dieu par un acte de contrition des fautes que j'aurai pu commettre, et je prendrai des résolutions pour les éviter le lendemain.

XI. *Coucher.* Je quitterai mes vêtements en observant la plus exacte décence. Avant de m'endormir je donnerai mon cœur à Dieu; ma dernière action sera le signe de la croix, ma dernière parole les saints noms de Jésus et de Marie; je tâcherai de m'endormir dans quelque sainte pensée. Il est bon de songer quelquefois à la mort, regardant le lit comme un tombeau. On se couche le soir; mais on n'est pas sûr de se lever le lendemain.

RÉSOLUTIONS POUR LA SEMAINE.

I. Je serai très soigneux de remplir l'obligation imposée par l'Église à tout fidèle d'assister dévotement à la sainte Messe les dimanches et fêtes d'obligation, et, à moins d'en êtr empêché par quelque bonne raison, je tâchera d'assister à la Messe de paroisse, qui est l Messe de tout bon paroissien.

II. Je persévérerai le plus long-temps qu je pourrai à venir au Catéchisme. Quand j ne le pourrai plus je sanctifierai les dimanche et les fêtes en assistant au prône ou au sermon, ainsi qu'aux offices de l'Église, particulièrement à vêpres et au salut.

III. Je ne travaillerai jamais les jours de dimanches et de fêtes.

IV. J'observerai toujours fidèlement l'abstinence des vendredis et samedis. Si j'éprouvais quelques difficultés sur cet article ou sur le précédent, je me propose de ne rien faire sans consulter mon confesseur.

V. Je voudrais pouvoir assister tous les jours à la sainte Messe. Je le ferai quand j'en aurai le loisir; quand je ne le pourrai pas, je m'unirai du moins de cœur à notre Seigneur Jésus-Christ, s'immolant pour moi dans les différents endroits où l'on offre le saint Sacrifice.

VI. Je ne laisserai point passer la semaine sans aller au moins une fois me présenter devant notre Seigneur au très saint Sacrement de l'autel pour le visiter, le consoler de l'abandon où on le laisse, l'adorer, le remercier de ses bienfaits, et profiter des grâces abondantes qu'il se plaît à répandre sur ceux qui sont fidèles à venir lui faire leur cour.

RÉSOLUTION POUR CHAQUE MOIS.

I. Je me confesserai au moins tous les mois pour me maintenir dans une grande pureté de cœur, acquérir de la force contre les tentations et déraciner mes mauvaises habitudes. Je me préparerai avec soin à la confession, m'appliquant surtout à concevoir une vive douleur de mes fautes, et à former une résolution sincère de m'en corriger,

II. Je tâcherai de vivre de manière que mon confesseur puisse me permettre de communier souvent. Mais quand bien même je ne devrais pas avoir le bonheur de communier j'assisterai, autant que je pourrai, aux communions du mois qui se font dans les Catéchismes de persévérance, si elles ont lieu dans ma paroisse, pour m'édifier et m'animer à la ferveur.

RÉSOLUTIONS POUR CHAQUE ANNÉE.

I. Je ne manquerai jamais au devoir de la confession annuelle et de la communion pascale.

II. J'observerai fidèlement l'abstinence du Carême, des Quatre-Temps et des Vigiles. J'observerai de plus le jeûne de ces mêmes jours quand j'aurai atteint l'âge de vingt-un ans. Si, pour quelque bonne raison, je ne pouvais observer cette loi de l'Église, je ne manquerai pas d'en demander la dispense à mon confesseur.

III. Je célébrerai tous les ans l'anniversaire de mon baptême, de ma première communion et de ma confirmation. Je tâcherai ces jours-là de me confesser et de communier, et j'y renouvellerai les promesses de mon baptême.

CE QUE JE DOIS PRATIQUER PENDANT TOUTE MA VIE.

Ce que je crois, je veux le pratiquer hautement. Je mépriserai le respect humain; et la crainte de déplaire aux hommes ne m'empêchera pas de faire mon devoir.

J'aurai la plus grande confiance en Dieu ; je le regarderai toujours comme le meilleur et le plus tendre des pères ; j'aime mieux mourir que de l'offenser : mais si ce malheur m'arrivait je ne désespérerais pas de mon salut ; j'aurai recours au plus tôt au sacrement de pénitence avec la plus vive confiance en la divine miséricorde.

Je ne ferai à personne ce que je ne voudrais pas qu'on me fît à moi-même. J'aimerai surtout les pauvres ; je les aiderai de tous mes moyens : si j'ai beaucoup, je donnerai beaucoup ; si j'ai peu, je donnerai peu, mais de bon cœur.

J'obéirai exactement, promptement et avec joie à mes parents et à toutes les personnes à qui Dieu a donné autorité sur moi.

Je me proposerai pour motif et pour modèle de mon obéissance notre Seigneur Jésus-Christ lui-même, c'est à dire un Dieu obéissant. Pendant trente ans, dans la retraite de Nazareth, *il a obéi à Marie et à Joseph,* et dans sa passion *il s'est rendu obéissant jusqu'à la mort, et à la mort de la croix.*

Je serai modeste dans mes paroles et mes actions, dans mes habits et dans ma conduite. Je respecterai mon corps comme le temple du Saint-Esprit.

Je ne prêterai jamais l'oreille aux discours trop libres des personnes sans religion : je les fuirai avec horreur.

J'éviterai avec soin tout ce qui pourrait me porter au péché, comme les mauvaises compagnies, les mauvais livres, les plaisirs du monde contraires à l'esprit de la religion.

Enfin je m'appliquerai sans relâche à combattre mon défaut dominant, à acquérir toutes les vertus de mon état, surtout l'humilité, la douceur, la patience, la modestie, l'obéissance.

Je me propose de relire de temps en temps ce réglement de vie, par exemple les jours où j'aurai le bonheur de communier.

TABLE

DES PRIÈRES ET DES EXERCICES DE PIÉTÉ.

	Pages
Prières pour le réveil et avant de s'endormir.	3
Prières avant et après le repas.	3
Prières pour sanctifier les actions de la journée.	317
Prières pour implorer la miséricorde de Dieu.	313
Prières pour examiner sa conscience lorsqu'on va se confesser.	54
Examen de conscience pour la confession.	ib.
Manière de s'exciter à la contrition avant de se confesser.	75
Manière de se confesser.	78
Prières après la confession.	81
Prière pour obtenir la grâce de bien faire sa première communion.	316
Actes avant la communion.	83
Actes après la communion.	87
Acte de renouvellement des promesses du baptême.	
Règlement de vie.	357
Prière pour les parents.	318
Prière pour les bienfaiteurs	353
Prières pour les âmes du purgatoire.	319
Prières au très saint Sacrement.	340
Prières pour répondre à la sainte Messe.	322

PRIÈRES QU'ON PEUT RECEVOIR POUR PÉNITENCE APRÈS LA CONFESSION.

		Pages
Acte de contrition.		77
Acte plus étendu.		77
Acte de ferme propos.		77
Lectures	Le péché nous mérite l'enfer.	73
	Le péché crucifie Jésus-Christ.	75
En latin et en français.	Je me confesse à Dieu.	15
	Miserere mei, Deus.	314
	De profundis.	320
Souvenez-vous.		2

(366)

	pages
Memorare.	3
Ave, maris stella.	328

En latin et en français.
- *Sub tuum.* — 8
- La salutation angélique. — 11
- *Inviolata.* — 50
- Litanies de la très sainte Vierge. — 92

Actes de foi, d'espérance et de charité.	9
Commandements de Dieu et de l'Eglise.	13

En latin et en français.
- Oraison dominicale. — 10
- Symbole des apôtres. — 11
- Litanies du saint nom de Jésus. — 353
- *Veni, creator Spiritus.* — 44
- *Pange, lingua.* — 42
- *Te Deum laudamus.* — 101

EXERCICES DES CATÉCHISMES.

Prières avant le catéchisme.	6
Prières après le catéchisme.	8
Prières du matin.	8
Prières du soir.	349
Méthode pour la méditation.	14
L'Angélus.	18
Prières pour la sainte Messe.	19
Méthode pour réciter le chapelet.	321
Vêpres des dimanches de l'année.	35

Capitules, hymnes, versets et oraisons propres
- Fêtes de la très sainte Vierge. — 41
- Jour de communion. — *ib.*
- Jour de la confirmation. — 43
- Pendant l'Avent. — 45
- Temps de Noel. — 45
- Temps de carême. — 47
- Pour le saint jour de Pâques. — *ib.*

Vêpres pour la fête du catéchisme de persévérance des filles.	327
Vêpres pour la fête du catéchisme des filles de la première communion.	328
Vêpres pour la fête du catéchisme des garçons de la première communion.	329
Messe pour la fête de l'association.	331
Vêpres pour la fête de l'association.	338
Cérémonial de réception.	336
Salut.	49
Pour le jour de la première communion.	83
Pour le jour de la confirmation.	95
Cérémonie de la communion du mois.	105

PSAUMES, HYMNES ET PROSES.

Dimanches de l'année. {	Dixit Dominus.	35	Credo in unum Deum. 324
	Confitebor tibi.	3 6	Pange, lingua 42
	Beatus vir	34:	Adoro te. 109
	Laudate, pueri.	37	Lauda, Sion. 110
	In exitu Israel	343	Sacris solemniis. 112
	Magnificat.	3!	Ave verum. 40
	Complies.	345	Veni, creator. 43
Lauda, Jerusalem.		327	Adeste, fideles. 46
Credidi.		336	O Filii. 47
Laudate Dominum.		38	Inviolata. 50
Miserere mei, Deus		314	Ave maris, stella. 316
De profundis.		32	Stabat mater. — 326
Gloriâ in excelsis.		324	Te Deum. 114

TABLE ALPHABÉTIQUE.

DES CANTIQUES.

N. B. La première colonne de chiffres indique les pages de ce volume, et la seconde celles des éditions précédentes.

Adorons ici notre Dieu.	268	
Age pur, aimable saison.	227	207
Aimons Jésus.	132	146
A la mort.	151	176
A la reine des cieux.	209	246
A l'envi sur les pas des mages.	306	
Allons parer le sanctuaire.	305	215
Amour divin.	281	
Amour, honneur, louange.	271	113
Ange de Dieu.	223	261
Anges, applaudissez.	311	243
Au fond des brûlants abimes.	290	277
Au saint berceau.	127	157
Au sang qu'un Dieu.	128	140
Aux chants de la victoire.	268	
A tes pieds, Dieu que j'adore.	279	
Bénissons à jamais.	249	
Bravons les enfers.	243	
Célébrons ce grand jour.	265	330
Célébrons la victoire.	135	147
C'en est donc fait, adieu.	298	298
Cesse les concerts funèbres.	134	150
Chantons en ce jour.	177	328
Chantons l'enfance.	124	132
Chantons le mystère.	143	311

11*

Chantons les combats et la gloire.	285	
Chaste époux d'une vierge mère.	223	268
Chère jeunesse, en qui, pour l'harmonie.	250	85
Cœur de Jésus, cœur à jamais aimable.	145	225
Cœur sacré de Marie, cœur que la terre.	219	259
Comment goûter quelque repos.	155	291
Dans ce beau mois.	258	
Dans ce profond mystère, où la foi.	193	
Dans cette étable que Jésus est charmant.	117	110
Dans nos concerts bénissons le nom.	220	260
De ce profond, de cet affreux abîme.	163	297
De l'homme ici-bas la richesse	252	90
Depuis long-temps de Monique éplorée.	244	
Descends des cieux, aimable modestie.	242	279
De tes bienfaits Juda n'a plus mémoire.	295	214
De tes enfants reçois l'hommage.	204	332
Dieu d'amour, en ce jour.	302	343
Dieu va déployer sa puissance.	151	178
Divin amour, oh! que sous ton empire.	240	334
Divine enfance de Jésus, sois notre.	125	156
Du bonheur on parle sans cesse.	201	330
Du plus beau de mes jours.	247	
Du roi des cieux tout célèbre la gloire.	236	96
Du séjour de la gloire.	288	266
Elle triomphera cette église immortelle.	283	
Enfants, pour vous quel beau jour.	256	
Enfin de son tonnerre Dieu dépose.	205	259
Esprit saint, comblez nos vœux.	198	347
Esprit saint descendez en nous.	199	
Est-ce vous que je vois, ô mon maître.	131	145
Faibles mortels, quel torrent vous entraîne.	243	281
Fortunés habitants des cieux.	310	272
Grâce, grâce, Seigneur, arrête.	156	302
Grand Dieu, tous ces enfants.	227	89
Goûtez, âmes ferventes.	233	202
Hélas! j'ai vécu sans l'aimer.	293	299
Hélas! quelle douleur remplit mon cœur.	164	305
Heureux, bienheureux.	251	89

Heureux enfants, accourez tous.	224	274
Heureux qui dès le premier âge.	211	249
Heureux qui dès son enfance.	230	354
Heureux qui du cœur de Marie.	221	230
Heureux qui goûte les doux charmes.	231	300
Il est né le divin enfant, jouez, hautbois.	309	
Il est passé le temps de mes alarmes.	168	
Il n'est pour moi qu'un seul bien.	270	
J'engageai ma promesse au baptême.	301	283
Jésus est la bonté même.	294	221
Jésus paraît en vainqueur, sa bonté.	136	15
Je l'ai trouvé le seul objet que j'aime.	267	
Je veux célébrer par mes louanges.	217	257
Je vois s'ouvrir l'auguste tabernacle.	270	
Je vous salue, auguste et sainte reine.	219	259
Jour heureux, sainte allégresse.	188	340
La mort peut de son ombre.	303	128
Le Dieu que nos soupirs appellent.	114	107
Le fils du roi de gloire est descendu.	118	112
Le monde en vain par ses biens.	180	338
Le monde par mille artifices.	299	357
L'encens divin embaume cet asile.	178	
Le soleil vient de finir sa carrière.	239	219
Le temps de la jeunesse passe.	229	209
Le temps s'échappe comme un songe.	255	92
Loin de nous cet éclat.	247	
L'oiseau qu'aux fraîcheurs du matin.	306	
Mon bien-aimé ne paraît pas encore.	172	320
Mon cœur en ce jour solennel.	184	359
Mon doux Jésus, enfin voici le temps.	280	
Mère de Dieu, quelle magnificence.	207	239
Non, pécheurs, vos discours frivoles.	254	105
Nous passons comme une ombre.	292	174
Nous qu'en ces lieux combla de ses bienf.	212	
O Dieu de clémence, viens par ta présence	115	108
O Dieu dont je tiens l'être.	258	206
O digne objet de mes chants.	232	201
O divine Marie.	308	

O douce providence, dont les divines mains.	235	102
O jour dont le bonheur remplit.	288	157
O mois heureux que notre âme.	260	
O mon Jésus, ô mon bien et ma vie.	121	122
O roi des cieux, vous nous rendez tous.	194	
O saint autel qu'environnent les anges.	174	322
O toi qu'un voile épais nous cache.	140	104
Oublions nos maux passés, ne versons.	120	115
Oui, je le crois, ce que l'Eglise.	240	189
O victime de tout crime.	192	315
O vous dont les tendres ans.	123	129
O vous que dans les cieux.	287	262
Paraissez, roi des rois, venez, juge.	285	192
Par les chants les plus magnifiques.	141	309
Par vos enfants des enfants adoptées.	304	
Pécheurs, ne troublez plus les airs.	230	86
Perçant les voiles de l'aurore.	271	
Permettras-tu que ton culte périsse.	285	163
Pleins de ferveur, chantons sans cesse.	278	
Pourquoi ces vains complots, ô princes.	237	160
Princes illustres de l'Eglise.	282	
Prosternez-vous, offrez des vœux.	191	
Puissant protecteur.	222	
Puisque mon cœur sensible.	297	211
Puniras-tu, Seigneur, dans la justice.	158	300
Quand Jésus sur la terre.	255	
Quand l'eau sainte du baptême.	186	282
Que cette voûte retentisse.	195	
Que je me plais dans ton enceinte.	225	87
Que Jésus est un bon maître.	241	223
Quel beau jour vient s'offrir.	274	237
Quel doux penser me transporte.	169	318
Quel feu s'allume dans mon cœur.	196	344
Que le Seigneur est bon, que son joug.	277	
Quel plus étonnant miracle.	184	317
Quel signe heureux, quel mystère.	147	223
Quel spectacle s'offre à ma vue.	138	154
Quelle est cette aurore nouvelle.	206	235

Quelle fatale erreur nous charme.	153	182
Quelle nouvelle et sainte ardeur.	200	348
Quels accords, quels concerts augustes.	145	264
Qu'ils sont aimés, grand Dieu.	176	327
Quoi! dans les temples de la terre.	190	313
Qu'on est heureux au printemps.	258	319
Reçois nos hommages dans ce mois des fleurs	262	
Recueillons-nous, le prodige s'opère.	194	
Reine des cieux, ô divine.	216	256
Reine des cieux, de notre tendre hommage.	260	244
Reviens, pécheur, à ton Dieu.	159	293
Saint amour, céleste ivresse.	188	
Sainte cité, demeure permanente.	154	186
Sainte Sion, ravissante demeure.	289	185
Salut aimable et cher asile.	225	87
Seigneur, dès ma première enfance.	234	205
Seigneur, Dieu de clémence, reçois.	161	295
Silence, ciel; silence, terre.	272	116
Sion, de la mélodie cesse les divins accords.	215	255
Suivons les rois dans l'étable.	122	124
Sur cet autel, ah! que vois-je paraître.	192	355
Sur les apôtres assemblés.	139	158
Tendre Marie, souveraine des cieux.	261	
Tendres enfants, aux délices perfides.	307	206
Toi dont la divine flamme.	248	159
Toi dont la puissance infinie.	266	356
Tout me confond dans ce charmant asile.	294	288
Tout m'instruit dans l'enfant Dieu.	124	
Tout n'est que vanité, mensonge.	149	159
Travaillez à votre salut.	148	165
Triomphez, reine des cieux.	208	242
Triomphons, notre mère est au sein	264	241
Trop heureux enfants de Marie.	275	
Troupe innocente d'enfants chéris.	170	325
Tu vas remplir le vœu.	175	326
Un ange apparaît à Marie.	312	
Un fantôme brillant séduisit ma jeunesse.	280	
Unissez-vous à mes chants d'allégresse.	183	

Un jour charmant à nos yeux.	246	359
Vainqueur de l'enfer et du monde.	284	
Venez, divin Messie, sauvez nos jours.	113	105
Vers les collines éternelles.	245	356
Viens, pécheur, et vois le martyre.	296	
Voici les jours de la miséricorde.	291	
Vous en êtes témoins, anges du sanctuaire.	276	
Vous qu'en ces lieux combla.	212	250

TABLE DES CANTIQUES.

CANTIQUES POUR LES JOURS QUI N'EN ONT POINT DE PROPRE.

(La première colonne indique les pages de ce volume et la seconde celles des anciennes éditions.)

ENTRÉE.

Salut, aimable et cher asile.	225	87
Que je me plais dans ton enceinte.	225	87
Chère jeunesse, en qui pour l'harmonie.	250	85
Pécheurs, ne troublez plus les airs.	250	86
Quels accords, quels concerts augustes.	145	264

INSTRUCTIONS.

Heureux, bienheureux mille fois.	251	89
Toi dont la divine flamme.	248	159
De l'homme ici-bas la richesse.	252	90
Le temps s'échappe.	253	92
Non, pécheurs, vos discours frivoles.	254	105

POUR LES AUTRES EXERCICES.

O digne objet de mes chants.	232	201
C'en est donc fait, adieu, plaisirs volages.	298	298
O Dieu! dont je tiens l'être.	238	206
Jésus est la bonté même.	294	221
Le monde, par mille artifices, cherche à.	299	357
Seigneur, dès ma première enfance.	234	205
Heureux qui goûte les doux charmes.	231	200
Descends des cieux, aimable modestie.	242	279
Amour divin, je me rends.	281	
Que le Seigneur est bon, que son joug.	277	
Puisque mon cœur sensible.	297	211
Divin amour, oh! que sous ton empire.	240	324
O douce Providence.	235	102
Du roi des cieux tout célèbre la gloire.	236	96

Sur la très sainte Vierge.

Reine des cieux, de notre tendre hommage.	260	244
Trop heureux enfants de Marie.	275	
Heureux qui dès le premier âge.	211	294
A la reine des cieux offrons un tendre hommage.	209	246
Reine des cieux, ô divine Marie.	216	256
Sion, de ta mélodie cesse les divins accords.	215	255
Je vous salue, auguste et sainte reine.	219	259

DÉPART.

Heureux qui dès son enfance.	230	354
Age pur, aimable saison.	227	207
Pleins de ferveur, brûlons sans cesse.	278	
Bénissons à jamais.	249	
Goûtez, âmes ferventes, goûtez votre bonheur.	233	202
Que Jésus est un bon maître.	241	223

Sur la très sainte Vierge.

Dans nos concerts.	220	260
Vous qu'en ces lieux combla de ses bienfaits.	212	250
Je veux célébrer par mes louanges.	217	257
Les précédents.		

CANTIQUES DISTRIBUÉS SELON L'ORDRE DU CALENDRIER DES CATÉCHISMES.

FÊTE DE TOUS LES SAINTS.

Chantons les combats et la gloire.	285	
O vous que dans les cieux.	287	262
Sainte Sion, ravissante demeure.	289	185
Quels accords.	145	264

POUR LES MORTS.

Au fond des brûlants abimes.	290	277

OUVERTURE DES CATÉCHISMES.

Salut, aimable et cher asile.	225	87
Que je me plais dans ton enceinte.	225	87
Grand Dieu, tous ces enfants.	227	89

NOMINATION DES DIGNITAIRES.

Enfants, pour vous quel beau jour. 256

DÉDICACE DES ÉGLISES.

Quoi ! dans les temples de la terre. 190 | 313
Permettras-tu que ton culte périsse. 285 | 163
Elle triomphera cette église immortelle. 283
Pourquoi ces vains complots. 237 | 160

PRÉSENTATION DE MARIE.

O divine Marie, encore tendre enfant. 308
Tendre Marie. 261
Heureux qui du cœur de Marie. 221 | 230
Sion, de ta mélodie cesse les divins accords. 215 | 255
Heureux qui dès le premier âge. 211 | 249
Quel beau jour vient s'offrir. 274 | 137

TEMPS DE L'AVENT.

1ᵉʳ *Dimanche*. Dieu va déployer sa puissance. 151 | 178
Venez, divin Messie. 113 | 105
Le Dieu que nos soupirs appellent. 114 | 107
O Dieu de clémence. 111 | 108

FÊTE DU CATÉCHISME DE PERSÉVÉRANCE DES FILLES.
(CONCEPTION).

Billets. Quand Jésus sur la terre. 255
De tes enfants reçois l'hommage. 204 | 232
Enfin de son tonnerre Dieu dépose les traits. 205 | 239
Quel beau jour vient s'offrir. 274 | 237
Mère de Dieu, quelle magnificence. 207 | 230
Dans nos concerts bénissons le nom de Marie. 220 | 260
Trop heureux enfants de Marie. 275
Vous en êtes témoins, anges du sanctuaire. 276

NOEL.

Billets. Quand Jésus sur la terre. 255
Il est né le divin enfant. 309
Dans cette étable que Jésus est charmant. 117 | 110
Le fils du roi de gloire est descendu des cieux. 118 | 112
Oublions nos maux passés. 120 | 151

Amour, honneur, louange au Dieu sauveur. 271|113
Silence, ciel! silence, terre. 272|116
On chante Adeste fideles. 46|60

CIRCONCISION.

O mon Jésus, ô mon bien et ma vie. 121|122

ÉPIPHANIE.

Suivons les rois dans l'étable. 122|124

FÊTE DE LA PETITE OEUVRE.

Allons parer le sanctuaire. 305|215
Par vos enfants des enfants adoptées. 304
L'oiseau qu'aux fraîcheurs du matin. 306
A l'envi, sur les pas des Mages. 306
Tendres enfants, aux délices perfides. 307|206

DEPUIS L'ÉPIPHANIE JUSQU'A LA PRÉSENTATION DE NOTRE SEIGNEUR.

O vous dont les tendres ans. 123|129
Tout m'instruit dans l'enfant Dieu. 124
Chantons l'enfance de notre doux Sauveur. 124|132
Divine enfance de Jésus. 125|136
Au saint berceau. 127|137
On peut chanter aussi ceux de Noel.

PRÉSENTATION DE NOTRE SEIGNEUR.

La mort peut de son ombre. 303|128

DEPUIS LA PRÉSENTATION DE NOTRE SEIGNEUR JUSQU'A LA QUINQUAGÉSIME.

Heureux qui dès son enfance. 230|354
Le temps de la jeunesse passe comme une fleur. 229|209
O digne objet de mes chants. 232|201
Age pur, aimable saison. 227|207
Jésus est la bonté même. 204|221
Permettras-tu que ton culte périsse. 285|163
De tes bienfaits, Juda. 205|214
Paraissez, roi des rois; venez, juge suprême. 283|192
C'en est donc fait, adieu. 298|298
Le monde par mille artifices. 299|357

QUINQUAGÉSIME.

Le monde en vain par ses biens et ses charmes. 180|338

Seigneur, dès ma première enfance. 234 205
A tes pieds, Dieu que j'adore. 279
A la mort, à la mort, pécheur, tout finira. 151 176
Dieu va déployer sa puissance. 151 178
Pendant l'adoration de la croix, Miserere. 314 255

RETRAITE.

Les précédents.
Voici les jours de la miséricorde. 291
Tout me confond dans ce charmant asile. 294 288
Nous passons comme une ombre. 292 174
Hélas! quelle douleur. 264 305

CARÊME.

Les trois précédents.
Travaillez à votre salut. 148 165
Tout n'est que vanité, mensonge, fragilité. 149 169
Quelle fatale erreur, quel torrent vous. 153 182
Comment goûter quelque repos. 155 291
Depuis long-temps de Monique éplorée. 244
Grâce, grâce. 156 302
Reviens, pécheur, à ton Dieu qui t'appelle. 159 293
Un fantôme brillant séduisit ma jeunesse. 280
Puniras-tu, Seigneur, dans ta justice. 158 300
Seigneur, Dieu de clémence. 161 295
De ce profond, de cet affreux abime. 163 297
A tes pieds, Dieu que j'adore. 279
Au fond des brûlants abimes. 290 277
Hélas! j'ai vécu sans t'aimer. 293 299

DIMANCHE DE LA PASSION.

Est-ce vous que je vois. 131 143
Aimons Jésus pour nous en croix. 132 146
Les suivants.

DIMANCHE DES RAMEAUX.

Au sang qu'un Dieu va répandre. 128 140
Viens, pécheur, et vois le martyre. 296
On chante Stabat Mater *pendant l'adoration de la croix.* 326

PAQUES ET LE TEMPS PASCAL.

O filii et filiæ. 47

Billets. Quand Jésus sur la terre. 255
Célébrons la victoire d'un Dieu mort. 133 | 147
Cesse tes concerts funèbres. 134 | 150
Jésus paraît en vainqueur. 136 | 152
Vainqueur de l'enfer et du monde. 284
Pourquoi ces vains complots. 237 | 160
Bravons les enfers. 243
Goûtez, âmes ferventes. 233 | 202
Seigneur, dès ma première enfance. 234 | 205

QUASIMODO.

Oui, je le crois. 240 | 189
J'engageai ma promesse au baptême. 301 | 285
Quand l'eau sainte du baptême. 186 | 282
Heureux qui goûte les doux charmes. 231 | 200
Que Jésus est un bon maître. 241 | 223

FÊTE DU CATÉCHISME DES FILLES DE LA PREMIÈRE COMMUNION. (L'ANNONCIATION)

Billets. Quand Jésus sur la terre. 255
Un ange apparaît à Marie. 312 | 107
Le Dieu que nos soupirs appellent. 114 | 142
Triomphez, reine des cieux. 208
Quel beau jour vient s'offrir. 274
Trop heureux enfants. 275 | 246
A la reine des cieux offrons un tendre. 209
Vous en êtes témoins. 276

FÊTE DU PETIT CATÉCHISME DES GARÇONS.

Billets. Quand Jésus sur la terre. 255
Puissant protecteur de l'enfance. 222

FÊTE DU PETIT CATÉCHISME DES FILLES.

Quelle est cette aurore nouvelle. 206 | 235
Quel beau jour. 274 | 227
Mère de Dieu, quelle magnificence. 207 | 229

MOIS DE MARIE.

Dans ce beau mois. 258
O mois heureux. 260
Tendre Marie, souveraine des cieux. 261
Reçois nos hommages. 262
Reine des cieux, reçois notre tendre hommage 260 | 244
Triomphons, notre mère. 264 | 241

De tes enfants reçois l'hommage.	204	132
Quelle est cette aurore nouvelle.	206	235
Mère de Dieu, quelle magnificence.	207	239
Cœur sacré de Marie.	219	259

Le dernier dimanche on chante le cantique :
Vous en êtes témoins. 276

Publication de la liste d'admission à la première communion.

Qu'on est heureux, au printemps de son âge.	258	319
Tu vas remplir le vœu de ma tendresse.	175	326

ASCENSION.

Sainte Sion, ravissante demeure.	289	185
Quel spectacle s'offre à ma vue.	138	154
Sainte cité, demeure permanente.	154	136
O jour dont le bonheur.	288	157
Du séjour de la gloire, bienheureux, dites.	288	266

PENTECOTE.

Billets. Quand Jésus sur la terre.	255	
Sur les apôtres assemblés.	139	158
Dieu d'amour, en ce jour viens et descends.	302	345
Esprit saint, descendez en nous.	199	
Esprit saint, comblez nos vœux.	198	347
Quelle nouvelle et sainte ardeur en ce jour.	200	348
Quel feu s'allume dans mon cœur.	196	344

TRINITÉ.

O toi qu'un voile épais nous cache.	140	104
Chantons le mystère adorable.	143	311
O douce Providence.	235	102
Du roi des cieux tout célèbre la gloire.	236	96

DIMANCHE APRÈS LA PENTECOTE.

Du bonheur on parle sans cesse.	201	350
Goûtez, âmes ferventes.	233	202
Pleins de ferveur, brûlons sans cesse.	278	
Toi dont la divine flamme.	248	159
Pourquoi ces vains complots.	237	160
Elle triomphera cette église immortelle.	283	
Bravons les enfers	243	
Descends des cieux, aimable modestie.	242	279
Faibles mortels, quel torrent vous entraîne.	243	281
Amour divin, je me rends.	281	

Que le Seigneur est bon.	277	
Divin amour, oh! que sous ton empire.	240	334
Puisque mon cœur sensible.	297	211
Que Jésus est un bon maître.	211	223

FÊTE-DIEU.

Dans ce profond mystère.	193	
Par les chants les plus magnifiques.	141	309
Quoi! dans les temples de la terre.	190	313
Que cette voûte retentisse.	195	
Au chants de la victoire mêlons des chants.	268	
Hymnes et prose. { Pange lingua.	42	
Adoro te suplex latens.	109	
Sacris solemniis.	112	
Lauda, Sion, Salvatorem.	110	

FÊTE DE L'ASSOCIATION.

(*Sacré Cœur de Jésus et très saint Sacrement.*)

Billets. Quand Jésus sur la terre.	255	
Célébrons ce grand jour.	265	330
Perçant les voiles de l'aurore.	271	
Cœur de Jésus, cœur à jamais aimable.	145	225
Quel signe heureux, quel mystère ineffable.	147	223
Seigneur, dès ma première enfance.	234	205
Bénissons à jamais.	249	

FÊTE DU CATÉCHISME DES GARÇONS DE LA PREMIÈRE COMMUNION.

Billets. Quand Jésus sur la terre.	255	
Heureux enfants, accourez tous.	224	274
Fortunés habitants des cieux.	310	277
Goûtez, âmes ferventes, goûtez votre bonheur.	233	202

SAINT-PIERRE.

Princes illustres de l'Eglise.	282
Elle triomphera cette église immortelle.	283

Distribution des souvenirs de la première communion.

Du plus beau de mes jours, chère et fidèle.	247
Et quelques-uns des suivants.	

DISTRIBUTION DES PRIX.

Billets. Quant Jésus sur la terre.	255

Un jour charmant à nos yeux vient.	246	359
Loin de nous cet éclat dont le monde.	247	
Le monde par mille artifices.	299	357
Du bonheur on parle sans cesse.	201	350
Vers les collines éternelles.	245	356
Pleins de ferveur, brûlons sans cesse.	278	
Saint amour, céleste ivresse	188	
Ange de Dieu.	223	261

L'ASSOMPTION.

Anges, applaudissez.	311	243
Triomphez, notre mère.	264	241
Triomphez, reine des cieux.	208	212

NATIVITÉ DE LA TRÈS SAINTE VIERGE.

Quelle est cette aurore nouvelle.	2 6	235
Mère de Dieu, quelle magnificence.	207	239
Triomphons, reine des cieux.	208	261

SAINTS ANGES.

Ange de Dieu.	223	242

CANTIQUES POUR LES JOURS OU IL Y A COMMUNION DU MOIS.

AVANT LA COMMUNION.

Troupe innocente.	170	323
Mon bien-aimé.	172	320
Par les chants les plus magnifiques.	141	309
Tu vas remplir.	175	326
O roi des cieux.	194	

APRÈS LA COMMUNION.

Qu'ils sont aimés.	176	327
L'encens divin embaume cet asile.	178	
Le monde en vain.	180	338
Quel plus étonnant miracle.	181	317
Unissez-vous à mes chants d'allégresse.	182	
Je l'ai trouvé le seul objet.	267	

POUR LA RÉUNION DE L'APRÈS-MIDI.

Célébrons ce grand jour.	265	339

Chantons en ce jour.	177	328
Mon cœur en ce jour solennel.	184	339
Toi dont la puissance infinie.	266	336
Il n'est pour moi qu'un seul bien.	270	
Dans ce profond mystère.	193	
O victime de tout crime.	192	315

POUR LES SALUTS.

Prosternez-vous.	191	
Recueillons-nous.	194	
Adorons ici notre Dieu.	268	
Je vois s'ouvrir l'auguste tabernacle.	270	
Sur cet autel.	192	355

CANTIQUES

POUR LE CATÉCHISME DE SEMAINE.

N. B. La première colonne de chiffres indique les pages de ce volume, et la seconde celles des éditions précédentes.

POUR LES RÉUNIONS ORDINAIRES.

Cantiques de pénitence et de retour à Dieu.

Le temps de la jeunesse.	229	209
Comment goûter quelque repos ?	155	299
Hélas ! j'ai vécu sans l'aimer.	293	291
Grâce, grâce, Seigneur, arrête tes.	156	302
Puniras-tu, Seigneur.	158	300
Reviens, pécheur, à ton Dieu qui t'appelle.	159	293
Seigneur, Dieu de clémence.	161	295
De ce profond.	163	297
Depuis long-temps de Monique éplorée.	244	
Hélas ! quelle douleur !	164	303
A tes pieds, Dieu que j'adore.	279	82
Un fantôme brillant séduisit ma jeunesse.	280	
Amour divin, je me rends à tes charmes.	281	

Cantiques sur l'Eucharistie.

Quoi! dans les temples de la terre.	190	313
Toi dont la puissance infinie.	266	336
Par les chants les plus magnifiques.	141	309
Qu'on est heureux.	258	319

Et pendant la sainte Messe :
- Dans ce profond mystère. 193
- O roi des cieux ! 194
- Que cette voûte retentisse ! 195
- Aux chants de la victoire. 268
- Oui, je le crois.

11**

Durant les dernières réunions qui précèdent la retraite on fait chanter aux enfants, comme pour leur donner un avant goût du bonheur qu'ils attendent, les cantiques suivants.

Troupe innocente.	170	323
Mon bien-aimé ne paraît pas encore.	172	320
Tu vas remplir.	175	326

Sur la très sainte Vierge.

Dans nos concerts bénissons le nom de.	220	260
Heureux qui dès le premier âge.	214	249
Sion de ta mélodie cesse les divins.	215	255
Reine des cieux.	216	256
Je veux célébrer par mes louanges.	217	257
Je vous salue, auguste et sainte reine.	219	259
Trop heureux, enfant de Marie.	275	

POUR LES RÉUNIONS EXTRAORDINAIRES.

Première réunion.

Salut aimable et cher asile.	225	87
Toi dont la divine flamme.	248	159
Age pur, aimable saison.	227	207

Séance consacrée à la très sainte Vierge.

Tendre Marie.	261	
Mère de Dieu quelle magnificence.	207	239
Triomphez, reine des cieux.	208	242
A la reine des cieux.	209	246

Fêtes de notre Seigneur ou des Saints qui tombent pendant le catéchisme de semaine.

* Voyez la table disposée selon l'ordre du calendrier.

Avant les examens.

Esprit saint, descendez en nous.	199

Après la publication de la première liste d'admission.

Qu'on est heureux.	258	319

Premier acte de contrition.

De ce profond, de cet affreux abîme.	165	297
Reviens, pécheur.	159	293

Avant l'exhortation.

Comment goûter.	155	291

Après la publication de la seconde liste d'admission.

Tu vas remplir.	175	326

Avant l'exhortation ou l'instruction sur la communion sacrilége.

Est-ce vous que je vois?	131	145

POUR LA RETRAITE DE LA PREMIÈRE COMMUNION.
A chaque réunion pendant l'entrée des enfants.

Quel doux penser.	169	318

PREMIER JOUR DE LA RETRAITE.

Voici les jours.	291	
Travaillez à votre salut.	148	165

Pour la réception de l'ecclésiastique qui vient expliquer les billets.

Quand Jésus sur la terre.	255

Lorsque M. le curé ou M. le directeur des catéchismes les expliquent.

Laudate Dominun, omnes gentes.	37

Avant le sermon.

Toi dont la divine flamme.	248	159

Après le sermon on chante la première et les deux dernières strophes de l'hymne.

Veni, creator Spiritus.	43

LUNDI ET MARDI.
Pendant la messe.

Grâce, grâce, Seigneur.	156	302

Seigneur, Dieu de clémence.	161	295
Reviens, pécheur, à ton Dieu qui t'appelle.	159	293

Il est convenable de demander au prédicateur de la retraite quels sujets il a dessein de traiter afin de faire chanter aux enfants des cantiques analogues.

Sur le péché.

Puniras-tu, Seigneur.	158	300
De ce profond, de cet affreux abîme.	163	266

Sur la mort.

Tout n'est que vanité.	149	169
A la mort, à la mort.	151	176
Nous passons comme une ombre.	292	174

Sur le jugement.

Dieu va déployer sa puissance.	151	178
Hélas! quelle douleur remplit mon cœur.	164	305

Sur l'Enfer.

Quelle fatale erreur.	153	182
Hélas! quelle douleur remplit mon cœur.	164	305

Sur le Ciel.

Sainte Cité.	154	186
Hélas! quelle douleur remplit mon cœur.	164	305

Sur la communion sacrilége.

Est-ce vous que je vois?	131	145

MERCREDI MATIN.
Pendant la sainte Messe.

Au sang qu'un Dieu va répandre.	128	140

Aux ablutions.

Est-ce vous que je vois?	131	145
Mon doux Jésus.	280	
Hélas! quelle douleur.	164	305

MERCREDI SOIR.

Non, non, c'est une erreur.	167	

Il est passé le temps de mes alarmes.	168	
Répétition des cantiques du lendemain.		

JOUR DE LA PREMIÈRE COMMUNION.

Réunion du matin.

Avant de sortir de la chapelle.

Jésus, manne des cieux.	167	
O saint autel!	174	322
Tu vas remplir le vœu de ma tendresse.	175	326

Au commencement de la Messe.

Veni, creator.	43	54
Mon bien-aimé ne paraît pas encore.	172	320
Troupe innocente.	170	323

Au Sanctus.

Actes avant la communion.	83	34

Pendant et après la communion des enfants.

Qu'ils sont aimés, grand Dieu.	176	527
L'encens divin embaume cet asile.	178	
Je l'ai trouvé le seul objet que j'aime.	267	
Il n'est pour moi qu'un seul bien.	270	

Pendant la messe d'actions de grâces.

Quel plus étonnant miracle.	181	517
Actes après la communion.	87	37
Prière pour les parents.	91	41
Le monde en vain par ses biens.	180	338

Pendant le départ.

Chantons en ce jour.	177	328

Réunion du soir.

Avant de sortir de la chapelle.

L'un des deux cantiques précédents.

Lorsqu'on est arrivé dans l'enceinte.

Célébrons ce grand jour.	265	330

Avant le sermon.

Mon cœur en ce jour.	184	339

Après le sermon.

Quand l'eau sainte du baptême.	186	282
Salut du très saint Sacrement.	49	56

Pendant que les enfants se rendent à la chapelle de la sainte Vierge.

Ils chantent les litanies.	92	15

Courte exhortation par un catéchiste.

Acte de consécration. Très sainte Marie.	94	43
Ave, maris stella.	328	
Vous en êtes témoins, anges du sanctuaire.	276	

Pour le départ.

Nous qu'en ces lieux.	212	250

MESSE D'ACTIONS DE GRACES.

Unissez-vous à mes chants d'allégresse.	183	
Il n'est pour moi qu'un seul bien.	270	
Je l'ai trouvé le seul objet que j'aime.	267	
Pleins de ferveur.	278	
Le monde en vain par ses biens.	180	338

EXERCICES PRÉPARATOIRES A LA CONFIRMATION.

Les cantiques précédents.

Esprit saint, descendez en nous.	199	350
Du bonheur on parle sans cesse.	201	150
Sur les apôtres assemblés.	139	357
Le monde par mille artifices.	299	200
Heureux qui goûte les doux charmes.	231	281
Faibles mortels, quel torrent vous entraîne.	243	202
Goûtez, âmes ferventes.	233	146
Aimons Jésus pour nous en croix.	132	223
Que Jésus est un bon maître.	241	201
O digne objet de mes chants.	232	

JOUR DE LA CONFIRMATION.

Réunion du matin.

Au commencement de la Messe.

Quel feu s'allume dans mon cœur.	196	344

Après l'élévation.

Qu'ils sont aimés, grand Dieu.	176	327

Avant la confirmation.		
Esprit saint, descendez en nous.	199	
Pour le départ.		
Quelle nouvelle et sainte ardeur.	200	348
Réunion du soir.		
Célébrons ce grand jour.	265	350
Après le sermon.		
Le monde en vain.	180	338
Salut du très saint Sacrement.	49	
Pour le départ.		
Bravons les enfers.	243	
RÉUNION DE LA PERSÉVÉRANCE.		
Saint amour, céleste ivresse.	188	
Pour la distribution des souvenirs de la première communion.		
Du plus beau de mes jours.	247	
Le monde par mille artifices.	299	357
Bénissons à jamais.	249	

FIN.

www.ingramcontent.com/pod-product-compliance
Lightning Source LLC
Chambersburg PA
CBHW050425170426
43201CB00008B/542